RAMANA MAHARSHI

RAMANA MAHARSHI

SEINE LEHREN

ZUSAMMENGESTELLT VON ARTHUR OSBORNE

HUGENDUBEL

Herausgeber der Reihe »Kailash-Buch«: Gerhard Riemann

Aus dem Englischen von Christl Klostermann.

Die Originalausgabe erschien unter dem Titel »The Teaching of Bhagwan Sri Ramana Maharshi in his Own Words,« edited by Arthur Osborne.

Umschlaggestaltung: Dieter Bonhorst
Produktion: Tillmann Roeder
Satz: Hofmann-Druck KG, Augsburg
Druck und Bindung: Spiegel Buch, Ulm

ISBN 3880342059

Printed in Germany

VORWORT

Während der mehr als fünfzig Jahre seines Lebens in Tiruvannamalai wurde Bhagavan Sri Ramana Maharshi von einem ununterbrochenen Strom von Menschen aus allen Teilen Indiens und auch von vielen Menschen aus dem Westen aufgesucht. Von Menschen, die spirituelle Führung, Trost im Leid oder einfach die Erfahrung seiner Gegenwart suchten. Er schrieb sehr wenig während all dieser Jahre, aber einige Aufzeichnungen seiner Gespräche mit Besuchern wurden aufbewahrt und später von seinem Ashram herausgegeben. Sie sind meistens in der Form von Tagebuchaufzeichnungen gehalten und kaum thematisch geordnet. Der Zweck dieses Buches ist es, durch eine Auswahl und Zusammenstellung von Passagen aus diesen Dialogen und aus seinen Schriften (herausgegeben als *Die gesammelten Werke Ramana Maharshis bei Rider & Co. in England und vom Sri Ramanasramam in Indien*) eine allgemeine Darstellung der Lehre des Maharshi herauszuarbeiten. Die Kommentare des Herausgebers wurden auf ein Mindestmaß beschränkt und in kleinerer Schrift gedruckt, um sie deutlich von den Worten Maharshis zu unterscheiden. Der Zeitpunkt, zu dem Maharshi die Aussagen machte, wurde nicht berücksichtigt, was auch nicht nötig ist, denn er war kein Philosoph, der ein System ausgearbeitet hat, sondern ein Verwirklichter, der direkt aus dem Wissen sprach. Manchmal geschieht es, daß einer, der einen spirituellen Weg eingeschlagen hat oder der noch nicht einmal ein bewußtes Suchen begonnen hat, einen Funken von Verwirklichung erfährt, indem er für eine kurze Ewigkeit die absolute Gewißheit seines göttlichen, unveränderlichen, universellen Selbst erlebt. Solch eine Erfahrung widerfuhr Maharshi, als er ein siebzehnjähriger Junge war. Er hat sie selbst beschrieben:

»Es war etwa sechs Wochen, bevor ich Madurai endgültig verließ, als der große Wandel in meinem Leben stattfand. Es geschah ganz plötzlich. Ich saß allein in einem Zimmer im ersten Stock im Hause meines Onkels. Ich war selten krank gewesen, und meine Gesundheit war normal an diesem Tag, aber da überkam mich eine plötzliche, heftige Todesangst. Von meinem Gesundheitszustand her gesehen gab es keine Erklärung dafür, und ich versuchte nicht zu erklären oder herauszufinden, ob es irgendeinen Grund für die Angst gab. Ich hatte einfach das Gefühl, ›ich werde sterben‹, und fing an zu überlegen, was zu tun sei. Es kam mir nicht in den Sinn, einen Arzt aufzusuchen oder meine Verwandten oder Freunde zu fragen; ich fühlte, daß ich das Problem selbst zu lösen hatte, hier und jetzt.
Der Schock der Todesangst drängte meinen Geist, sich nach innen zu richten, und ich sagte zu mir selbst, ohne die Worte tatsächlich zu formen: ›Jetzt steht der Tod vor der Tür; was bedeutet das, was stirbt eigentlich? Der Körper stirbt.‹ Und ich spielte sofort das Einsetzen des Todes. Ich lag da, mit meinen Gliedern ausgestreckt, steif, als ob der wahrhaftige Tod Besitz von mir ergriffen hätte, und imitierte eine Leiche, um dieser Erforschung eine größere Wahrhaftigkeit zu ermöglichen. Ich hielt den Atem an und preßte die Lippen zusammen, um keinen Ton herausdringen zu lassen, damit weder das Wort ›ich‹ noch irgendein anderes Wort ausgesprochen werden konnte. ›Nun denn‹, sagte ich zu mir selbst, ›dieser Körper ist tot‹. Er wird steif zum Verbrennungsplatz getragen und dort verbrannt und zu Asche gemacht werden. Aber sterbe ich mit dem Tod dieses Körpers? Ist der Körper Ich? Er ist still und bewegungslos, aber ich fühle die volle Kraft meiner Persönlichkeit und sogar, abgesehen davon, die Stimme des ›Ich‹ in mir. Also bin ich Geist, der den Körper transzendiert. Der Körper stirbt, aber der Geist, der ihn transzendiert, kann vom Tod nicht berührt werden. Das bedeutet, ich bin der unsterbliche Geist.‹ All das waren keine dumpfen Gedanken; sie durchströmten mich lebhaft als lebendige Wahrheit,

die ich direkt wahrnahm, beinahe ohne gedanklichen Vorgang. ›Ich‹ war etwas sehr Wahres, das einzig Wahre in meinem gegenwärtigen Zustand, und alle bewußte, mit meinem Körper verbundene Aktivität war auf dieses ›Ich‹ konzentriert. Von diesem Augenblick an richtete das ›Ich‹ oder Selbst die Aufmerksamkeit durch eine machtvolle Faszination auf sich selbst. Die Angst vor dem Tod war ein für allemal verschwunden. Die Versenkung im Selbst war von dieser Zeit an ununterbrochen.« (R.M., S.17)*

Der letzte Satz ist der bemerkenswerteste, weil solch eine Erfahrung üblicherweise bald vergeht, obwohl der Eindruck der Sicherheit, die sie im Geist hinterläßt, niemals vergessen wird. Sehr selten sind die Fälle, in denen sie permanent bleibt und eine Person von da an in beständiger Identität mit dem Universellen Selbst verweilen läßt. Solch ein Fall war der Maharshi. Bald nach dem Eintreten dieser Veränderung verließ der Jüngling, der später als der Maharshi bekannt sein würde, sein Zuhause als ein Sadhu. Er ging nach Tiruvannamalai, der Stadt am Fuße des heiligen Berges Arunachala, und blieb dort bis zum Ende seines Lebens.

Eine Zeitlang saß er versunken in Göttlicher Wonne, er sprach nicht, aß kaum und vernachlässigte den Körper, den er nicht mehr benötigte, völlig. Nach und nach versammelten sich jedoch Verehrer um ihn, und ihretwegen kehrte er zu einem äußerlich normalen Leben zurück. Viele von ihnen brachten ihm, sich nach Anweisung sehnend, Bücher, damit sie er lese und erkläre, und so wurde er, fast durch Zufall, ein Gelehrter, der weder Gelehrsamkeit suchte noch schätzte. Die alte Lehre der Nicht-Dualität, die er so erwarb, war nur die Formulierung dessen, was er bereits verwirklich hatte. Er hat das selbst erklärt:

»Außer dem Periapuranam, der Bibel und Teilen aus dem Tayumanavar oder Tevaram hatte ich keine Bü-

---

*) *Siehe Liste der Abkürzungen am Ende des Buches.*

cher gelesen. Meine Vorstellung von Ishwara war der in den Puranas aufgezeigten ähnlich; ich hatte niemals von Brahman, Samsara und so weiter gehört. Ich wußte noch nicht, daß es ein Wesentliches oder unpersönlich Tatsächliches gibt, das allem zugrundeliegt, und daß Ishwara und ich beide damit identisch sind. Später, als mir in Tiruvannamalai aus der Ribhu Gita und anderen heiligen Büchern vorgelesen wurde, lernte ich all das und stellte fest, daß die Bücher das, was ich intuitiv, ohne Analyse oder Benennung gefühlt hatte, analysierten und benannten.« (R.M., S.24)

Etwas sollte vielleicht über die Art, wie Maharshi Fragen beantwortete, gesagt werden. Sie hatte nichts Schweres oder Päpstliches an sich. Er sprach frei heraus, und seine Antworten wurden lachend geäußert, und sie zeigten Humor. Wenn der Fragende nicht zufriedengestellt war, konnte er einen Einwand erheben oder weitere Fragen stellen.

Es ist gesagt worden, daß der Maharshi im Schweigen gelehrt hat, aber das bedeutet nicht, daß er keine verbalen Erklärungen gab, nur machten diese nicht die wesentliche Lehre aus. Die erfuhr man als einen stillen Einfluß im Herzen. Die Kraft seiner Gegenwart war überwältigend, und seine Schönheit war unbeschreiblich, und dennoch war er gleichzeitig absolut einfach, völlig natürlich, bescheiden, anspruchslos, ungekünstelt.

Der Einheitlichkeit wegen wird der Fragende in den Dialogen dieses Buches mit ›F‹ bezeichnet. Der Maharshi wird mit ›B‹ bezeichnet, das *Bhagavan* bedeutet, weil es üblich war, ihn mit diesem Namen und in der dritten Person anzusprechen. Eigentlich ist es ein Wort, das allgemein synonym für ›Gott‹ gebraucht wird, aber es wird auch in jenen seltenen Fällen angewandt, wenn ein Mensch als ›Eins mit dem Vater‹, wie Christus es ausgedrückt hat, empfunden wird, genauso wie Buddha normalerweise im Englischen als ›the Blessed One‹ (der Gesegnete) bezeichnet wird.

Soweit wie möglich sind Sanskritausdrücke vermieden worden, und im allgemeinen war es möglich. Das geschah in der Absicht, das Buch leichter lesbar zu machen und auch, um die falsche Vorstellung zu vermeiden, daß die Suche nach Selbstverwirklichung eine komplizierte Wissenschaft ist, die nur mit einer Sanskritterminologie verstanden werden kann. Es ist wahr, daß es spirituelle Wissenschaften gibt, die eine notwendige technische Terminologie haben, aber diese sind weniger direkt. Die klare und einfache Wahrheit der Nicht-Dualität, die Bhagavan lehrte, und der direkte Pfad der Selbsterforschung, den er empfahl, kann in einer einfachen Sprache erklärt werden, und wirklich, er selbst hat es westlichen Besuchern so erklärt, ohne zu der Sanskritterminologie Zuflucht zu nehmen. In den seltenen Fällen, in denen ein Sanskritwort nötig oder hilfreich in diesem Buch erschien, wurde die entsprechende Bedeutung in Klammern angegeben, so daß kein Glossar benötigt wird. Zu erwähnen ist auch, daß die englischen Begriffe – *Enlightenment* (Erleuchtung), *Liberation* (Befreiung) und *Self-Realization* (Selbstverwirklichung) alle mit der den Sanskritworten Jnana, Moksha und Mukti entsprechenden Bedeutung gebraucht wurden.

An Stellen, wo einer dieser englischen Begriffe ungünstig erschien, ist er ausgetauscht worden. Das bedeutet keine Verfälschung des Textes, da die Antworten meistens in Tamil oder einer anderen südindischen Sprache gegeben und später ins Englische umgesetzt wurden. Die Bedeutung blieb unverändert.

Arthur Osborne

Ramana Maharshi am Fuß der Arunachala

ERSTES KAPITEL

DIE GRUNDLEGENDE THEORIE

Leser mit einem philosophisch ausgerichteten Geist werden es vielleicht eigenartig finden, daß das erste Kapitel dieses Werkes mit ›Die Grundlegende Theorie‹ überschrieben ist. Ihrer Meinung nach sollte wohl das ganze Werk der Theorie gewidmet sein. Tatsächlich aber war der Maharshi, so wie jeder spirituelle Meister, viel mehr mit der praktischen Arbeit der Schulung von Aspiranten beschäftigt als mit der Auslegung einer Theorie. Die Theorie war von Bedeutung, aber nur als Grundlage der Praxis.

F: Es wird gesagt, daß Buddha Fragen über Gott ignoriert hat.

B: Ja, und deswegen ist er ein Gottloser genannt worden. Tatsächlich hat Buddha sich vielmehr mit dem Führen des Suchenden zur Verwirklichung der Seligkeit (Bliss) hier und jetzt befaßt als mit akademischen Diskussionen über Gott und so weiter. (M.G., II – S.53)

F: Ist das Studium der Naturwissenschaft, der Psychologie, der Physiologie usw. für die Erlangung der Yogabefreiung oder das intuitive Verstehen der Einheit der Wirklichkeit hilfreich?

B: Sehr wenig. Etwas theoretisches Wissen ist für den Yogi nötig und kann in Büchern gefunden werden, aber wirklich notwendig ist die praktische Anwendung. Das persönliche Beispiel und die persönliche Anleitung sind die besten Hilfen. Was das intuitive Verstehen betrifft, so kann es sein, daß jemand sich selbst mühsam von der Wahrheit, die durch Intuition erfaßt werden muß, von ihrer Funktion und Natur überzeugt; aber die eigentliche Intuition gleicht mehr einer Empfindung und braucht praktischen und persönlichen Kontakt. Nur aus Büchern zu lernen, hat wenig Nutzen. Nach der Verwirklichung sind alle intellektuellen Leistungen nutzlose Bürden und müssen über Bord geworfen werden.

Die ausschließliche Beschäftigung mit der Theorie, der Lehre und der Philosophie kann wirklich insofern schädlich sein, als sie einen von der wirklich wichtigen Arbeit einer spirituellen Bemühung ablenkt, weil sie eine einfache Alternative, die nur mental ist und deshalb die Natur der Person nicht verändern kann, anbietet.

Wozu nützt das Lernen jener, die nicht danach trachten, die Schrift des Schicksals (von ihrer Stirn) auszulöschen durch die Frage: »Woher kommen wir, wir, die wir die Schriften kennen?« Sie sind auf die Stufe eines Grammophons abgesunken. Was sonst sind sie, O Arunachala?
Vielmehr sind die Nichtgelehrten gerettet als die, deren Ego trotz ihres Lernens noch nicht zurückgetreten ist. Die Ungebildeten sind vor dem unbarmherzigen Zugriff des Teufels der Selbstbetörung bewahrt; sie sind vor dem Übel einer Unzahl wirbelnder Gedanken und Worte bewahrt, und sie sind vor dem Streben nach Reichtum bewahrt. Vor mehr als einem Teufel sind sie bewahrt. (F.V.S., 35, 36.)

Gleichermaßen sah er keinen Nutzen in theoretischen Diskussionen.

Der Illusion wegen, die aus der Ignoranz entsteht, können die Menschen nicht erkennen, was allezeit und für jeden die innewohnende Wirklichkeit ist, die in seinem natürlichen Herzenszentrum lebt, und sie können nicht darin verweilen; statt dessen streiten sie sich darüber, ob sie existiert oder nicht, ob sie eine Form hat oder nicht, ob sie Nicht-Dualität oder Dualität ist. (F.V., 34).
Kann irgend etwas außer dem Ewigen und Vollkommenen sich offenbaren? Diese Art der Auseinandersetzung ist ohne Ende. Beschäftige dich nicht damit. Richte deinen Geist statt dessen nach innen und höre mit all dem auf. Es gibt kein Ende in der Auseinandersetzung. (T., 132).

Letztendlich sind sogar die Schriften nutzlos.

Die Schriften dienen dazu, die Existenz der Höheren Kraft oder des Selbst anzudeuten und den Weg dorthin zu zeigen. Das ist ihr eigentlicher Zweck. Jenseits davon sind sie nutzlos. Dennoch sind sie umfangreich, um der Entwicklungsstufe jedes Suchenden zu entsprechen. Sowie jemand höhersteigt, stellt er fest, daß die bereits erreichten Stufen nur Trittsteine für höhere Stufen sind, bis schließlich das Ziel erreicht ist. Wenn das geschieht, bleibt nur noch das Ziel übrig, und alles andere, einschließlich der Schriften, wird nutzlos. (T., 63).

Es ist wahr, manchmal erklärte er die Philosophie in all ihrer Kompliziertheit, aber nur als Zugeständnis an die Schwäche jener, die dem ›vielen Denken verfallen sind‹, wie er es in *Selbst-Erforschung* bezeichnet. Ich wollte solch eine Erklärung hier anführen, fand aber, daß sie die folgende Passage enthält:

Man sagt, daß die komplizierten Modelle der Philosophie in den verschiedenen Schulen die Dinge aufklären und die Wahrheit offenbaren sollen, aber tatsächlich schaffen sie Konfusion, wo es keine zu geben braucht. Um irgend etwas zu verstehen, braucht es das Selbst. Das Selbst ist offensichtlich. Wozu muß das Nicht-Selbst erklärt werden?

Und über sich selbst fügt er hinzu:

»Glücklicherweise habe ich mich ihr (der Philosophie) nie zugewandt. Hätte ich mich ihr zugewandt, so wäre ich wahrscheinlich nirgendwo. Meine eigenen Neigungen führten mich direkt dahin zu fragen: ›Wer bin ich?‹ Was für ein Glück!« (T., 392.)

DIE WELT – WIRKLICHKEIT ODER ILLUSION?

Nichtsdestoweniger ist etwas theoretische Lehre als Grundlage für die praktische Arbeit der spirituellen Schulung nötig. Beim Maharshi nahm das die Form der Nicht-Dualität an, in völligem Einklang mit den Lehren des großen Weisen Shankara. Dieses Übereinstimmen bedeutet jedoch nicht, daß Bhagavan von Shankara ›beeinflußt‹ war, wie ein Philosoph es ausdrücken würde; es bedeutet nur, daß er Shankaras Lehre als wahre Auslegung dessen, was er verwirklicht hatte und durch direktes Wissen anerkannte.

F: Ist die Lehre Bhagavans gleich der Shankaras?

B: Bhagavans Lehre ist der Ausdruck seiner eigenen Erfahrung und Verwirklichung. Andere finden, daß sie mit Sri Shankaras Lehre übereinstimmt.

F: In den Upanishaden steht, daß alles Brahman ist; wie können wir dann Shankara zustimmen, der sagt, daß die Welt Illusion ist?

B: Shankara sagte auch, daß diese Welt Brahman oder das Selbst ist. Er war gegen die Vorstellung, daß das Selbst durch die Namen und Formen, die diese Welt ausmachen, begrenzt ist. Er sagte nur, daß die Welt außerhalb Brahman keine Realität hat. Brahman oder das Selbst ist gleich der Filmleinwand, und die Welt ist gleich der Projektion auf sie. Du kannst die Bildprojektion nur solange sehen, wie es eine Leinwand gibt. Aber wenn der Betrachter selbst die Leinwand wird, dann bleibt nur das Selbst. (D.D.I., S.23.)

Shankara wurde seiner Philosophie von Maya (Illusion) wegen kritisiert, ohne daß ihre Bedeutung verstanden worden war. Er gab drei Erklärungen: daß Brahman wirklich ist, daß das Universum unwirklich ist und daß Brahman das Universum ist. Er hörte nicht bei der zweiten Erklärung auf. Die dritte erklärt die ersten zwei; sie besagt, daß, wenn das Universum abgetrennt von Brahman empfunden wird, diese Wahrnehmung falsch und illusorisch ist. Es läuft darauf hinaus, daß Phänomene wirklich sind, wenn sie als Selbst erfahren werden, und daß sie illusorisch sind, wenn sie außerhalb des Selbst gesehen werden. (R.M., S.93.)

Nur das Selbst ist und ist wirklich. Die Welt, das Individuum und Gott sind gleich dem Silberschein in Perlmutter, imaginäre Schöpfungen im Selbst.

Wie sich später zeigen wird, bedeutet das ebensowenig ›Atheismus‹ wie das vorhergehende Zitat ›Pantheismus‹ bedeutet. In Wirklichkeit nützen Bezeichnungen wenig in der Bemühung, etwas zu verstehen, das kein philosophisches System, sondern eine theoretische Grundlage für spirituelles Streben ist.

Sie tauchen auf und verschwinden wieder. Tatsächlich ist einzig das Selbst die Welt, das Ich und Gott. Alles, was ist, ist nur eine Manifestation des Höchsten. (W., S.35.)

F: Was ist Wirklichkeit?

B: Wirklichkeit muß immer wirklich sein. Sie hat weder Namen noch Formen, sondern ist das, was ihnen zugrunde liegt. Sie liegt allen Begrenzungen zugrunde, weil sie selbst grenzenlos ist. Sie ist in keiner Weise gebunden. Sie liegt Unwirklichkeiten zugrunde und ist selbst wirklich. Sie ist das, was ist. Sie ist so, wie sie ist. Sie ist jenseits von Sprache und von Bezeichnungen wie Sein oder Nicht-Sein. (T., 140.)

Er ließ sich nicht von scheinbaren Meinungsverschiedenheiten verwirren, die nur von einer anderen Art des Sehens oder des Ausdrucks herrührten.

F: Die Buddhisten verneinen die Welt, wohingegen die Hinduphilosophie ihre Existenz anerkennt, sie aber unwirklich nennt; stimmt das?

B: Es ist nur ein Unterschied des Standpunktes.

F: Sie sagen, daß die Welt von der Göttlichen Energie (Shakti) erschaffen wird. Rührt das Wissen um die Unwirklichkeit von der Verschleierung durch Illusion (Maya) her?

B: Alle erkennen die Schöpfung durch die Göttliche Energie an, aber was ist die Natur dieser Energie? Sie muß mit der Natur ihrer Schöpfung übereinstimmen.

F: Gibt es Abstufungen in der Illusion?

B: Illusion selbst ist illusorisch. Sie muß von jemandem, der außerhalb von ihr steht, gesehen werden; aber wie kann solch ein Sehender ihr unterliegen? Wie kann er also von Abstufungen sprechen?
Du siehst verschiedene Szenen auf einer Filmleinwand ablaufen. Feuer scheint Gebäude zu Asche zu brennen, Wasser scheint Schiffe zu vernichten, aber die Lein-

wand, auf die die Bilder projiziert werden, bleibt unverbrannt und trocken. Warum? Weil die Bilder unwirklich sind und die Leinwand wirklich ist.
In ähnlicher Weise gibt ein Spiegel Reflektionen wider, aber der Spiegel wird keineswegs von der Menge oder Qualität dieser Reflektionen beeinträchtigt.
Ebenso ist die Welt ein Phänomen auf der Grundlage der einzigen Wirklichkeit, welche in keiner Weise von ihr (der Welt) beeinflußt wird. Es gibt nur Eine Wirklichkeit. Das Sprechen von Illusion ist nur durch den Standpunkt bedingt. Verändere deinen Standpunkt zu dem des Wissens und du wirst erkennen, daß das Universum nur Brahman ist. Weil du jetzt in der Welt versunken bist, siehst du sie als eine wirkliche Welt; wenn du darüber hinausgelangst, wird sie verschwinden, und nur die Wirklichkeit wird bleiben. (T., 446.)

Dem letzten Auszug zufolge verlangt das Postulat einer einzigen universellen Wirklichkeit nach der Vorstellung eines Prozesses von Illusion oder Schöpfung, um die scheinbare Wirklichkeit der Welt zu erklären.

Die Welt wird als augenscheinliche, objektive Wirklichkeit wahrgenommen, wenn der Geist veräußerlicht ist und somit seine Identität mit dem Selbst aufgibt. Wenn die Welt in dieser Weise gesehen wird, dann ist die wahre Natur des Selbst nicht offenbar; umgekehrt, wenn das Selbst verwirklicht ist, hört die Welt auf, als eine objektive Wirklichkeit zu erscheinen. (W.S. 33.)
Was einen dazu verleitet, das als nichtexistierend und unwirklich zu sehen, was immerwährend und alles durchdringend, vollkommen und aus sich selbst leuchtend, tatsächlich das Selbst, das Zentrum des Wesens ist, das ist Illusion. Und umgekehrt ist Illusion, was einen dazu bringt, das Nichtexistierende und Unwirkliche, nämlich die Trilogie der Welt, des Egos und Gottes, als wirklich und selbstexistierend anzunehmen. (S.I., S.14.)

Die Welt ist tatsächlich wirklich, aber nicht als unabhängige, selbstbestehende Wirklichkeit, genauso wie die Person, die du im Traum siehst, als Traumfigur, aber nicht als Person wirklich ist.

Die Welt ist für jene wirklich, die das Selbst nicht verwirklicht haben, ebenso wie für jene, die es verwirklicht haben. Im ersten Fall ist die Wahrheit der Form der Welt angepaßt, im zweiten Fall leuchtet die Wahrheit als formlose Vollkommenheit und Substanz der Welt. Nur insofern unterscheiden sie sich voneinander. (F.V., 18.)
Ich erinnerte mich an Bhagavans gelegentliche Aussage, daß unwirklich (*mithya,* imaginär) und wirklich (*satyam*) das gleiche bedeuten, was ich nicht recht verstehen konnte. So fragte ich ihn darüber. Er sagte: ›Ja, manchmal sage ich das tatsächlich. Was meinst du mit wirklich? Was ist es, das du wirklich nennst?‹
Ich antwortete: »Dem Vedanta zufolge kann nur, was beständig und unveränderlich ist, wirklich genannt werden. Das ist die Bedeutung von Wirklichkeit.«
Darauf sagte Bhagavan: Die Namen und Formen, die die Welt ausmachen, verändern sich dauernd und vergehen und werden deshalb unwirklich genannt. Es ist unwirklich (imaginär), das Selbst mit diesen Namen und Formen zu begrenzen, und es ist wirklich, alles als das Selbst zu betrachten. Der Nicht-Dualist sagt, daß die Welt unwirklich ist, aber er sagt auch: ›All dies ist Brahman.‹ Das macht klar, daß das, was er verurteilt, sich auf die Welt als objektiv wirklich in sich selbst bezieht und sie nicht als Brahman betrachtet. Wer das Selbst erkennt, erkennt auch einzig das Selbst in der Welt. Für den Erleuchteten ist das Erscheinen oder Nichterscheinen der Welt unwesentlich. Seine Aufmerksamkeit ist in jedem Fall auf das Selbst gerichtet. Ähnlich den Buchstaben und dem Papier, auf das die Buchstaben gedruckt sind. Du bist so sehr mit den Buchstaben beschäftigt, daß du das Papier vergißt. Der Erleuchtete jedoch erkennt das Papier als die Substanz, gleichgültig ob Buchstaben darauf stehen oder nicht. (D.D., II., S.264.)

Bündiger noch ist das in folgender Aussage dargelegt:

Die Vedantins sagen nicht, daß die Welt unwirklich ist. Das ist ein Mißverständnis. Wenn sie das täten, was wäre dann die Bedeutung der vedantischen Aussage ›All dies ist Brahman‹? Sie wollen nur sagen, daß die Welt als Welt unwirklich ist, aber wirklich als das Selbst. Wenn du die Welt als Nicht-Selbst ansiehst, dann ist sie nicht wirklich. Alles, gleichgültig ob du es Illusion (*Maya*) oder Göttliches Spiel (*Lila*) oder Energie (*Shakti*) nennst, muß innerhalb des Selbst und nicht getrennt von ihm sein. (D.D., I., S.61.)

Bevor wir die Theorie von der Welt als Manifestation des Selbst ohne objektive Wirklichkeit beiseite legen, wollen wir nochmals betonen, daß Theorie für den Maharshi nur insofern Bedeutung hatte, als sie die spirituelle Entwicklung einer Person unterstützte; nicht um ihrer selbst willen. Kosmologie im Sinne der modernen Naturwissenschaften interessierte ihn ganz einfach nicht.

F: In den Veden gibt es einander widersprechende Aussagen über Kosmogonie. Einmal wird der Äther als erste Schöpfung genannt, dann die vitale Energie, Wasser an anderer Stelle und an noch anderer Stelle wieder etwas anderes. Wie kann all das in Einklang gebracht werden? Beeinträchtigt es nicht die Glaubwürdigkeit der Veden?

B: Die verschiedenen Seher sahen zu verschiedenen Zeiten verschiedene Aspekte der Wahrheit, und jeder von ihnen legte auf einen Gesichtspunkt Nachdruck. Warum sorgst du dich um ihre sich widersprechenden Aussagen? Das grundlegende Ziel der Veden ist, uns die Natur des unvergänglichen Selbst zu lehren und uns zu zeigen, daß wir das sind.

F: Mit diesem Teil bin ich zufrieden.

B: Dann behandle alles übrige als hilfreiche Argumente oder Erklärungen für die Unwissenden, die die Ursache der Dinge erkennen möchten. (T., 30.)

Major Chadwick schrieb die englische Übersetzung des in Tamil verfaßten *Kaivalya Navaneetha* ab und stieß auf einige technische Ausdrücke, die er nicht verstehen konnte. Deshalb befragte er Bhagavan darüber, und Bhagavan antwortete: »Diese Abschnitte beschäftigen sich

mit Theorien über die Schöpfung. Sie sind nicht essentiell, weil der wirkliche Zweck der Schriften nicht darin liegt, solche Theorien aufzustellen. Die Theorien werden gelegentlich erwähnt, damit die Leser, denen der Sinn danach steht, sich mit ihnen beschäftigen können. Die Wahrheit ist, daß die Welt als vorbeiziehender Schatten in einem Strom von Licht erscheint. Das Licht ist sogar nötig, um den Schatten zu sehen. Der Schatten ist kein spezielles Studium, keine Analyse oder Diskussion wert. Der Zweck des Buches ist, sich mit dem Selbst zu befassen, und was über die Schöpfung gesagt wird, kann für den Augenblick übergangen werden.
Später fuhr Sri Bhagavan fort: »Vedanta sagt, daß der Kosmos gleichzeitig mit dem ihn Erkennenden sichtbar wird und daß es keinen ausführlichen Schöpfungsvorgang gibt. Gleich einem Traum, in dem der, welcher den Traum erlebt, auch mit dem Traum, den er erlebt, entsteht. Dennoch, einige Leute halten so sehr an objektivem Wissen fest, daß sie sich damit nicht zufriedengeben können. Sie wollen wissen, wie eine plötzliche Schöpfung möglich sein kann, und wenden ein, daß einer Auswirkung eine Ursache vorangehen muß. Sie wollen tatsächlich eine Erklärung für die Welt, die sie um sich herum sehen, haben. Deshalb versuchen die Schriften, ihre Neugier mit solchen Theorien zu befriedigen. Diese Methode, mit dem Thema umzugehen, wird die Theorie der stufenweisen Schöpfung genannt, aber der wahre spirituelle Sucher ist mit einer augenblicklichen Schöpfung zufrieden. (T., 651.)

DIE NATUR DES MENSCHEN

Wir kommen jetzt zur eigentlichen Essenz der Theorie, der Natur des Menschen selbst. Denn was auch immer ein Mensch über die Wirklichkeit der Welt oder Gottes denken mag, er weiß, daß er selbst existiert. Und um zu verstehen und sich gleichzeitig selbst zu vervollkommnen, befaßt er sich damit und sucht nach Führung.

Das individuelle Wesen, das sein Dasein mit dem des Lebens in einem physischen Körper als ›Ich‹ identifiziert, nennen wir das Ego. Das Selbst, das reines Bewußtsein ist, hat kein Ego-Empfinden. Ebensowenig kann der physische Körper, der in sich selbst träge ist, dieses Ego-Empfinden haben. Zwischen den beiden, das heißt, zwischen dem Selbst oder reinen Bewußtsein und dem trägen physischen Körper, entsteht mysteriöserweise das Ego-Empfinden oder die ›Ich‹-Feststellung, eine Kreuzung, die weder das eine noch das andere ist, und dieses Ding gedeiht als individuelles Wesen. Dieses Ego oder individuelle Wesen ist am Ursprung all dessen, was sinnlos und nicht wünschenswert im Leben ist. Deshalb muß es mit nur jedem möglichen Mittel zerstört werden; dann bleibt nur leuchtend das übrig, was ewig ist.

Das ist Befreiung, Erleuchtung oder Selbstverwirklichung. (S.I., S.10.)

F: Bhagavan sagt häufig: ›Die Welt ist nicht außerhalb von dir‹, oder ›alles hängt von dir ab‹, oder ›was gibt es außerhalb von dir‹. Ich finde alles das verwirrend. Die Welt existierte, bevor ich geboren wurde, und sie wird nach meinem Tod weiterbestehen, wie sie den Tod von so vielen überlebt hat, die einst gelebt haben, so wie ich jetzt lebe.

B: Habe ich jemals gesagt, daß die Welt deinetwegen existiert? Ich habe dich nur gefragt, was außerhalb deiner selbst existiert. Du solltest verstehen, daß mit dem Selbst weder der physische Körper noch der feinstoffliche Körper gemeint ist.

Was dir gesagt wurde, ist, daß, wenn du einmal das Selbst kennst, in dem alle Ideen existieren, die Idee von dir selbst, von anderen gleich dir und von der Welt nicht ausgeschlossen, dann kannst du die Wahrheit, daß es eine Wirklichkeit, eine höchste Wahrheit gibt, die das Selbst der ganzen Welt, die du jetzt siehst, das Selbst all der Selbste, das eine Wirkliche, das Höchste, das ewige Selbst, als verschieden vom Ego oder individuellen Wesen, das unbeständig ist, erkennen. Du darfst nicht das Ego oder die Idee des Körpers für das Selbst halten.

F: Dann will Bhagavan sagen, daß das Selbst Gott ist?

Und in der nächsten Antwort wendet Bhagavan, wie es seine Art war, die Diskussion von der Theorie zur Praxis. Obgleich dieses Kapitel allgemein der Theorie gewidmet ist, scheint es angebracht, den Dialog weiterzuführen, um zu zeigen, wie die Theorie zur praktischen Anwendung geführt wurde.

B: Du erkennst die Schwierigkeit. Selbsterforschung: wer bin ich? ist eine andere Technik als die der Meditation – ›ich bin Shiva‹, oder ›ich bin Er‹. Ich lege vielmehr den Nachdruck auf Selbsterkennen, denn du befaßt dich zuerst mit dir selbst, bevor du weitergehst, um die Welt oder ihren Herrn zu erkennen. Die ›ich bin Er‹, oder ›ich bin Brahman‹-Meditation ist mehr oder weniger mental, aber die Suche nach dem Selbst, von der ich spreche, ist eine unmittelbare Methode und der anderen überlegen. Tauche für den Augenblick in die Suche nach dem Selbst ein und versuche, tiefer zu gehen; das wahre Selbst wartet dort, um dich zu empfangen, und dann wird, was auch immer zu tun ist, von etwas anderem getan, und du als Individuum bist nicht daran beteiligt. In diesem Prozeß werden alle Zweifel und Diskussionen automatisch aufgegeben, genauso wie einer, der schläft, während dieser Zeit all seine Sorgen vergißt.

Die folgende Diskussion zeigt die Freiheit der Widerrede, die Baghavan jenen gewährte, die von einer Antwort nicht überzeugt waren.

F: Welche Versicherung gibt es, daß da etwas auf mich wartet, um mich zu empfangen?

B: Wenn eine Person reif genug ist, wird sie natürlicherweise davon überzeugt werden.

F: Wie kann diese Reife erreicht werden?

B: Es gibt verschiedene Möglichkeiten. Aber welche Art früherer Entwicklung auch vorhanden sein mag, ernsthafte Selbsterforschung beschleunigt das Eintreten dieser Reife.

F: Das nenne ich im Kreise argumentieren. Ich bin für die Suche stark genug, wenn ich reif bin, und es ist die Sache, die mich reif macht.

Dieser Einwand wurde oft in der einen oder anderen Form erhoben, und wieder betont die Antwort darauf, daß nicht Theorie, sondern Praxis not tut.

B: Der Verstand hat diese Art der Schwierigkeit. Er verlangt nach einer festgelegten Theorie, mit der er sich befriedigen kann. In Wirklichkeit jedoch braucht einer, der sich ernsthaft darum bemüht, Gott oder seinem wahren Selbst näherzukommen, keine Theorie. (S.D.B.)

Jeder ist das Selbst und, wahrhaftig, ist unendlich. Dennoch betrachtet jedermann fälschlicherweise seinen Körper als sein Selbst. Die Erleuchtung ist nötig, um auch nur irgend etwas zu wissen. Diese kann nur auf der Natur des Lichtes beruhen, obwohl sie physisches Licht und physische Dunkelheit gleichermaßen erleuchtet. Das bedeutet, daß es etwas jenseits von augenscheinlichem Licht und augenscheinlicher Dunkelheit ist. Es ist keines von beiden, wird aber als Licht bezeichnet, weil es beides erleuchtet. Es ist unendlich, und es ist Bewußtsein. Bewußtsein ist das Selbst, dessen jedermann gewahr ist. Niemand ist jemals von seinem Selbst entfernt, und deshalb ist in der Tat jedermann selbstverwirklicht; nur – und das ist das große Geheimnis – die Menschen wissen es nicht und wollen das Selbst verwirklichen. Die Verwirklichung besteht lediglich darin, die falsche Vorstellung, nicht verwirklicht zu sein, los zu werden. Es ist nichts Neues, das erlangt werden muß! Es muß bereits vorhanden sein, ansonsten wäre es nicht ewig, und nur für das Ewige lohnt es sich zu streben.

Wenn einmal die falsche Vorstellung ›Ich bin der Körper‹ oder ›Ich bin nicht verwirklicht‹ abgefallen ist, dann bleibt einzig das höchste Bewußtsein oder das Selbst übrig, und dem gegenwärtigen Wissensstand der Menschen entsprechend wird das ›Verwirklichung‹ genannt. Die Wahrheit jedoch ist, daß Verwirklichung ewig ist und bereits existiert, hier und jetzt. (T., 482.)
Bewußtsein ist reine Erkenntnis. Der Geist ersteht aus ihm und ist aus Gedanken zusammengesetzt. (T., 589).

Die Essenz des Geistes ist nichts als Gewahrsein oder Bewußtsein. Wenn jedoch das Ego ihn überschattet, dann funktioniert er durch Urteilen, Denken oder Wahrnehmen. Für den universellen Geist, der nicht durch das Ego begrenzt ist, ist nichts außerhalb seiner selbst, und er ist deshalb nur gewahr. Das ist, was die Bibel mit ›Ich bin, der Ich bin‹ sagen will.
Der vom Ego geplagte Geist ist seiner Stärke beraubt und zu schwach, um qualvollen Gedanken zu widerstehen. Der egofreie Geist ist glücklich, wie wir es im tiefen, traumlosen Schlaf kennen. Mit Sicherheit sind deshalb Glücksempfinden und Bedrängnis nur Erscheinungsformen des Geistes. (T., 188.)

F: Wenn ich nach dem ›Ich‹ suche, sehe ich nichts.

B: Das sagst du, weil du gewohnt bist, dich selbst mit dem Körper und Sehen mit den Augen zu identifizieren; aber was gibt es da zu sehen? Und von wem? Und wie? Es gibt nur ein Bewußtsein, das, wenn es sich mit dem Körper identifiziert, sich selbst durch die Augen projiziert und die Gegenstände der Umgebung sieht. Das Individuum ist auf den Wachzustand begrenzt; es erwartet, etwas anderes zu sehen, und akzeptiert die Autorität seiner Sinne. Es wird nicht zugeben, daß der, der sieht, die Gegenstände, die er sieht und das Sehen selbst alles Manifestationen des gleichen Bewußtseins sind – des ›Ich-Ich‹. Die Meditation hilft die Illusion, daß das Selbst etwas Sichtbares ist, zu überwinden. Tatsächlich gibt es da nichts zu sehen. Wie erkennst du dich jetzt? Mußt du dir einen Spiegel vorhalten, um dich selbst zu erkennen? Das Gewahrsein selbst ist das ›Ich‹. Verwirkliche es, und das ist die Wahrheit.

F: Wenn ich im Ursprung der Gedanken forsche, stoße ich auf die Wahrnehmung des ›Ich‹, aber es befriedigt mich nicht.

B: Ganz richtig. Denn diese Wahrnehmung des ›Ich‹ steht in Beziehung mit einer Form, mit dem physischen Körper vielleicht. Mit dem reinen Selbst sollte nichts assoziiert werden. Das Selbst ist die reine Wirklichkeit, in deren Licht der Körper, das Ego und alles andere leuchten. Wenn alles Denken stillgelegt ist, dann bleibt reines Bewußtsein übrig. (T., 196.)

* F: Wie entstand das Ego?

Dies ist eine Frage, die Anlaß zu endlosen Philosophien gibt, aber Bhagavan verharrte bei der Wahrheit der Nicht-Dualität und verweigerte die Anerkennung ihrer Existenz.

B: Es gibt kein Ego. Wenn es eins gäbe, müßtest du zwei verschiedene Selbst in dir annehmen. Deshalb gibt es kein Nichtwissen. Wenn du in das Selbst hinein forschst, wirst du herausfinden, daß Nichtwissen, das bereits nichtexistent ist, wirklich nicht existiert, und du wirst sagen, daß es verschwunden ist.

Manchmal schien es dem Zuhörer, daß das Nichtvorhandensein von Gedanken einfach eine Leere bedeuten würde. Deshalb ist Bhagavan hierauf besonders eingegangen.

Das Nichtvorhandensein von Gedanken bedeutet keine Leere. Jemand muß da sein, um sich dieser Leere bewußt zu sein. Wissen und Unwissen betreffen nur den Verstand und sind in der Dualität, aber das Selbst ist jenseits von beiden. Es ist reines Licht. Ein Selbst braucht kein Zweites zu sehen. Es gibt nicht zwei verschiedene Selbst. Was nicht das Selbst ist, ist einfach nichtselbst und kann das Selbst nicht erkennen. Das Selbst sieht weder noch hört es, es ist jenseits davon, völlig allein, als reines Bewußtsein. (T., 245.)

Bhagavan führte oft die Existenz-Kontinuität des Menschen während tiefem, traumlosem Schlaf als Beweis für sein vom Ego und dem Körperempfinden unabhängiges Dasein an. Er verwies auch auf den Zustand des Tiefschlafes als körper- und egofreien Zustand.

F: Ich weiß nicht, ob sich das Selbst vom Ego unterscheidet.

B: In welchem Zustand befindest du dich in tiefem Schlaf?

F: Ich weiß es nicht.

B: Wer weiß es nicht? Das wachende Selbst? Du verleugnest aber nicht, daß du existiert hast, während du in tiefem Schlaf gelegen hast?

F: Ich war und ich bin, aber ich weiß nicht, wer in tiefem Schlaf war.

B: Genau das ist es. Wenn der Mensch wach ist, sagt er, daß er im Zustand des Tiefschlafes nichts wußte. Jetzt sieht er Gegenstände und weiß, daß er existiert, im Tiefschlaf jedoch gab es keine Gegenstände und keinen Betrachter. Und dennoch war die gleiche Person, die jetzt spricht, auch im Tiefschlaf vorhanden. Was ist der Unterschied zwischen den beiden Zuständen? Jetzt gibt es Gegenstände und das Spiel der Sinne, während es das im Tiefschlaf nicht gab. Eine neue Entität, das Ego, ist entstanden. Es agiert durch die Sinne, sieht Gegenstände, verwechselt sich selbst mit dem Körper und beansprucht, das Selbst zu sein. Tatsächlich ist das, was in tiefem Schlaf war, auch weiterhin jetzt vorhanden. Das Selbst ist unveränderlich. Es ist das Ego, das dazwischen gekommen ist. Was aufsteht und dann wieder zurückgeht, ist das Ego. Was unveränderlich bestehen bleibt, ist das Selbst. (T. 143.)

Solche Beispiele ließen manchmal die falsche Vorstellung aufkommen, daß der Zustand der Verwirklichung oder des Verweilens im Selbst, den Bhagavan empfahl, ein Zustand der Unwissenheit gleich dem physischen Schlaf sei, und deshalb hielt er dem entgegen.

B: Wachen, Schlafen und Träumen sind nur Stadien des Geistes und nicht das Selbst. Das Selbst ist Zeuge dieser drei Zustände. Deine wahre Natur hat ihr Dasein im Schlaf.

F: Aber wir sind angeleitet worden, während der Meditation nicht einzuschlafen.

B: Du mußt dich vor dem Zustand des Betäubtseins hüten. Der Schlaf, der das Wachsein ablöst, ist nicht der wahre Schlaf. Das Wachsein, das den Schlaf ablöst, ist nicht das wahre Wachsein. Bist du jetzt wach? Nein.

Was du tun sollst, ist, zu deinem wahren Zustand erwachen. Du solltest weder in falschen Schlaf fallen noch in der falschen Weise wach bleiben. (T., 495.)

B: Obwohl das Selbst sogar im Schlaf gegenwärtig ist, wird es im Schlaf nicht wahrgenommen. Es kann nicht unmittelbar im Schlaf erkannt werden. Es muß zuerst im Wachzustand verwirklicht werden, denn es ist unsere wahre Natur, die allen drei Zuständen zugrunde liegt. Die Anstrengung für die Verwirklichung muß im Wachzustand gemacht werden, und das Selbst muß hier und jetzt verwirklicht werden. Dann wird es als das fortwährende Selbst verstanden werden, das vom Zustandswechsel des Wachseins, des Traumes und des Tiefschlafs nicht unterbrochen wird. (T., 307.)

Eine Bezeichnung für den wahren Zustand des verwirklichten Wesens ist der »Vierte Zustand«, der immer hinter den drei Zuständen des Wachens, Träumens und Tiefschlafes steht. Er wird mit dem Zustand des Tiefschlafes verglichen, weil er wie dieser formlos und nicht-dual ist. Wie jedoch das zuvor angeführte Zitat zeigt, ist er durchaus nicht das gleiche. Im vierten Zustand geht das Ego im Bewußtsein auf, so wie es im Schlaf im Unbewußtsein aufgeht.

TOD UND WIEDERGEBURT

Nirgendwo sonst hat Bhagavan deutlicher gezeigt, daß die Theorie dem Verstehen angepaßt werden muß, als in der Frage von Tod und Wiedergeburt. Für jene, die fähig waren, seine nicht-dualistische Theorie zu begreifen, erklärte er nur, daß die Frage nicht bestand, denn wenn das Ego jetzt kein wirkliches Dasein hat, dann hat es nach dem Tod ebenso keines.

F: Haben die Handlungen eines Menschen in diesem Leben eine Auswirkung auf seine zukünftigen Geburten?

B: Bist du jetzt geboren? Warum denkst du über zukünftige Geburten nach? In Wahrheit gibt es weder Geburt noch Tod. Laß den, der geboren ist, an den Tod denken und ein Beruhigungsmittel dagegen finden. (T., 17.)

F: Ist die Hindulehre der Wiedergeburt richtig?

B: Eine definitive Antwort ist nicht möglich. Selbst die gegenwärtige Inkarnation wird zum Beispiel in der Bhagavad Gita verleugnet.

F: Ist nicht unsere Persönlichkeit ohne Anfang?

B: Finde zuerst heraus, ob sie überhaupt existiert, und stelle die Frage, wenn du dieses Problem gelöst hast. Nammalwar sagt: »In der Unwissenheit hielt ich das Ego für das Selbst, aber mit dem rechten Wissen gibt es kein Ego mehr und du verbleibst einzig als das Selbst.« Beide, Nicht-Dualisten und Dualisten, stimmen in bezug auf die Notwendigkeit der Selbstverwirklichung überein. Erreiche zuerst die Selbstverwirklichung und stelle dann weitere Fragen. Nicht-Dualismus oder Dualismus kann nicht nur auf theoretischen Grundlagen bestimmt werden. Wenn das Selbst verwirklicht ist, wird die Frage nicht mehr auftauchen. (T., 491.)
Alles, was geboren wurde, muß sterben, alles, was erworben wurde, muß gelassen werden; aber bist du geboren worden? Du existierst ewig. Das Selbst kann niemals vergehen. T., 20.)

Bhagavan riet sehr von der Beschäftigung mit solchen Fragen ab, weil sie nur von der wahren Aufgabe der Selbstverwirklichung hier und jetzt ablenken.

F: Es wird gesagt, daß wir zwischen Belohnung und Verdammnis nach unserem Tod wählen können; daß es von unserer Wahl abhängt, was es sein wird. Stimmt das?

B: Warum fragst du, was nach dem Tod geschieht? Warum fragst du, ob du geboren wurdest, ob du die Früchte deiner vergangenen Taten erntest und so weiter? In einer Weile, wenn du einschläfst, wirst du diese Fragen nicht mehr stellen. Warum? Bist du, wenn du schläfst, eine andere Person als jetzt? Nein, du bist keine andere Person. Finde heraus, warum diese Fragen nicht auftauchen, wenn du schläfst. (T., 242.)

Manchmal jedoch akzeptierte Bhagavan einen untergeordneten, von Umständen abhängigen Gesichtspunkt für jene, die sich nicht an die Lehre des reinen Nicht-Dualismus halten konnten.

In der Bhagavad Gita sagt Sri Krishna zuerst im zweiten Kapitel zu Arjuna, daß niemand je geboren wurde, und dann im vierten Kapitel sagt er: ›Es gab unzählige Wiedergeburten von dir und mir. Ich kenne sie, du aber nicht.‹ Welche dieser beiden Aussagen ist richtig? Die Lehre verändert sich dem Verständnis des Zuhörers entsprechend. (T., 436.)
Als Arjuna sagte, daß er nicht gegen seine Verwandten und Älteren kämpfen würde, um sie zu töten und das Königreich zu gewinnen, sagte Sri Krishna: ›Es ist nicht so, daß jene oder du oder ich nicht zuvor waren, nicht jetzt sind und nicht später sein werden. Keiner war geboren, keiner starb, und so wird es künftig sein.‹ Und er entwickelte dieses Thema weiter, indem er sagte, daß er diese Lehren an die Sonne und durch sie an Ikshvaku gegeben hatte. Arjuna bezweifelte, wie das möglich sein könnte, da er (Sri Krishna) doch erst vor einigen Jahren geboren worden war und jene (die Sonne und Iksvaku) vor Jahrtausenden gelebt hatten. Da erkannte Sri Krishna seine Sichtweise und sagte: ›Ja, viele Inkarnationen gab es von mir und dir. Ich kenne sie alle, aber du kennst sie nicht.‹
Solche Aussagen scheinen widersprüchlich zu sein, aber sie sind der Sichtweise des Fragenden entsprechend wahr. Christus sagte auch, daß er vor Abraham war. (T., 145.)

So konnte Bhagavan von einer entsprechenden Ebene aus zugestehen:

Genauso wie du nach allerlei neuen Erfahrungen im Traum aufwachst, so findet sich nach dem Tod ein anderer Körper. (T., 144.)
Genauso wie Flüsse ihre Individualität verlieren, wenn ihr Wasser in das Meer einströmt und das Wasser wiederum verdunstet und als Regen zurück auf die Hügel, in die Flüsse und in das Meer kommt, so verlieren auch

die Menschen ihre Individualität, wenn sie schlafen, kehren aber zu ihr zurück, ihren bestehenden Anlagen gemäß. In ähnlicher Weise vergeht auch im Tod das Wesen nicht.

F: Wie ist das möglich?

B: Beobachte, wie ein Baum weiter wächst, nachdem seine Zweige abgeschnitten wurden. Solange der Lebensursprung nicht zerstört ist, wird er wachsen. In ähnlicher Weise ziehen sich latente Fähigkeiten beim Tod ins Herz zurück, aber sie vergehen nicht. So werden Wesen wiedergeboren. (T., 108.)

Nichtsdestoweniger sagte er vom höheren Gesichtspunkt aus:

In Wahrheit gibt es weder Samen noch Baum, es gibt nur Sein. (T., 439.)

Manchmal ging er bei seinen Erklärungen mehr in Einzelheiten, aber immer mit dem Vorbehalt, daß es in Wirklichkeit nur das unveränderliche Selbst gibt.

F: Wie lange dauert der Zeitraum zwischen Tod und Wiedergeburt?

B: Er kann lang oder kurz sein, aber ein verwirklichter Mensch geht nicht durch diesen Wandel; er geht im unendlichen Wesen auf, wie es in der Brihad Aranyaka Upanishad steht. Einige sagen, daß jene, welche nach dem Tod den Pfad des Lichtes gehen, nicht wiedergeboren werden; wohingegen jene, welche den Pfad der Dunkelheit gehen, wiedergeboren werden, nachdem sie ihr Karma (selbstgestaltetes Schicksal) in ihrem feinstofflichen Körper ausgetragen haben.
Wenn die Verdienste und Fehler eines Menschen gleich wiegen, wird er sofort auf der Erde wiedergeboren. Wenn die Verdienste die Fehler überwiegen, geht sein feinstofflicher Körper zuerst in den Himmel ein, während wenn die Fehler überwiegen, er zuerst zur Hölle geht. In jedem Fall aber wird er später auf der Erde wiedergeboren werden. All das wird in den Schriften beschrieben, aber tatsächlich gibt es weder Geburt noch Tod; man

bleibt einfach, was man wirklich ist. Nur das ist die Wahrheit. (T., 573).

Und wieder erklärt er in Begriffen von Gottes Barmherigkeit.

B: Gott in Seiner Barmherzigkeit hält dieses Wissen von den Menschen zurück. Wenn sie wüßten, daß sie tugendhaft waren, würden sie stolz werden, und im anderen Fall verzagt. Beides ist schlecht. Es ist genug, wenn man das Selbst kennt. (T., 553).

Manchmal verwies er jedoch auf die Bereitschaft oder Reife eines Menschen als etwas, das von den Errungenschaften einer früheren Inkarnation herrührt.

Eine kompetente Person, die sich, in einer früheren Inkarnation vielleicht, bereits ausgezeichnet hat, verwirklicht die Wahrheit und verweilt im Frieden, sobald ihr auch nur einmal davon erzählt wird, wohingegen einer, der nicht so qualifiziert ist, zuerst durch die verschiedenen Stufen gehen muß, bevor er Samadhi (das unmittelbare, reine Bewußtsein des Seins) erlangt. (T., 21.)

Das heißt, daß die Zeitdauer eines Lebens als Tagesreise auf der Pilgerfahrt zur Selbstverwirklichung angesehen werden kann. Wie weit vom Ziel entfernt man beginnt, hängt von der Bemühung oder dem Mangel an Bemühung früherer Tage ab. Wie weit man vorankommt, hängt vom Streben des gegenwärtigen Tages ab.

Jemand, der naturwissenschaftliche Vorlesungen an einer Universität hält, fragte, ob der Intellekt den Tod eines Menschen überlebt, und er bekam die Antwort: Warum an Tod denken? Bedenke, was geschieht, wenn du schläfst. Was erlebst du dann?

F: Aber der Schlaf ist vorübergehend, während der Tod das nicht ist.

B: Der Schlaf ist ein Stadium zwischen zwei Wachzuständen, und der Tod ist in der gleichen Weise ein Stadium zwischen zwei Geburten. Beide Stadien sind vorübergehend.

F: Ich meine, ob der Geist, wenn er den Körper verlassen hat, den Intellekt mit sich nimmt?

B: Der Geist ist nicht ohne Körper; es gibt unterschiedliche Körper. Wenn es nicht ein grobstofflicher Körper ist, dann wird es ein feinstofflicher Körper sein, so wie im Schlaf, Traum oder Tagtraum. (T., 206.)

Bhagavan hat niemals zugestanden, daß Unterschiede in der Ausdrucks- oder Formulierungsweise der Lehre zwischen verschiedenen Religionen Zeichen wirklicher Widersprüche sind, denn die Wahrheit, auf die die verschiedenen Religionen hinweisen, ist Eine, und sie ist unveränderlich.

F: Ist die buddhistische Sicht, daß es keine fortdauernde Wesenheit gibt, als Antwort auf die Vorstellung der individuellen Seele richtig oder nicht? Steht das mit der Hindulehre einer Wiedergeburt des Ego in Einklang? Ist die Seele eine fortdauernde Wesenheit, die sich immer wieder neu verkörpert, wie es die Hindulehre sagt, oder ist sie nur eine Anhäufung mentaler Tendenzen?

B: Das wahre Selbst ist fortdauernd und unberührt. Das Ego, das sich reinkarniert, gehört einer niedereren Ebene an, der des Denkens. Durch die Selbstverwirklichung wird es überstiegen.
Wiedergeburten kommen aus einem unechten Sproß des Seins und werden deshalb von den Buddhisten verleugnet. Der menschliche Zustand rührt von einer Vermischung des Empfindenden mit dem Empfindungslosen her. (T., 136.)

Manchmal war es nicht eine Frage der Wiedergeburt, sondern das Leid über den Tod eines geliebten Menschen. Eine Dame, die aus Nordindien gekommen war, fragte Bhagavan, ob es möglich sei, den Zustand einer Person nach dem Tod zu kennen.

B: Es ist möglich, aber warum willst du es versuchen? Solche Fakten sind nur so wirklich wie die Person, die nach ihnen sucht.

F: Die Geburt, das Leben und der Tod eines Menschen sind für uns wirklich.

B: Weil du dich fälschlicherweise mit dem Körper identifizierst, denkst du von einer anderen Person auch als einem Körper. Weder du noch die andere Person ist der Körper.

F: Aber von meiner eigenen Ebene des Verstehens aus betrachte ich mich selbst und meinen Sohn als wirklich.

B: Die Geburt des ›Ich‹-Gedankens ist die Geburt einer Person, und der Tod dieses Gedankens ist ihr Tod. Auf die Entstehung des ›Ich‹-Gedankens folgt die falsche Identifikation mit dem Körper. Wenn du dich selbst mit dem Körper identifizierst, identifizierst du fälschlicherweise auch andere mit ihrem Körper. Genauso wie dein Körper geboren wurde, wächst und sterben wird, so denkst du, daß auch eine andere Person geboren wurde, heranwuchs und starb. Hast du an deinen Sohn gedacht, bevor er geboren wurde? Der Gedanke kam nach seiner Geburt und geht sogar nach seinem Tod weiter. Er ist dein Sohn nur insofern, als du an ihn denkst. Wohin ist er gegangen? Zum Ursprung, aus dem er kam. Solange du existierst, existiert auch er. Wenn du aber aufhörst, dich selbst mit dem Körper zu identifizieren, und wenn du das wahre Selbst verwirklichst, dann wird diese Konfusion verschwinden. Du bist ewig und wirst finden, daß auch andere ewig sind. Solange das nicht verwirklicht ist, wird es immer Leid geben, das von falschen Werten herrührt, welche von falschem Wissen und falscher Identifikation verursacht werden. (T., 276.)
Als König Georg V. starb, sprachen zwei Schüler darüber in der Halle und schienen erregt zu sein. Bhagavan sagte: »Was bedeutet es für euch, wer stirbt oder verschwindet? Sterbt und verschwindet selbst und werdet eins mit dem Selbst aller (durch die Auslöschung des Ego).« (T., 236.)

Und schließlich über die Bedeutsamkeit des Todes. Die Religionen betonen, wie wichtig der Zustand des Geistes ist, in dem jemand stirbt, und was seine letzten Gedanken vor dem Tod sind. Aber Bhagavan erinnerte die Leute daran, daß es nötig ist, schon eher gut vorbereitet zu sein. Wenn das nicht der Fall ist, werden unerwünschte Neigungen zur Zeit des Todes aufkommen, die zu machtvoll sind, um kontrolliert werden zu können.

F: Auch wenn ich die Verwirklichung nicht zu meiner Lebzeit erreichen kann, laß mich sie wenigstens auf meinem Totenbett nicht vergessen. Laß mich wenigstens einen Schimmer der Wirklichkeit im Augenblick des Todes haben, so daß es mir in der Zukunft zustatten kommen mag.

B: In der Bhagavad Gita steht im 8. Kapitel, daß der letzte Gedanke eines Menschen vor seinem Tod seine folgende Geburt bestimmt. Aber die Wirklichkeit muß jetzt erfahren werden, in diesem Leben, damit man sie im Tod erfahren kann. Erwäge, ob der gegenwärtige Augenblick in irgendeiner Weise vom letzten Augenblick des Todes verschieden ist, und versuche im entsprechenden Zustand zu sein. (T., 621.)

HERZ UND KOPF

Hier scheint eine gute Stelle zu sein, um die Lehre Maharshis über das Herz und den Kopf darzulegen. Er lehrte, daß das Herz und nicht der Kopf der wahre Sitz des Bewußtseins ist; aber er meinte damit nicht das physische Organ in der linken Seite des Brustkastens, sondern das spirituelle Herz in der rechten Seite; und mit Bewußtsein meinte er nicht Denken, sondern reines Gewahrsein oder reine Empfindung des Seins. Aus seiner eigenen Erfahrung hatte er das als das Zentrum spirituellen Gewahrseins gefunden, und anschließend fand er diese Erfahrung in einigen alten Texten bestätigt. Wenn er seine Verehrer dazu anleitete, sich auf das Herz zu konzentrieren, dann bezog er sich auf dieses spirituelle Herz in der rechten Seite. Auch sie fanden es als das Zentrum einer tatsächlichen, fast physischen Vibration von Bewußtsein. Gleichwohl sprach er auch vom Herzen als gleichwertig mit dem Selbst, und er erinnerte daran, daß das Selbst in Wahrheit ganz und gar nicht im Körper ist, sondern daß es raumlos ist.

F: Warum sagst du, daß das Herz rechts ist, wenn die Biologen festgestellt haben, daß es links ist? Welchen Beweis hast du?

B: Niemand leugnet, daß das physische Organ in der linken Seite ist, aber das Herz, von dem ich spreche, ist auf der rechten Seite. Das ist meine Erfahrung, und ich brauche keinen Beweis dafür. Dennoch kannst du eine Bestätigung dafür in einem Malayali-Buch über Ayurveda und in der Sita Upanishad finden. (T., 4.)

Bhagavan zeigte das Zitat in der Sita Upanishad und zitierte den Text aus dem Malayali-Buch. Wenn er danach gefragt wurde, bezog er sich manchmal auch auf den biblischen Text von Ecclesius: »Das Herz des weisen Mannes ist auf der rechten Seite und das Herz eines Dummkopfes auf der linken.« (Ch.X.V. 2.)

F: Warum haben wir einen Ort wie zum Beispiel das Herz, um uns für die Meditation darauf zu konzentrieren?

B: Weil du wahres Bewußtsein suchst. Wo kannst du es finden? Kannst du es außerhalb von dir selbst erreichen? Du mußt es in dir finden. Deshalb wirst du nach innen geleitet. Das Herz ist der Sitz des Bewußtseins oder das Bewußtsein selbst. (T., 205.)
Ich möchte, daß du beobachtest, an welchem Ort in deinem Körper das ›Ich‹ auftaucht. Es ist jedoch nicht ganz korrekt zu sagen, daß das ›Ich‹ in der rechten Seite der Brust entsteht und auch da wieder eintaucht. Das Herz ist eine weitere Bezeichnung für die Wirklichkeit, und diese ist weder innerhalb noch außerhalb des Körpers. Es kann kein innen oder außen für sie geben, weil sie alleine ist. Ich meine mit dem ›Herzen‹ kein physiologisches Organ oder einen Plexus oder ein Nervenzentrum oder ähnliches; aber solange sich der Mensch mit dem Körper identifiziert oder denkt, daß er der Körper ist, solange wird ihm angeraten, herauszufinden, wo im Körper das ›Ich‹ auftaucht und wieder verschwindet. Es muß das Herz in der rechten Seite der Brust sein, denn jedermann, gleichgültig welcher Rasse und Religion er angehört und welche Sprache er spricht, zeigt auf die rechte Seite der Brust, um sich selbst zu bezeichnen, wenn er ›Ich‹ sagt. Überall auf der Welt ist es so, und so muß das der Ort sein. Und wenn man aufmerksam das

Auftauchen des ›Ich‹-Gedankens beim Aufwachen und sein Verschwinden beim Schlafengehen beobachtet, dann kann man erkennen, daß dies im Herzen auf der rechten Brustseite stattfindet. (D.D., I., S. 18.)

Wenn ein Raum dunkel ist, brauchst du eine Lampe, um ihn zu erleuchten, aber wenn die Sonne aufgeht, brauchst du keine Lampe, du siehst die Gegenstände ohne sie. Und um die Sonne selbst zu sehen, braucht man keine Lampe, denn die Sonne leuchtet aus sich selbst. Ähnlich ist es mit dem Geist. Das reflektierte Licht des Geistes ist nötig, damit man Objekte wahrnehmen kann. Um aber das Herz zu sehen, ist es ausreichend, wenn der Geist seine Aufmerksamkeit dorthin lenkt. Dann verliert sich der Geist und das Herz erstrahlt. (T., 99.)

Es ist ein tantrischer Brauch, sich auf eines der Chakren oder spirituellen Zentren des Körpers, oftmals auf die Stelle zwischen den Augenbrauen zu konzentrieren. Wie sich in einem späteren Kapitel zeigen wird, gehört das Herz auf der rechten Seite nicht zu diesen Chakren. Nichtsdestoweniger erklärt Bhagavan in der folgenden Passage kurz seine Lehre, daß die Konzentration auf das Herzzentrum wirkungsvoller ist als auf irgendeinen anderen Punkt, aber nicht so wirkungsvoll wie die reine Nachforschung.

F: Es wird gesagt, daß es sechs verschiedenfarbige (feinstoffliche) Organe im Körper gibt, von denen das spirituelle Herz das ist, welches zwei Fingerbreit rechts von der Mitte der Brust sein soll. Es wird aber auch gesagt, daß das Herz formlos ist. Bedeutet das, daß wir es uns als eine Form vorstellen und über es meditieren sollen?

B: Nein, nur die Nachforschung ›Wer bin Ich?‹ ist nötig. Das, was durch Schlafen und Wachen bestehen bleibt, ist das gleiche Wesen in beiden Zuständen; nur gibt es im Wachzustand Unglück und deshalb die Bemühung, dieses Unglück zu beseitigen. Wenn du gefragt wirst, wer vom Schlaf erwacht, sagst du ›Ich‹. Halte dich fest an dieses ›Ich‹. Wenn du das tust, wird sich das Ewige Wesen offenbaren. Das Wichtigste ist die Forschung nach dem ›Ich‹ und nicht die Konzentration auf das Herzzentrum. Es gibt nicht so etwas wie das ›Innere‹ und das ›Äußere‹. Beide Begriffe bedeuten das gleiche oder überhaupt nichts. Nichtsdestoweniger gibt es auch die Übung der Konzentration auf das Herzzentrum, was eine bestimmte Form spiritueller Übung ist. Nur wer sich auf das Herz konzentriert, kann, wenn der Geist aufhört aktiv zu sein und still und gedankenfrei ist, bewußt bleiben, wohingegen die, welche sich auf ein anderes Zentrum konzentrieren, das Gewahrsein ohne Gedanken nicht beibehalten können, sondern nur folgern, daß der Geist still war, nachdem er wieder aktiv geworen ist. (T., 131.)

Im folgenden Abschnitt äußert sich eine Besucherin aus England über dieses gedankenfreie Gewahrsein, und Bhagavan heißt es gut.

F: Plötzlich hören die Gedanken auf und das ›Ich-Ich‹ erwacht ebenso plötzlich und dauert an. Es ist nur eine Empfindung, kein Gedanke. Kann das richtig sein?

B: Ja, es ist ganz richtig. Die Gedanken müssen aufhören, und der Verstand muß verschwinden, damit das ›Ich-Ich‹ erwachen und gefühlt werden kann. Das Fühlen ist die Hauptsache, nicht das Verstehen.

F: Außerdem ist es nicht im Kopf, sondern in der rechten Seite der Brust.

B: Das ist, wo es sein sollte, denn das Herz ist dort.

F: Wenn ich mich nach außen richte, dann verschwindet es. Was soll ich tun?

B: Dich fest daran halten. (T., 24.)

Das bedeutet nicht, daß es im Zustand des ›Ich-Bewußtseins‹ keine Gedanken geben kann, wie man sehr gut am Beispiel Bhagavans selbst sehen kann, der dauernd in diesem Zustand war. Für den unwissenden Menschen sind die Gedanken gleich einer dichten Wolke über dem Kopf, die ihn vom Licht der Sonne abschirmt. Wenn die Wolkendecke zerrissen und zurückgeschoben worden ist und das Licht einfallen kann, dann kann er das Denken benutzen, ohne von ihm eingefangen zu werden. Um die Metapher zu ändern, verglich

Bhagavan manchmal den Geist eines verwirklichten Menschen mit dem Mond am Himmel während des Tages – er ist da, aber sein Licht wird nicht benötigt, weil man ohne ihn, mit dem direkten Licht der Sonne sehen kann.

LEID

Eines der Probleme, über die Bhagavan oftmals gefragt wurde, war das Leid. Die Fragen waren im allgemeinen eher persönlicher als wissenschaftlicher Natur, da es oft die Erfahrung von Leid war, die die Menschen dazu trieb, Trost bei ihm zu suchen. Der wahre Trost kam in der Form von stillem Einfluß, aber er antwortete auch auf theoretische Fragen. Die übliche Antwort war die, dem Fragenden zu sagen, er solle herausfinden, wer da leidet, genauso wie er den Zweifler hieß, herauszufinden, wer da zweifelt, denn das Selbst ist jenseits von Leid, wie es jenseits von Zweifel ist. Manchmal erklärte er jedoch als wahrscheinlicher, daß, was auch immer einen Menschen mit seinem Zustand der Unwissenheit unzufrieden macht und ihn zur Suche nach dem Selbst bringt, gut für ihn ist, und daß oftmals Leid das Mittel für diesen Zweck ist.

B: Die Seligkeit des Selbst gehört dir immer, und du wirst sie finden, wenn du aufrichtig nach ihr suchst. Die Ursache deines Unglücks liegt nicht in deinem äußeren Leben, sie ist in dir als dein Ego. Du lädst dir Begrenzungen auf und kämpfst dann sinnlos, um sie zu überkommen. Alles Unglück rührt vom Ego her. Mit ihm kommt alles Übel. Was hilft es dir, die Ursache des Unglücks den Geschehnissen des Lebens zuzuschreiben, wenn diese Ursache in Wirklichkeit in dir ist. Welches Glück kannst du von Dingen erhaschen, die unwesentlich für dein Selbst sind? Wie lange wird das Glück bestehen, wenn du es hast?

Wenn du das Ego verleugnen und durch Nichtbeachten verbrennen würdest, dann wärest du frei. Wenn du es akzeptierst, wird es dir Begrenzungen auferlegen und dich in einen sinnlosen Kampf stürzen, um diese Begrenzungen zu übersteigen. So versuchte der ›Dieb‹ König Janaka zugrundezurichten.

Das Selbst zu sein, das du wirklich bist, ist das einzige Mittel, die Seligkeit zu verwirklichen, die ständig dein ist. (M.G., II., S.49.)

Ein sehr ergebener und einfach denkender Verehrer hatte seinen einzigen Sohn, ein dreijähriges Kind, verloren. Am Tag danach kam er mit seiner Familie zum Ashram. Sich auf sie beziehend, sagte Bhagavan: »Das Training des Geistes hilft einem dabei, Sorgen und Verluste mit Tapferkeit zu ertragen; aber der Verlust der eigenen Kinder wird als das schlimmste aller Leiden angesehen. Leid existiert nur solange, wie man annimmt, eine definitive Form zu haben; wenn die Form überstiegen ist, dann weiß man, daß das Eine Selbst ewig ist. Es gibt weder Tod noch Geburt. Nur der Körper wird geboren, und das ist die Schöpfung des Ego. Aber das Ego wird üblicherweise ohne den Körper nicht wahrgenommen und deshalb wird es mit ihm identifiziert. Es ist das Denken, das eine Rolle spielt. Der Vernünftige soll darüber nachdenken, ob er von seinem Körper wußte, als er im Tiefschlaf war. Warum fühlt er ihn im Wachzustand? Obwohl er den Körper im Schlaf nicht fühlte, war nicht das Selbst doch da? Was war sein Zustand im Tiefschlaf, und was ist er jetzt, wenn er wach ist? Worin liegt der Unterschied? Das Ego steht auf, und das nennt sich Wachsein. Gleichzeitig kommen die Gedanken. Finde heraus, wer die Gedanken hat. Wo kommen sie her? Sie müssen aus dem bewußten Selbst entstehen. Selbst wenn man das nur halbwegs versteht, hilft es für die Auslöschung des Ego. Die Verwirklichung des einen unendlichen Daseins wird möglich. In diesem Zustand gibt es keine Individuen, sondern nur das ewige Sein. Und so gibt es keinen Gedanken des Todes oder des Leidens. Wenn einer glaubt, daß er geboren wurde, kann er der Furcht vor dem Tod nicht entfliehen. Er soll herausfinden, ob er jemals geboren wurde und ob das Selbst geboren wird. Er wird entdecken, daß das Selbst ewig ist und daß der Körper, der geboren wird, sich in Denken auflöst und daß das Auftauchen des Denkens die Ursache allen Unheils ist. Finde heraus, woher das Denken kommt, dann wirst du im immer gegenwärtigen, innersten Selbst verweilen und von der Vorstellung der Geburt und der Angst vor dem Tod frei sein. (T., 80.)

F: Wenn jemand, den wir lieben, stirbt, dann verursacht das Kummer. Sollten wir solchen Kummer vermeiden, indem wir alle gleichermaßen lieben oder indem wir überhaupt nicht lieben?

B: Wenn jemand, den wir lieben, stirbt, dann bringt es dem Kummer, der weiterlebt. Der Weg, um Kummer loszuwerden, ist, nicht mehr weiterzuleben. Töte den Leidenden, und wer wird dann übrigbleiben, um zu leiden? Das Ego muß sterben. Das ist der einzige Weg. Die beiden Alternativen, die du vorschlägst, laufen auf das gleiche hinaus. Wenn alle verwirklicht haben, daß sie das Eine Selbst sind, wer bleibt da, um zu lieben oder zu hassen? (T., 252.)

Manchmal jedoch waren die Fragen unpersönlich und bezogen sich nicht auf eine private Tragödie, sondern auf das Übel und Leid in der Welt. In solchen Fällen wurden die Fragen im allgemeinen von Besuchern gestellt, die die Lehre der Nicht-Dualität nicht verstanden oder die nicht dem Pfad der Selbsterforschung folgten.

F: Weitverbreitetes Elend, wie zum Beispiel Hungersnot und Seuchen, bringt Verwüstung in die Welt. Was ist die Ursache für diese Vorkommnisse?

B: Für wen wird all das augenscheinlich?

F: So geht es nicht. Ich sehe Elend überall.

B: Du warst der Welt und ihrer Leiden nicht gewahr, als du schliefst, aber jetzt, da du wach bist, bist du gewahr. Mache in dem Zustand weiter, in dem du von solchen Dingen nicht berührt bist. Wenn du der Welt nicht gewahr bist, das heißt, wenn du als das Selbst im Schlafzustand bleibst, dann berühren dich die Leiden der Welt nicht. Wende dich deshalb nach innen und suche das Selbst, und das wird das Ende der Welt und ihrer Leiden sein.

F: Aber das ist Selbstsucht.

B: Die Welt ist nicht außerhalb von dir. Weil du dich fälschlicherweise mit dem Körper identifizierst, siehst du die Welt außerhalb von dir, und ihre Leiden werden augenscheinlich für dich. Aber die Welt und ihre Leiden sind nicht wirklich. Suche nach der Wirklichkeit und werde dieses unwirkliche Gefühl los.

Der Besucher war nicht willens das zu tun, sondern bezog sich statt dessen wieder auf das Leiden und auf jene, die sich vergeblich bemühen, es zu beseitigen.

F: Es gibt bedeutende Persönlichkeiten und Angestellte im öffentlichen Dienst, die das Problem des Leidens in der Welt nicht lösen können.

B: Das ist, weil sie auf dem Ego beruhen. Wenn sie im Selbst verweilten, wäre es anders.

Immer noch mit der Voraussetzung der absoluten Wirklichkeit der objektiven Welt, fragte der Besucher nun in einer indirekten Form, wie es anders wäre, und forderte, daß die, welche im Selbst verweilen, das Unwirkliche als wirklich annehmen sollten.

F: Warum helfen die Mahatmas nicht?

Bhagavan antwortet für einen Augenblick auf der Ebene des Besuchers.

B: Wie willst du wissen, daß sie nicht helfen? Das Schweigen der Mahatmas überwiegt alle öffentlichen Reden, äußere Aktivität und materielle Hilfe. Sie (die Mahatmas) erreichen mehr als andere.

Jetzt kommt der Besucher zum praktischen Punkt: äußere Aktivität anstelle von innerer Suche. Bhagavan weist diesen Standpunkt nicht weniger kategorisch zurück.

F: Was können wir tun, um den Zustand der Welt zu verbessern?

B: Wenn du ohne Schmerz bist, wird es nirgendwo Schmerz geben. Die Schwierigkeit jetzt kommt daher, daß du die Welt außerhalb deiner selbst siehst und denkst, daß es Schmerz in der Welt gibt. Beides aber, die Welt und der Schmerz, sind in dir. Wenn du nach innen gehst, wird es keinen Schmerz geben.

F: Gott ist vollkommen. Warum hat er die Welt unvollkommen geschaffen? Ein Werk hat teil an der Natur seines Schöpfers, aber in diesem Fall ist es nicht so.

B: Bist du etwas von Gott Abgetrenntes, daß du diese Frage stellen kannst. Solange du dich selbst als den Körper betrachtest, wirst du die Welt als außerhalb von dir sehen. Dir erscheint sie als unvollkommen.
Gott ist Vollkommenheit, und sein Werk ist auch vollkommen, aber du siehst es als unvollkommen wegen deiner falschen Identifikation mit dem Körper oder dem Ego.

F: Warum hat sich das Selbst als diese erbärmliche Welt manifestiert?

B: Damit du es suchen sollst. Deine Augen können sich selbst nicht sehen, aber wenn du einen Spiegel vorhältst, dann sehen sie sich. Die Schöpfung ist der Spiegel. Sieh zuerst dich selbst und sieh dann die ganze Welt als das Selbst.

F: Das läuft darauf hinaus, daß ich mich immer nach innen wenden sollte?

B: Ja.

F: Sollte ich die Welt denn überhaupt nicht sehen?

B: Man sagt dir nicht, daß du deine Augen vor der Welt verschließen sollst, sondern nur, daß du zuerst dein Selbst und dann die ganze Welt als das Selbst sehen sollst. Wenn du dich selbst als den Körper ansiehst, dann scheint die Welt außerhalb zu sein; wenn du das Selbst bist, dann erscheint die Welt als manifestiertes Brahman. (T., 272.)

Das Übel ist, daß es äußerst schwierig ist, den Körper oder die objektive Welt als unwirklich zu betrachten. Bhagavan hat das in dem folgenden Dialog zugegeben.

F: Ich habe Zahnschmerzen; ist das nur ein Gedanke?

B: Ja.

F: Warum kann ich dann nicht denken, daß es keine Zahnschmerzen gibt, und mich so selbst heilen?

B: Man fühlt die Zahnschmerzen nicht, wenn man in andere Gedanken vertieft ist oder wenn man schläft.

F: Aber sie bleiben trotzdem da.

B: So stark ist die Überzeugung des Menschen von der Wirklichkeit der Welt, daß sie nicht einfach abzuschütteln ist. Aber die Welt ist nicht mehr wirklich als die Person, die sie sieht.

Es folgt ein humorvoller Austausch, der die Schwierigkeit des Konzeptes zeigt.

F: Es gibt gerade einen Sino-Japanischen Krieg. Wenn er nur in der Vorstellung existiert, kann oder möchte Bhagavan sich nicht vorstellen, daß dieser Krieg nicht stattfindet und ihn somit beenden?

B: (lachend) Der Bhagavan des Fragenden (den der Fragende als ein äußeres Wesen sieht) ist ebensosehr einer seiner Gedanken wie der Sino-Japanische Krieg! (T., 451.)

Schließlich noch ein Zitat, das zeigt, wie Bhagavan manchmal auf einer mehr zufälligen Ebene antwortete, wenn er darauf aufmerksam machte, daß Leiden einen Menschen mit dem Leben des Ego unzufrieden macht und ihn dazu antreibt, die Selbstverwirklichung zu suchen.

F: Aber warum muß es jetzt Leiden geben?

B: Wenn es kein Leiden gäbe, wie könnte dann der Wunsch nach Glück entstehen? Wenn dieser Wunsch nicht entstehen würde, wie könnte dann die Suche nach dem Selbst entstehen?

F: Ist dann alles Leiden gut?

B: Ja. Was ist Glück? Ist es ein gesunder, wohlgeformter Körper, regelmäßige Mahlzeiten und so weiter? Selbst ein Herrscher hat endlose Schwierigkeiten, obwohl er vielleicht eine gute Gesundheit hat. Also beruht alles Leiden auf der falschen Vorstellung! ›Ich bin der Körper‹. Diese Vorstellung loszuwerden, bedeutet Erkenntnis. (T., 633.)

SÜNDE

Sünde und Übel jeder Art sind das Ergebnis von Egoismus, der ohne Rücksicht auf den Schaden, den er anderen zufügt, oder die schädliche Auswirkung auf den Charakter des Sünders selbst handelt. Die Religionen schützen davor durch moralische und disziplinarische Gesetze und emotionale Aufrufe und versuchen so, das Ego in Schranken zu halten und sein Überschreiten in verbotene Gefilde zu vermeiden. Ein spiritueller Pfad jedoch, der so radikal und direkt ist, daß er das Ego selbst verleugnet, braucht nicht auf die verschiedenen Auswüchse von Egoismus zu achten. Aller Egoismus muß zurückgewiesen werden. Deshalb richtet die Nicht-Dualität ihren Angriff auf das Ego selbst und nicht auf seine spezifischen Manifestationen.

Wie sündig auch immer ein Mensch sein mag, wenn er aufhören würde, untröstlich zu klagen: ›Oh, ich bin ein Sünder, wie soll ich die Befreiung erlangen?‹ und wenn er sogar den Gedanken, ein Sünder zu sein, ablegen würde und eifrig in der Meditation über das Selbst fortfahren würde, dann würde er ganz sicherlich gewandelt werden. (W., 37.)

In ähnlicher Weise braucht eine Disziplin, die darauf ausgerichtet ist, das Denken gänzlich in der Verwirklichung des überrationalen Selbst zu überschreiten, sich nicht speziell gegen schlechte Gedanken zu wenden. Alle Gedanken sind Ablenkungen. Eine Besucherin aus Europa fragte, ob gute Gedanken nicht hilfreich bei der Suche nach der Verwirklichung seien, zumindest in den frühen Stufen, auf den unteren Sprossen der Leiter, und sie erhielt die Antwort:

Ja, insofern sie schlechte Gedanken fernhalten, aber selbst sie (die guten Gedanken) müssen vor dem Stadium der Verwirklichung verschwinden. (T., 341.)
Weil die Qualität der Reinheit (*sattva*) die wahre Natur des Geistes ist, ist eine Klarheit gleich der des unbewölkten Himmels charakteristisch für die Weite des Geistes. Wenn der Geist von der Qualität der Aktivität (*rajas*) aufgereizt wird, dann wird der Geist ruhelos und

manifestiert sich unter dem Einfluß des Dunklen (*tamas*) als die physische Welt. Da der Geist so einerseits ruhelos wird und andererseits als solide Materie erscheint, wird das Wirkliche nicht erkannt. Genauso wie feine Seidenfäden nicht mit einem schweren eisernen Weberschiffchen verwoben werden können, oder die feinen Schattierungen eines Kunstwerkes nicht im Licht einer im Wind flackernden Lampe gesehen werden können, so ist die Verwirklichung der Wahrheit mit einem von Dunkelheit (*tamas*) schwer gewordenen und von Aktivität (*rajas*) ruhelos gewordenen Geist unmöglich. Weil die Wahrheit über alle Maßen fein und ruhig ist, wird der Geist nur durch eine wunschlose Erfüllung von Pflichten während mehrerer Leben von seinen Unreinheiten geklärt; findet er einen würdigen Meister und lernt und übt ohne Unterlaß die Meditation über den Höchsten. Die Verwandlung des Geistes in die Welt träger Materie, aufgrund der Qualität der Dunkelheit (*tamas*) und in Ruhelosigkeit, aufgrund der Qualität der Aktivität (*rajas*), wird aufhören. Dann wird der Geist seine Feinheit und Gelassenheit wiedergewinnen. Die Seligkeit des Selbst kann sich nur in einem durch aufmerksame Meditation wieder subtil und standhaft gewordenen Geist manifestieren. Wer diese Seligkeit erfährt, ist, sogar noch während er lebt, befreit. (S.E., S.21.)

Er bestand natürlich auf der Notwendigkeit der Reinheit. Manchmal beklagte sich ein Besucher, daß er zu schwach sei, um seinen niederen Neigungen zu widerstehen, und es wurde ihm einfach gesagt, es intensiver zu versuchen. Entsprechend seinem Temperament wurde ihm empfohlen, herauszufinden, wer die niederen Neigungen hat, oder in Gott zu vertrauen.

F: Ich bin sündig und erfülle keinerlei religiöse Pflichten. Werde ich deshalb eine schmerzhafte Wiedergeburt erfahren?

B: Warum sagst du, daß du sündig bist? Der Glaube an Gott reicht aus, um dich vor der Wiedergeburt zu bewahren. Wirf all deine Last auf Ihn. Im *Tiruvachakam* steht: »Obwohl ich schlechter als ein Hund bin, hast Du es gnädig auf Dich genommen, mich zu beschützen. Du unterhältst die Täuschung von Tod und Geburt. Ist es meine Aufgabe, zu Gericht zu sitzen? Bin ich der Herr hier? Allmächtiger Gott, es ist Deine Aufgabe, mich durch viele Körper zu bringen oder mich bei Deinen Füßen zu behalten.« Sei deshalb voller Glauben, und das wird dich retten. (T., 30.)

F: In der Meditation liegt mehr Freude als in sinnlichen Vergnügen, und dennoch sucht der Geist nach dem zweiten und nicht nach dem ersten. Warum ist das so?

B: Freude und Leid sind nur Aspekte des Geistes. Unsere grundlegende Natur ist Glückseligkeit, aber wir haben das Selbst vergessen und stellen uns vor, daß der Körper oder der Geist das Selbst ist. Diese falsche Identifikation läßt Elend entstehen. Was ist zu tun? Diese Tendenz ist sehr tief verwurzelt und hat sich durch viele vergangene Geburten fortgesetzt und ist dadurch stark geworden. Sie muß verschwinden, bevor die eigentliche Natur, die Glückseligkeit ist, verwirklicht werden kann. (T., 540.)

Und vor allem, keine neuen *vasanas* oder latente Tendenzen schaffen.

F: Swami, wie kann der Zugriff des Ego gelockert werden?

B: Indem ihm keine neuen *vasanas* hinzugefügt werden. (T., 173).

Wenn die objektive Wirklichkeit der Welt eine Illusion ist, dann ist das Übel in ihr auch eine Illusion, und die Lösung dafür ist, sich nach innen zu kehren, zur Wirklichkeit des Selbst. Ein Besucher aus Amerika, der Sekretär von Swami Yogananda, fragte, warum es Gut und Böse in der Welt gibt, und er erhielt die Antwort:

Das sind relative Begriffe. Es muß ein Subjekt geben, daß das Gute und Böse kennt. Dieses Subjekt ist das Ego. Es endet im Selbst. Oder du kannst sagen, daß der Ursprung des Ego Gott ist. Diese Erklärung ist wahrscheinlich genauer und besser verständlich für dich. (T., 106.)

GOTT

Oberflächlich gesehen, mag es erscheinen, als ob die Aussagen Maharshis über Gott widersprüchlich seien, weil er manchmal absoluten Glauben an Gott und absolute Unterwerfung auferlegte und dann wieder von Gott als unwirklich sprach; tatsächlich war da aber kein Widerspruch. Man darf niemals vergessen, daß der Zweck seiner Erklärung nicht darin lag, eine Philosophie vorzulegen, sondern eine praktische Führung auf dem spirituellen Weg zu geben. Einer, der etwas vom nicht-dualistischen Selbst verstehen konnte, konnte begreifen, daß es sowohl sein eigenes Selbst wie das Selbst Gottes, wie auch das Selbst der Welt war. Währenddessen einer, der sich an die scheinbare Wirklichkeit seines Ego klammerte, das Selbst nur als den Gott, der ihn erschaffen hatte, verstehen konnte. Bhagavan erklärte den Bedürfnissen der verschiedenen Menschen entsprechend. Hier wie auch bei anderen Themen wies er auf die Nutzlosigkeit der Diskussion hin. Dem einen oder anderen Pfad zu folgen, war nützlich, nicht aber, darüber zu theoretisieren.

Alle Religionen setzen drei Grundbegriffe voraus, die Welt, die Seele und Gott. Aber es ist die eine Wirklichkeit, die sich selbst als diese drei Begriffe manifestiert. Nur solange das Ego besteht, kann man sagen: Die drei sind wirklich drei. Deshalb ist es der vollkommene Zustand, in seinem eigenen Wesen zu verweilen, wenn das Ego tot ist.

»Die Welt ist wirklich«; »Nein, sie ist nur illusorische Erscheinung«; »Die Welt ist bewußt«; »Nein«; »Die Welt ist Glückseligkeit«; »Nein«; – Was nützt es, so zu argumentieren? Der Zustand, wenn die objektive Auffassung aufgegeben ist und man sein Selbst kennt und alle Ideen von Einheit oder Dualität, von einem selbst und dem Ego verloren hat, dieser Zustand ist angenehm für alle.

Wenn man selbst eine Form hat, dann wird die Welt und Gott auch in einer Form erscheinen; aber wenn man formlos ist, wen gibt es da, der diese Form sieht und wie? Kann ohne das Auge irgendein Gegenstand gesehen werden? Das sehende Selbst ist das Auge, und dieses Auge ist das Auge der Unendlichkeit. (F.V., 2–4.)

Brahman kann nicht gesehen oder gekannt werden. Es ist jenseits der dreifachen Beziehung des Sehenden, des

Sehens und des Gesehenen oder des Wissenden, des Wissens und des Gewußten. Die Wirklichkeit bleibt immer wie sie ist. Die Existenz von Unwissen oder der Welt ist eine Folge unserer Illusion. Weder Wissen noch Unwissen sind wirklich; was jenseits davon liegt sowie jenseits aller anderen Gegensätze, das ist Wirklichkeit. Sie ist weder Licht noch Dunkelheit, sondern jenseits von beiden, obwohl wir von ihr manchmal als Licht und von dem Unwissen als ihrem Schatten sprechen. (D.D., 1. S.38.)

Wenn jemand ernsthaft zu verstehen suchte, dann erklärte Bhagavan einige Einzelheiten, führte den Suchenden aber immer zurück zu der Lehre des Einen Selbst.

Herr Thompson, ein sehr stiller junger Mann, der sich mehrere Jahre lang in Indien aufhielt und ernsthaft Hindu-Philosophie studierte, fragte: Die Srimad Bhagavad Gita sagt: »Ich bin die Stütze Brahmans.« Und an anderer Stelle steht: »Ich bin im Herzen eines jeden.« So werden die verschiedenen Aspekte des höchsten Prinzips offenbart. Ich verstehe, daß es drei Aspekte gibt, nämlich: 1. den transzendentalen, 2. den innewohnenden und 3. den kosmischen Aspekt. Soll die Verwirklichung in einem dieser Aspekte oder in allen zusammen stattfinden? Im Übergang vom kosmischen zum transzendentalen Aspekt weist der Vedanta Namen und Formen als Maya ab. Und dann sagt Vedanta wiederum, daß alles Brahman ist, mit Gold und Goldornamenten dargestellt. Wie sollen wir die Wahrheit verstehen?

B: In der Gita steht: *Brahmano hi pratishtaham.* Wenn dieses *aham* (Ich) bekannt ist, dann ist das Ganze bekannt.

F: Das ist nur der innewohnende Aspekt.

B: Du glaubst jetzt, daß du ein Individuum bist; außerhalb von dir ist das Universum und jenseits des Universums ist Gott. So hast du die Idee der Trennung. Diese Idee muß verschwinden, denn Gott ist weder von dir noch dem Kosmos getrennt. Die Gita sagt auch: »Ich bin

das Selbst, oh Gudakesa, das im Herzen aller Wesen wohnt. Ich bin der Anfang, die Mitte und auch das Ende aller Wesen.« (B.G.X., 20.)
So ist Gott nicht nur im Herzen aller, Er ist die Stütze aller, Er ist der Ursprung aller, ihr Zufluchtsort und ihr Ende. Alle kommen aus Ihm, sind in Ihm und gehen schließlich in Ihm auf. Deshalb ist Er nicht abgetrennt.

F: Wie sollen wir diese Zeile in der Gita verstehen: »Dieser gesamte Kosmos ist ein Bruchteil von mir.«

B: Es bedeutet nicht, daß ein kleiner Teil Gottes sich von Ihm abtrennt und das Universum formt. Seine Shakti (Energie) ist aktiv, und der Kosmos ist als Resultat einer Phase solcher Aktivität manifestiert worden. Ähnlich die Aussage im *Purusha Sukta: padosya viswa bhutani* (Alle Wesen formen einen Seiner Füße) bedeutet nicht, daß Brahman viergeteilt ist.

F: Das verstehe ich. Brahman ist sicherlich ungeteilt.

B: Also ist es Tatsache, daß Brahman alles ist und ungeteilt bleibt. Es ist immerwährend verwirklicht. Der Mensch jedoch weiß das nicht, und es ist gerade das, was er wissen sollte. Wissen bedeutet, die Hindernisse zu überkommen, welche die Offenbarung der Ewigen Wahrheit, daß das Selbst gleich ist mit Brahman, verhindern. Alle Hindernisse zusammen bilden deine Vorstellung des Abgetrenntseins als Individuum. Deshalb wird die gegenwärtige Bemühung zur Offenbarung der Wahrheit, daß das Selbst nicht von Brahman abgetrennt ist, führen. (T., 649.)

Die Christen – nur die größten Mystiker ausgenommen – halten sich an die Vorstellung eines permanent wirklichen und separaten Ego. Sri Bhagavan hatte diesbezüglich eine Diskussion mit einem Jesuitenpater, aber sie blieb ohne Abschluß. Bhagavan versuchte, den Geist des Paters nach innen, zur Selbsterforschung zu wenden, und der Pater verlangte statt dessen nach einer theoretischen Erklärung.

Dr. Emile Gathier, S.J., Philosophieprofessor im Sacred Heart College, Shembaganur, Kodaikanal, fragte:

Kannst du mir bitte eine Zusammenfassung deiner Lehre geben?

B: Du kannst sie in den kleinen Büchlein, besonders in *Wer bin Ich* finden.

F: Ich werde sie lesen. Aber könnte ich den zentralen Punkt deiner Lehren aus deinem eigenen Munde hören?

B: Der zentrale Punkt ist gerade das.

F: Es ist mir nicht klar, was du damit meinst.

B: Daß du das Zentrum finden sollst.

F: Ich komme von Gott. Ist Gott nicht von mir verschieden?

B: Wer stellt diese Frage? Nicht Gott. Du stellst sie. Finde also heraus, wer du bist, und dann wirst du vielleicht herausfinden, ob Gott verschieden von dir ist.

F: Aber Gott ist vollkommen, und ich bin unvollkommen. Wie kann ich Ihn jemals gänzlich kennen?

B: Gott sagt das nicht. Du stellst die Frage. Nachdem du herausgefunden hast, wer du bist, wirst du vielleicht wissen, was Gott ist.

F: Aber du hast dein Selbst gefunden. Laß uns bitte wissen, ob Gott verschieden ist von dir.

B: Das ist eine Frage der Erfahrung. Jeder muß es für sich selbst erfahren.

F: Oh! Ich verstehe. Gott ist unendlich, und ich bin endlich. Ich habe eine Persönlichkeit, die niemals in Gott aufgehen kann. Ist es nicht so?

B: Für Unendlichkeit und Vollkommenheit gibt es keine Teilstücke. Wenn ein endliches Wesen von der Unendlichkeit abgetrennt ist, ist die Vollkommenheit der Unendlichkeit beeinträchtigt. Somit ist deine Aussage ein begrifflicher Widerspruch.

F: Nein, sieh doch, es gibt beides, Gott und die Schöpfung.

B: Wie bist du dir deiner Persönlichkeit bewußt?

F: Ich habe eine Seele. Ich kenne sie durch ihre Handlungen.

B: Kanntest du sie im Tiefschlaf?

F: Die Handlungen sind im Tiefschlaf eingestellt.

B: Aber du existierst im Schlaf, und du existierst auch jetzt. Welcher dieser beiden Zustände ist dein wahrer Zustand?

F: Schlafen und Wachen sind nur Zufälligkeiten. Ich bin die Substanz hinter den Zufälligkeiten.
(Er schaute auf die Uhr und sagte, daß es Zeit für ihn sei, zum Bahnhof zu gehen. Nachdem er sich bei Bhagavan bedankt hatte, ging er. So hatte die Konversation ein plötzliches Ende.) (T., 602.)

Das folgende Gespräch beschäftigt sich mit verschiedenen Problemen, die die Philosophen und die Theologen beunruhigen – Göttliches Allwissen und freier Wille; natürliche Gesetze und göttliche Aktivität; persönlicher und unpersönlicher Gott. Dennoch zeigt der Ton der Antwort, daß Bhagavan all das für nicht so wichtig hielt.

F: Was ist die Beziehung zwischen meinem freien Willen und der überschattenden Macht des Allmächtigen?
a) Steht die Allmacht Gottes in Einklang mit dem freien Willen des Ego?
b) Steht die Allwissenheit Gottes mit dem freien Willen des Ego in Einklang?
c) Stehen natürliche Gesetze mit Gottes freiem Willen in Einklang?

B: Ja. Der freie Wille ist die Gegenwart, wie sie einer begrenzten Fähigkeit des Sehens und des Willens erscheint. Dieses gleiche Ego sieht seine vergangenen Handlungen in eine Folge von ›Gesetz‹ oder Regeln fallen – und seinen eigenen freien Willen sieht es als eines der Bindeglieder im Ablauf des Gesetzes.

Die Allmacht und das Allwissen Gottes werden vom Ego als durch die Erscheinungsform seines eigenen freien Willens handelnd verstanden. So kommt es zur der Folgerung, daß das Ego sich nach den Erscheinungsformen richten muß. Die natürlichen Gesetze sind Manifestationen von Gottes Willen und wurden festgelegt. (T., 28.)

Der folgende Dialog ist bezeichnend für seine Weigerung, Theorie zu diskutieren, und für das Beharren auf der Notwendigkeit von Praxis.

F: Ist Gott persönlich?

B: Ja, Er ist immer die erste Person, das Ich, das immer vor dir steht. Du gibst weltlichen Dingen den Vorrang und deshalb scheint Gott in den Hintergrund getreten zu sein. Wenn du alles andere aufgibst und nur Ihn suchst, dann wird Er als das Ich, das Selbst bleiben.

F: Dem Advaita entsprechend soll das endgültige Stadium der Verwirklichung absolute Einheit mit dem Göttlichen sein, und dem Visishtadvaita entsprechend ist es eine eingeschränkte Einheit, während Dvaita behauptet, daß es überhaupt keine Einheit gibt. Welcher dieser Gesichtspunkte sollte als der richtige angesehen werden?

B: Warum grübelst du darüber nach, was eines Tages in der Zukunft geschehen wird? Alle stimmen darin überein, daß das Ich existiert. Der aufrichtige Sucher soll, welcher Gedankenschule auch immer er angehören mag, zuerst herausfinden, was das Ich ist. Es ist dann immer noch früh genug, um zu erfahren, was der endgültige Zustand sein wird; ob das Ich sich im höchsten Wesen auflösen wird oder von Ihm getrennt bleiben wird. Wir wollen dem Abschluß nicht zuvorkommen, sondern einen offenen Geist bewahren.

F: Würde es nicht sogar für den Aspiranten eine hilfreiche Führung bedeuten, etwas vom endgültigen Zustand zu verstehen?

B: Der Versuch, jetzt zu entscheiden, was der endgültige Zustand der Verwirklichung sein wird, ist zwecklos. Es hat keinen Wert.

F: Warum nicht?

B: Weil du auf einer falschen Grundlage vorangehst. Du kommst durch den Intellekt zu deiner Folgerung, und dieser leuchtet nur mit dem Licht, das er vom Selbst ableitet. Ist es nicht eine Vermessenheit des Intellekts, über das zu richten, von dem es sein bißchen Licht bezieht?
Wie kann der Intellekt, der niemals das Selbst erreichen kann, für die Versicherung oder gar die Bestimmung der Natur des endgültigen Zustandes der Verwirklichung zuständig sein? Das gleicht dem Versuch, das Sonnenlicht an seinem Ursprung mit der Maßeinheit des Lichtes einer Kerzenflamme zu messen. Das Wachs wird zerschmelzen, noch ehe die Kerze nur in die Nähe der Sonne kommt. Gib dich selbst hier und jetzt der Suche nach der Wahrheit hin, die immerwährend in dir ist, anstatt der bloßen Spekulation zu frönen. (M.G., II, S.60.)

Manchmal wurden auch Fragen über die Vielzahl der Hindugottheiten gestellt. In diesem Zusammenhang ist zu erwähnen, daß die Hindus gleich den Christen und Muslims den Einen Gott anbeten. Einige der früheren Fragen über Gott waren von Hindus gestellt worden. Dennoch verehren Hindus Gott auch in seinen verschiedenen manifestierten Formen, und eine Möglichkeit oder ein Name oder Gesichtspunkt widerlegt nicht einen anderen.

F: Warum werden so viele Götter erwähnt?

B: Der Körper ist nur einer, aber wie viele Funktionen werden von ihm erfüllt!
Der Ursprung all dieser Funktionen ist einer. Genauso ist es mit den Göttern. (T., 371.)

Manchmal wurde gefragt, ob die verschiedenen Götter und ihre Himmel wirklich seien. Solch eine Frage jedoch beginnt mit der Annahme der Wirklichkeit dieser physischen Welt und dem Körper des Fragenden – eine Voraussetzung, die Bhagavan nicht anerkannte.

Statt dessen lenkte er die Frage, so wie alle anderen Fragen, zur Suche nach der Wirklichkeit hin.

F: Sind die Götter Ishvara und Vishnu und ihre Himmel Kailas und Vaikuntha wirklich?

B: So wirklich wie du in diesem Körper bist.

F: Ich meine, ob sie eine phänomenale Existenz haben wie mein Körper oder ob sie eine Einbildung wie das Horn eines Hasen sind?

B: Sie existieren wirklich.

F: Wenn sie existieren, dann müssen sie auch irgendwo sein; wo sind sie?

B: In dir.

F: Dann sind sie nur meine Vorstellung; etwas, das ich erschaffe und unter Kontrolle habe?

B: Alles ist.

F: Aber ich kann eine reine Einbildung schaffen, wie das Horn eines Hasen, oder eine teilweise Wahrheit, wie eine Spiegelung, während es auch Fakten gibt, die ungeachtet meiner Vorstellung existieren. Existieren die Götter Ishvara und Vishnu in dieser Weise?

B: Ja.

F: Ist Gott der kosmischen Auflösung am Ende eines Zyklus unterworfen?

B: Warum sollte Er? Einer, der das Selbst verwirklicht, übersteigt die kosmische Auflösung und ist befreit; warum sollte nicht Ishvara (Gott), der unendlich weiser und fähiger als ein Mensch ist, befreit sein?

F: Dann existieren Götter und Dämonen also?

B: Ja.

F: Wie können wir uns das Höchste Göttliche Bewußtsein vorstellen?

B: Als das, was es ist. (T., 30.)

Besonders interessant sind die Fragen, die von einem Muslim-Professor über die Hymnen, die Bhagavan an Gott in der Form des Arunachala schrieb, gestellt wurden.

F: Ich habe die fünf Hymnen gelesen und stelle fest, daß die Hymnen an Arunachala gerichtet sind. Du bist aber doch ein Nicht-Dualist, wie kannst du dann Gott als ein separates Wesen ansprechen?

B: Der Verehrer, Gott und die Hymnen sind alle das Selbst.

F: Aber du adressierst Gott. Du spezifizierst diesen Arunachala-Berg als Gott.

B: Du kannst das Selbst mit dem Körper identifizieren; warum sollten die Verehrer dann nicht das Selbst mit dem Arunachala identifizieren?

F: Wenn der Arunachala das Selbst ist, warum sollte er von so vielen anderen Bergen herausgehoben werden? Gott ist überall. Warum spezifizierst du ihn als Arunachala?

B: Was hat dich von Allahabad zu diesem Ort hier gebracht? Was hat all die Leute ringsum hierher gebracht?

F: Sri Bhagavan.

B: Was hat mich hierher gezogen? Der Arunachala. Die Kraft kann nicht verleugnet werden. Und wiederum, der Arunachala ist innerhalb und nicht außerhalb. Das Selbst ist der Arunachala.

F: In den heiligen Büchern werden mehrere Begriffe gebraucht: *Atman, Paramatman, Para* usw. Was ist die Abstufung innerhalb dieser Begriffe?

B: Denen, die diese Worte gebrauchen, bedeuten sie das gleiche; aber von verschiedenen Personen werden sie in verschiedener Weise verstanden, je nach dem Stand ihrer Entwicklung.

F: Aber warum gebrauchst du so viele Worte für die gleiche Sache?

B: Das hängt von den Umständen ab. Alle bedeuten das Selbst. *Para* bedeutet: nicht relativ oder jenseits von relativ, das heißt, das Absolute. (T., 278.)

Oft machte Bhagavan Bemerkungen, die der oberflächliche Kritiker als gottlos oder atheistisch aufnehmen könnte, genauso wie oberflächliche Kritiker Buddhas das getan haben. Zum Beispiel sagte er:

Warum sorgst du dich um Gott? Wir wissen nicht, ob Gott existiert, aber wir wissen, daß wir existieren, also konzentriere dich auf dich selbst. Finde heraus, wer du bist.

Das war nicht Gottlosigkeit, denn Bhagavan sprach wie Buddha aus vollkommenem Wissen. Er versetzte sich einfach in die Lage des Fragenden und riet ihm, sich eher zuerst auf das zu konzentrieren, was er kannte, als auf das, was er nur glaubte. Manchmal sagte er den Leuten, sie sollten sich nicht darum sorgen, ob es Gott gibt oder nicht, oder ob die Verwirklichung die Einheit mit Gott beinhaltet oder nicht, sondern sie sollten sich einfach um die Verwirklichung des Selbst bemühen, und wenn das erreicht sei, dann würden sie es wissen. Darüber zu theoretisieren, würde ihnen nicht helfen.

Die Malayalam Version des *Ulladu Narpadu* (vierzig Verse) wurde von einem Verehrer für einen Besucher vorgelesen. Anschließend fragte der Besucher: Was hat es mit der Bezugnahme auf die Dualität während des Strebens und der Einheit am Ende des Strebens auf sich? (F.V., 37.)

B: Das bezieht sich auf Leute, die glauben, daß man seine spirituelle Bemühung mit einer dualistischen Vorstellung anfangen muß. Sie sagen, daß es Gott gibt und daß man ihn so lange anbeten und über ihn meditieren muß, bis schließlich das Individuum in Gott aufgeht. Andere sagen, daß das individuelle Wesen und das höchste Wesen immer getrennt bleiben und niemals verschmelzen. Aber wir sollten uns jetzt nicht darum sorgen, was am Ende geschieht. Alle stimmen darin überein, daß das Individuum jetzt existiert. Das soll der

Mensch entdecken, das heißt, sein Selbst entdecken. Danach wird es genügend Zeit geben, um herauszufinden, ob das Selbst im Höchsten aufgehen soll oder ob es ein Teil des Höchsten ist oder ob es abgetrennt bleiben wird. Wir wollen dem Ende nicht zuvorkommen. Halte den Geist offen, tauche in das Innere ein und finde das Selbst. Die Wahrheit wird dir langsam und gut klar werden; warum willst du also vorher bestimmen, ob sie absolut oder eingeschränkte Einheit oder Dualität ist? In solch einem Vorgehen liegt keine Bedeutung. Dein Beschluß müßte mit Logik und Intellekt gemacht werden, aber der Intellekt bezieht sein Licht vom Selbst (der Höchsten Macht), wie also kann sein widergespiegeltes und teilhaftes Licht sich das ganze oder ursprüngliche Licht vorstellen? Der Intellekt kann das Selbst nicht erlangen, wie kann er dann seine Natur bestimmen? (T., 63.)

In der Erklärung an eine Besucherin aus Amerika sagte Bhagavan:

Einzig das Selbst ist wirklich. Alles andere ist unwirklich. Der Geist und der Intellekt haben außerhalb von dir keine Existenz. In der Bibel steht: »Sei ruhig und wisse, daß Ich Gott bin.« Nur Stille ist nötig, um zu verwirklichen, daß das ›Ich bin‹ GOTT ist.

Später fügte er hinzu:

Der ganze Vedanta ist in den zwei biblischen Aussagen »Ich bin der ich bin« und »Sei still und wisse, daß ich Gott bin« enthalten. (T., 338.)

Jemandem, der die Selbsterforschung zu schwierig fand, empfahl er Anbetung und Unterwerfung.

F: Woran sollte man während der Meditation denken?

B: Was ist Meditation? Es ist das Einstellen des Denkens. Du wirst von Gedanken gestört, die andauernd einströmen. Halte an einem Gedanken fest, damit die anderen ausgeschlossen sind. Fortwährende Übung bringt die nötige Stärke des Geistes, um in die Meditation zu gehen. Die Meditation ist der Fortschrittsstufe des Suchenden entsprechend verschieden. Wenn man reif dazu ist, kann man sich direkt an den Denker halten, und der Denker wird automatisch in seinen Ursprung versinken, der reines Bewußtsein ist.

Wenn man sich nicht direkt an den Denker halten kann, dann muß man über Gott meditieren, und im Laufe der Zeit wird man rein genug geworden sein, um sich an den Denker zu halten und ins absolute Sein zu versinken. (T., 453.)

Wenn der Pfad der Anbetung gewählt worden war, dann verlangte er absolute Hingabe.

F: Gott wird als manifestiert und als nichtmanifestiert beschrieben. Als der manifestierte, sagt man, beinhaltet er die Welt als Teil Seines Wesens. Wenn dem so ist, sollte es einfach für uns sein, als Teile der Welt ihn in Seiner manifestierten Form zu kennen.

B: Kenne dich selbst, bevor du die Natur Gottes und der Welt zu kennen suchst.

F: Wenn ich mich selbst kenne, schließt das ein, daß ich Gott kenne?

B: Ja, Gott ist in dir.

F: Was steht dem dann im Wege, daß ich mich selbst oder Gott kenne?

B: Dein umherwandernder Geist und deine verdrehte Lebensweise.

F: Ich bin ein schwaches Geschöpf. Warum beseitigt nicht die innere höhere Kraft des Herrn die Hindernisse?

B: Ja, Er wird das tun, wenn du danach strebst.

F: Warum sollte Er nicht dieses Streben in mir schaffen?

B: Dann übergebe dich Ihm.

F: Wenn ich mich Ihm übergebe, ist dann kein Gebet zu Gott nötig?

B: Die Übergabe selbst ist ein mächtiges Gebet.

F: Aber muß man nicht Seine Natur zuerst verstehen, bevor man sich Ihm übergibt?

B: Wenn du glaubst, daß Gott alles tun wird, was du möchtest, daß Er tut, dann übergib dich Ihm. Andernfalls vergiß Gott und erkenne dich selbst. (M.G., S. 53.)

Wenn die Übergabe echt ist, dann kann es keine Beschwerde oder Frustration geben.

F: Wir sind weltliche Leute und sind von Sorgen geplagt, über die wir nicht hinwegkommen. Wir beten zu Gott und sind immer noch nicht zufrieden. Was sollen wir tun?

B: Gott vertrauen.

F: Wir übergeben uns Ihm, aber noch immer gibt es keine Hilfe.

B: Aber wenn du dich übergeben hast, dann bedeutet das, daß du den Willen Gottes akzeptieren mußt und dich nicht über Dinge, die geschehen und dir nicht behagen, beschweren darfst. Die Dinge können sich anders entwickeln als sie erscheinen. Bedrängnis führt die Menschen oftmals zum Glauben an Gott.

F: Aber wir sind weltliche Leute. Wir haben eine Frau und Kinder, Freunde und Verwandte. Wir können sie nicht ignorieren und uns selbst dem Göttlichen Willen ergeben, ohne eine Spur von Individualität zu bewahren.

B: Das bedeutet, daß du dich nicht wirklich übergeben hast, wie du vorgibst, getan zu haben. Alles, was du zu tun hast, ist Gott zu vertrauen. (T., 43.)

Wenn man dem Pfad der Hingabe folgt, sollte man alles Gott überlassen.

Der Herr trägt die Bürde der Welt. Wisse, daß das unechte Ego, das vorgibt, diese Bürde zu tragen, gleich einer Steinfigur am Fuße eines Tempelturmes ist, die das Gewicht des Turmes zu halten scheint. Wessen Fehler ist es, wenn der Reisende es sich selbst unbequem macht, indem er sein Gepäck auf dem Kopf trägt, anstatt es in den Wagen zu legen, der ohnehin die Lasten befördert. (F.V.S., 17.)

Nicht einmal Ungeduld in bezug auf eine schnelle Verwirklichung darf es geben. Einem, der deswegen betrübt war, antwortete er:

Übergib dich Ihm und nimm Seinen Willen an, gleichgültig, ob Er sich zeigt oder sich verbirgt. Warte darauf, wann es ihm gefällt. Wenn du willst, daß Er tut, was du willst, dann ist das nicht Übergabe, sondern Befehl. Du kannst Ihn nicht bitten, dir zu gehorchen, und dennoch denken, daß du dich Ihm übergeben hast. Er weiß, was am besten ist, und Er weiß, wann und wie es zu tun ist. Überlasse alles gänzlich Ihm. Es ist Seine Bürde, und du bist der Sorgen ledig. All deine Sorgen sind Seine. Das ist mit Übergabe gemeint. (T., 450.)

Selbst das Gebet kann als Mangel an Vertrauen angesehen werden, und Bhagavan ermutigte üblicherweise das Gebet im Sinne einer Bitte um etwas nicht.

Sie beten zu Gott und enden mit: »Daß Dein Wille erfüllt werde.« Wenn Sein Wille erfüllt werden soll, warum beten sie dann überhaupt? Es ist wahr, daß der Göttliche Wille sich immer und unter allen Umständen durchsetzt. Die Menschen können nicht aus ihrem eigenen Antrieb handeln. Erkenne die Macht des Göttlichen Willen und verhalte dich still. Gott sorgt sich um jeden. Er erschuf alle.

Du bist nur einer unter zweitausend Millionen. Wenn Er sich um so viele sorgt, wird Er dich auslassen? Selbst der gesunde Menschenverstand rät einem, Seinen Willen zu akzeptieren.

Es ist nicht nötig, ihm deine Bedürfnisse zu sagen. Er selbst kennt sie und wird Sorge für sie tragen. (T., 594.)

Bei anderen Gelegenheiten jedoch bestätigte er die Wirksamkeit des Gebetes. So wie in anderen Angelegenheiten legte er den Gesichtspunkt dar, der der spirituellen Entwicklung des jeweiligen Fragenden am besten helfen würde.

F: Werden unsere Gebete erhört?

B: Ja, sie werden erhört. Kein Gedanke wird je umsonst sein. Jeder Gedanke wird früher oder später seine Wirkung erzeugen. Gedankenkraft ist nie vergeblich. (D.D.I., S.58.)

Es wird sich zeigen, daß das auf eine viel großzügigere Lehre hinweist als die persönliche Erwiderung eines anthropomorphen Gottes. Sie weist auf die allgemeine Gedankenkraft für Gutes oder Schlechtes hin und auf ihre Rückwirkungen auf den Denkenden. Das zu verstehen, beinhaltet eine große Verantwortlichkeit, für Gedanken nicht weniger als für Handlungen, genauso wie Christus andeutete, daß es eine Sünde ist, eine Frau begehrlich anzuschauen, die gleiche, wie sie zu verführen. Der folgende Abschnitt zeigt, wie weit entfernt diese Lehre von einem vermenschlichten Konzept Gottes ist.

Nicht ein Verlangen, der Beschluß oder die Bemühung der aufgehenden Sonne, sondern einfach die Gegenwart ihrer Strahlen läßt die Linse Wärme ausstrahlen, den Lotus blühen, das Wasser verdunsten und die Menschen ihren unterschiedlichen Pflichten im Leben nachgehen. Die Nadel bewegt sich in der Nähe des Magneten. In ähnlicher Weise führt die Seele oder der *jiva* – der dreifachen Aktivität von Schöpfung, Erhaltung und Zerstörung unterworfen, die nur der einzigartigen Gegenwart des Höchsten Herrn zufolge stattfindet – Handlungen aus, die mit ihrem Karma in Einklang stehen, und begibt sich dann nach solch einer Aktivität zur Ruhe. Aber der Herr selbst trifft keine Entscheidung; keine Tat und kein Geschehnis berührt auch nur den Rand Seines Wesens. Dieser Zustand unberührter Erhabenheit kann mit dem Zustand der Sonne verglichen werden, welche von den Aktivitäten des Lebens unberührt bleibt oder mit dem Zustand des alles durchdringenden Äthers, der vom Zusammenspiel der vielschichtigen Qualitäten der anderen vier Elemente nicht berührt wird. (W., S.40.)

RELIGIONEN

Vom vorhergehenden Abschnitt her sollte es klar sein, daß Bhagavans Lehre nicht gegen irgendeine Religion war. Wenn Philosophen oder Theologen argumentieren wollten, ob die menschliche Seele immerfort und grundlegend vom Göttlichen Wesen getrennt sei, dann weigerte er sich, an ihrem Thema teilzunehmen, und versuchte, sie statt dessen zur spirituellen Bemühung zu bringen, wie zum Beispiel in seinem Gespräch mit einem katholischen Priester auf Seite 51. Wenn die Verwirklichung erreicht ist, dann würden sie wissen, und theoretisches Wissen ohne Verwirklichung wäre ohnehin keine Hilfe.

Um es genau zu sagen, Bhagavan war nicht ausschließlich Hindu oder dem Hindu-Ritual ergeben, denn der Hinduismus anerkennt, daß einer, der in ständiger, bewußter Identität mit dem Selbst ist, über allen Religionen steht; er ist der Berggipfel, auf den hin die verschiedenen Pfade zusammenlaufen. Bhagavan hatte viele Anhänger, die nicht Hindus waren – Christen, Muslims, Parsen und andere –, und keinem von ihnen hat er jemals empfohlen, seine Religion zu ändern.

Eine Religion beinhaltet zwei Formen von Aktivität, die man die horizontale und die vertikale Form nennen kann. Horizontal harmonisiert und kontrolliert sie das Leben des einzelnen und der Gesellschaft im Einklang mit ihrem Glauben und ihrer Morallehre und bietet die Gelegenheit und den Antrieb, ein gutes Leben zu führen, das zu einem guten Tod leitet. Vertikal sorgt sie für spirituelle Wege für jene, welche ein höheres Stadium erreichen oder die höchste Wahrheit während dieses Lebens auf Erden verwirklichen wollen. Horizontal schließen sich die Religionen gegenseitig aus, aber sie widersprechen sich nicht wirklich. Bhagavan beschäftigte sich vielmehr mit der vertikalen Form, mit den Wegen, die zur Verwirklichung führen, und deshalb war seine Lehre mit keiner Religion in Konflikt. Die, die ihm folgten, führte er auf den unmittelbarsten und zentralsten Weg, die Suche nach dem Selbst; und dafür konnte jede Religion als Grundlage dienen. Er hieß jede Religion gut, und wenn einige Verehrer zu ihm kamen, die keiner formalen Religion folgten, dann bestand er nicht darauf, daß sie es tun sollten. Wenn er über die verschiedenen religiösen Übungen gefragt wurde, dann betonte er ihre tiefere Bedeutung, und im Hinblick auf die verschiedenen Religionen betonte er ihre grundlegende Einheit.

F: Was ist Yoga?

B: Yoga (Einheit, Vereinigung) ist für den nötig, der sich in einem Zustand von *viyoga* (Trennung) befindet. In Wirklichkeit aber gibt es nur Eines. Wenn du das

Selbst verwirklichst, wird es keine Verschiedenheit mehr geben.

F: Hat das Baden im Ganges irgendeine Wirksamkeit?

B: Der Ganges ist in dir. Bade in diesem Ganges, er wird dich vor Kälte zittern lassen.

F: Sollten wir manchmal in der Bhagavad Gita lesen?

B: Immer.

F: Können wir auch die Bibel lesen?

B: Die Bibel und die Gita sind das gleiche.

F: Die Bibel lehrt, daß der Mensch sündig geboren wird.

B: Der Mensch ist Sünde. Die Empfindung, Mensch zu sein, existiert nicht, wenn man sich im Tiefschlaf befindet. Der Körpergedanke bringt die Idee der Sünde hervor. Die Geburt des Denkens selbst ist Sünde.

F: Die Bibel sagt, daß die menschliche Seele verloren gehen kann.

B: Der ›Ich-Gedanke‹ ist das Ego, und das geht verloren. Das wahre ›Ich‹ ist ›Ich bin, der ich bin.‹ (T., 164.)
Die Lehre der Dreieinigkeit wurde erklärt: Gott der Vater ist gleich Ishwara, Gott der Sohn ist gleich dem Guru, und Gott der Heilige Geist ist gleich dem Atman. *Ishvaro gururatmeti murti bheda vibhagine vyomavad vyapta dehaya dakshinamurtaye namah,* bedeutet, daß Gott Seinem Verehrer in der Form eines Guru (Sohn Gottes) erscheint und ihm den innewohnenden Heiligen Geist zeigt. Das heißt, daß Gott Geist ist und daß dieser Geist in allem wohnt und daß das Selbst verwirklicht werden muß, was das gleiche ist, wie Gott verwirklichen. (T., 90.)

Er weigerte sich, mit formellen Himmeln zufrieden zu sein, gleichgültig ob mit Hindu- oder irgendwelchen anderen Himmeln, denn solange es die Form gibt, gibt es den Sehenden, das Sehen und das Gesehene und nicht das eine Selbst.

F: Es gibt einen kurzen Bericht über die spirituellen Erfahrungen der Heiligen Theresa in der Märzausgabe des *Prabuddha Bharata.* Sie verehrte eine Marienfigur, die lebendig für sie wurde, und sie war im Zustand von Glückseligkeit. Ist das das gleiche wie *saktipata?*

B: Die lebendige Figur zeigt die Tiefe der Meditation (*dhyana bala*) an. *Saktipata* bereitet den Geist für das nach-innen-Gehen vor.
Es gibt einen Konzentrationsvorgang des Geistes auf den eigenen Schatten, der nach einer gewissen Zeit lebendig wird und auf Fragen antwortet, die ihm gestellt werden. Das resultiert aus der Stärke des Geistes oder der Tiefe der Meditation. Alles Äußerliche ist aber auch vergänglich. Solche Phänomene können für den Augenblick Freude erzeugen, aber bleibender Friede (Shanti) wird damit nicht erreicht. Das erlangt man nur durch die Beseitigung von *avidya* (Unwissenheit). (T., 393.)

F: Können wir Gott nicht in konkreter Form sehen?

B: Ja. Gott wird im Geist gesehen. Eine konkrete Form kann gesehen werden, aber sie existiert immer nur im Geist des Verehrenden. Die Form und Erscheinung, in welcher Gott sich manifestiert, wird vom Geist des Verehrenden bestimmt. Aber das ist nicht die endgültige Erfahrung. In dieser Erfahrung ist eine Empfindung von Dualität. Sie ist gleich einem Traum oder einer Vision. Wenn Gott erkannt worden ist, dann beginnt die Selbsterforschung, und das führt zur Verwirklichung des Selbst. Selbsterforschung ist der endgültige Weg. (T., 251.)

Manchmal waren seine Antworten verkappt und epigrammatisch. Sie beinhalten die gleiche universelle Wahrheit. Ihre ziemlich spitze Form spiegelt wohl die aggressive Art des Fragenden wider.

F: Welche Religion ist die beste von allen? Was ist Bhagavans Methode?

B: Alle Methoden und Religionen sind gleich.

F: Aber es werden verschiedene Methoden gelehrt, um Befreiung zu erlangen.

B: Warum solltest du befreit werden? Warum bleibst du nicht so, wie du jetzt bist?

F: Ich will von Schmerz frei werden. Von Schmerz frei zu sein, sagt man, ist Befreiung.

B: Das lehren alle Religionen.

F: Was aber ist die Methode?

B: Gehe den Weg zurück, den du gekommen bist.*

F: Von wo bin ich gekommen?

B: Genau das ist es, was du herausfinden mußt. Sind diese Fragen aufgetaucht, als du geschlafen hast? Und dennoch hast du auch dann existiert. Warst du nicht dieselbe Person?

F: Ja, ich habe im Schlaf existiert. Und auch der Geist hat existiert. Aber die Sinne waren untergetaucht, so daß ich nicht sprechen konnte.

B: Bist du das Individuum? Bist du der Geist? Hat sich der Geist gemeldet, als du geschlafen hast?

F: Nein. Aber die Fachleute sagen, daß die Individualität sich von Gott unterscheidet.

B: Sorge dich nicht um Gott; sprich über dich selbst.

F: Was über mich selbst? Wer bin ich?

B: Genau das mußt du herausfinden. Dann wirst du alles wissen. Wenn du es nicht herausfindest, ist immer noch Zeit genug, dann zu fragen.

F: Wenn ich aufwache, sehe ich die Welt, und ich habe mich überhaupt nicht verändert.

---

*) Der ausdrückliche Befehl Christi, in den Mutterleib zurückzukehren und wieder geboren zu werden.

B: Aber das weißt du nicht, wenn du schläfst. Und dennoch existierst du in beiden Zuständen. Wer hat sich also verändert? Ist es deine Natur, sich zu verändern oder unveränderlich zu bleiben?

F: Was ist der Beweis?

B: Braucht man einen Beweis für sein eigenes Sein? Bleibe nur deiner selbst bewußt, und alles andere wird sich zeigen.

F: Warum streiten dann die Dualisten und die Nicht-Dualisten untereinander?

B: Wenn jeder sich um seine eigene Sache kümmern würde (die Suche nach der Verwirklichung), dann gäbe es keinen Streit. (T., 479.)

Spirituelle Erfahrungen werden zwar verschiedenartig ausgedrückt, denn irgendeine Form muß dem Formlosen gegeben werden, um Erfahrungen überhaupt äußern zu können, essentiell aber sind die Erfahrungen die gleichen.

F: Ist die Erfahrung des höchsten Zustandes für alle die gleiche, oder gibt es da Unterschiede?

B: Der höchste Zustand ist der gleiche und die Erfahrung ist auch die gleiche.

F: Ich finde aber Unterschiede in den Interpretationen, die von der höchsten Wahrheit gegeben werden.

B: Die Interpretationen werden vom Verstand gemacht. Die Geister sind verschieden, und so sind auch die Interpretationen verschieden.

F: Ich will sagen, daß die Seher sich auf verschiedene Arten ausdrücken.

B: Ihre Ausdrucksformen mögen entsprechend der Natur der Suchenden, für deren Führung sie bestimmt sind, verschieden sein.

F: Der eine benutzt Ausdrucksformen des Christentums, der andere des Islams, der nächste des Buddhismus usw. Hängt das von der Art und Weise ihrer Erziehung ab?

B: Was auch immer ihre Erziehung sein mag, die Erfahrung ist die gleiche. Nur die Ausdrucksformen unterscheiden sich, entsprechend den Umständen. (T., 595.)

So ist es auch mit den verschiedenen Wegen oder Schulen innerhalb einer Religion.

F: Verschiedene Lehrer haben verschiedene Schulen begründet und verschiedene Wahrheiten verkündet und somit die Leute verwirrt. Warum?

B: Sie haben alle die gleiche Wahrheit gelehrt, nur von verschiedenen Standpunkten aus. Solche Verschiedenheiten waren nötig, um den Bedürfnissen der verschiedenen, unterschiedlich geformten Geister zu entsprechen, aber sie offenbaren alle die gleiche Wahrheit.

F: Sie haben verschiedene Wege empfohlen, welchem Weg soll man nun folgen?

B: Du sprichst von Wegen, als ob du an einem Platz wärest und das Selbst an einem anderen und du mußt losgehen, um zum Selbst zu gelangen. Tatsächlich aber ist das Selbst hier und jetzt, und du bist es ständig. Es ist das gleiche, wie wenn du, der du hier bist, Leute nach dem Weg zum Ramanasramam fragst und dich dann beklagst, daß dir jeder einen anderen Weg zeigt, und dann fragst du, welchen du gehen sollst. (D.D., I., S.61.)

Während Bhagavan die verschiedenen Religionen bestätigte, drängte er die Leute gleichzeitig, über sie hinauszugehen, zum einen Selbst. Paul Brunton, der Autor von *Von Yogis, Magiern und Fakiren*, befragte ihn über die verschiedenen Lehren von Himmel und Hölle.

F: Warum sprechen die Religionen von Göttern, Himmel, Hölle usw.?

B: Nur um den Menschen klar zu machen, daß sie mit dieser Welt ebenbürtig sind und daß nur das Selbst wirklich ist. Die Religionen entsprechen dem Standpunkt des Suchenden. Zum Beispiel in der Bhagavad Gita. Als Arjuna sagte, daß er nicht gegen seine Verwandten und Älteren kämpfen würde, um sie zu töten und das Königreich zu gewinnen, antwortete ihm Sri Krishna: »Es ist nicht, daß jene, du oder ich nicht zuvor waren, nicht jetzt sind, noch später sein werden. Keiner wurde geboren, keiner starb, und so wird es auch weiterhin sein.« usw. Später, als er das Thema weiter entwickelte und erklärte, daß er die gleichen Unterweisungen an die Sonne und durch sie an Ikshvaku gegeben hatte, erhob Arjuna folgenden Zweifel: »Wie ist das möglich? Du bist erst vor einigen Jahren geboren worden. Sie (die Sonne und Ikshvaku) lebten vor Jahrtausenden.« Dann sagte Krishna, als er Arjunas Standpunkt verstand: »Ja, es gab viele Inkarnationen von mir und dir; ich kenne sie alle, aber du kennst sie nicht.« Solche Aussagen scheinen widersprüchlich zu sein, und dennoch sind beide, dem Standpunkt des Fragenden entsprechend, richtig. Christus erklärte auch, daß er sogar vor Abraham war.

F: Was ist der Zweck solcher Beschreibungen in den Religionen?

B: Nur die Wirklichkeit des Selbst zu festigen.

F: Bhagavan spricht immer vom höchsten Standpunkt aus.

B: (lächelnd) Die Menschen verstehen die bloße und einfache Wahrheit, die Wahrheit ihrer täglichen, immer gegenwärtigen und ewigen Erfahrung nicht. Das ist die Wahrheit des Selbst. Gibt es jemanden, der sich des Selbst nicht bewußt ist? Und dennoch wollen sie nicht einmal davon hören, wohingegen sie unbedingt wissen wollen, was jenseits davon ist – Himmel und Hölle und Wiedergeburt. Sie lieben Geheimnisse, nicht die einfache Wahrheit, deshalb schmeicheln die Religionen ihnen – nur um sie schließlich zum Selbst zu bringen. Und ohnehin, wieviel du auch umherwandern magst, letztendlich mußt du zum Selbst zurückkehren; warum dann nicht im Selbst hier und jetzt verweilen? (T., 145.)

Zuvor wurde ein Abschnitt angeführt, indem der Fragende dazu angehalten wurde, beständig die Gita oder die Bibel zu lesen; dennoch wurden die Leute zu anderen Gelegenheiten daran erinnert, daß auch ihre heiligen Schriften ersetzt werden müssen.

Alle heiligen Schriften sind nur dazu da, um einen Menschen die Schritte zu seiner ursprünglichen Quelle wiederfinden zu machen. Er braucht nichts Neues zu erwerben. Er muß nur falsche Vorstellungen und nutzlose Ausführungen aufgeben. Jedoch, anstatt das zu tun, versucht er, etwas Eigenartiges und Geheimes zu begreifen, weil er glaubt, daß sein Glück anderswo liegt. Das ist der Fehler. (T., 252.)

Alle Schriften ohne Ausnahme erklären, daß es nötig ist, den Geist zu bezwingen, um Erlösung zu erlangen. Und wenn man einmal weiß, daß die Kontrolle des Geistes das endgültige Ziel der Schriften ist, dann braucht man sie nicht mehr endlos zu studieren. Was nötig ist für solch eine Kontrolle, ist das aktuelle Forschen in sich selbst hinein durch die Frage an sich selbst ›Wer bin ich?‹ Wie kann diese Forschung in der Suche nach dem Selbst mit Hilfe des Studiums der Schriften gemacht werden? Man sollte das Selbst durch das Auge der Weisheit verwirklichen. Braucht Rama einen Spiegel, um sich selbst als Rama zu erkennen? Das ›Ich‹ bezieht sich auf das, was innerhalb der fünf Hüllen liegt, wohingegen die Schriften außerhalb davon sind. Deshalb ist es sinnlos, durch das Studium der Schriften das Selbst zu suchen, für dessen Verwirklichung sogar all die fünf Hüllen abgelegt werden müssen.
Nur die Frage ›wer bin ich, der in Fesseln liegt‹ und das Erkennen unserer wahren Natur bringen Befreiung. Den Geist ständig nach innen gerichtet zu halten und so im Selbst zu verweilen, das allein ist *Atmavichara* (Selbsterforschung), wohingegen *dhyana* (Meditation) in der eifrigen Kontemplation über das Selbst als *Sat-Chit-Ananda* (Sein, Bewußtsein, Seligkeit) besteht. Wirklich, an einem gewissen Punkt muß man alles vergessen, was man gelernt hat. (W., S.40.)

Der Verwirklichte Mensch ist das, auf das sich alle in den Schriften aufgezählten Eigenschaften beziehen. Deshalb sind die heiligen Schriften für ihn ohne jeglichen Nutzen. (S.I., S.32.)

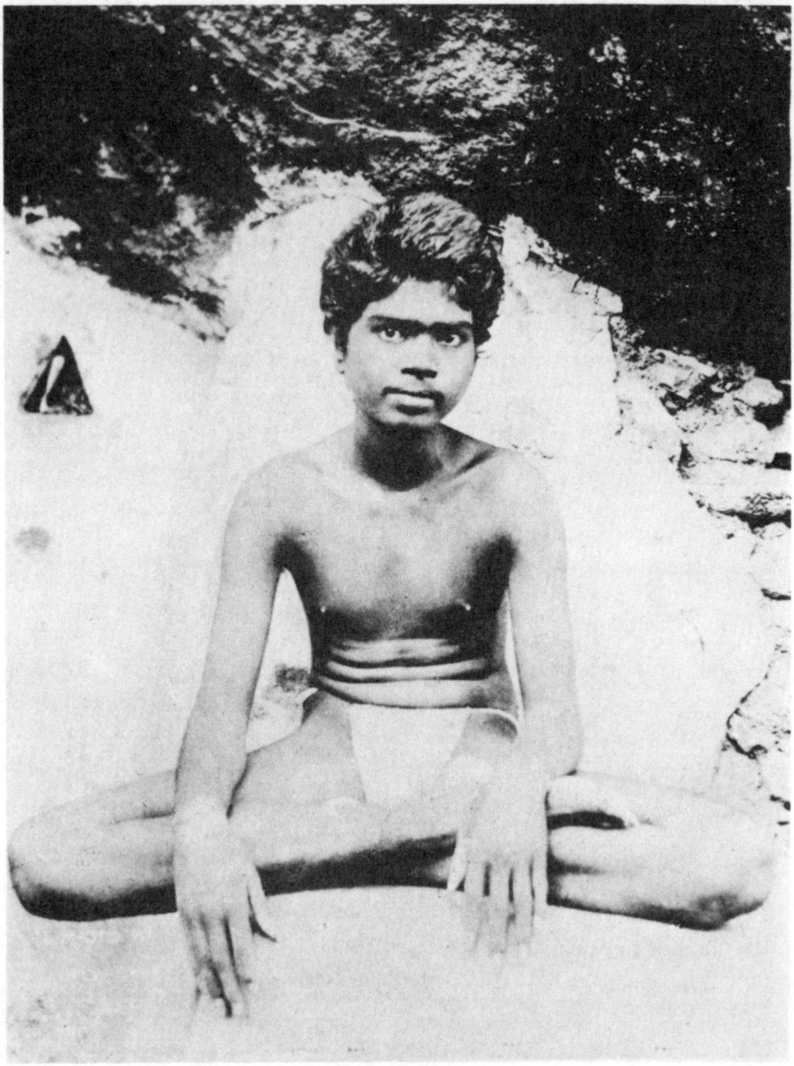

Ramana Maharshi, als siebzehnjähriger, am Arunachala, einige Monate nach seiner Erleuchtung.

ZWEITES KAPITEL

VON DER THEORIE ZUR PRAXIS

Wie sich im vorhergehenden Kapitel zeigte, war die Theorie, die der Maharshi lehrte, nur dazu bestimmt, als Grundlage für die Praxis zu dienen. Jedoch brachte die Forderung zu praktizieren eine andere Linie der Theorie ins Spiel, die des freien Willens oder der Vorherbestimmung, denn es gab genügend Leute, die fragten, warum sie sich überhaupt anstrengen sollten, wenn alles vorherbestimmt sei, oder wenn alle Menschen ohnehin zu ihrem Ursprung zurückkehrten.

Ein Besucher aus Bengalen sagte: Shankara sagt, daß wir alle frei und nicht gebunden sind und daß wir alle zu Gott zurückgehen werden, von dem wir gekommen sind, wie die Funken von einem Feuer. Wenn dem so ist, warum sollten wir dann nicht alle möglichen Sünden begehen?

Bhagavans Antwort zeigte ihm, daß das nicht vom Standpunkt des Ego aus gesehen werden kann.

B: Es ist wahr, daß wir nicht gebunden sind. Das heißt, daß das wirkliche Selbst nicht gebunden ist. Und es ist wahr, daß du letztendlich zu deinem Ursprung zurückkehren wirst. In der Zwischenzeit jedoch wirst du, wenn du Sünden begehst, wie du es nennst, dich mit ihren Konsequenzen auseinandersetzen müssen. Du kannst ihnen nicht entrinnen. Wenn dich jemand schlägt, kannst du sagen: »Ich bin frei, die Schläge haben keine Auswirkung auf mich, und ich empfinde keinen Schmerz. Laß ihn weiterschlagen?« Wenn du wirklich so fühlen kannst, dann kannst du tun, was du willst, was aber nützt es, nur mit Worten zu sagen, daß du frei bist? (D.D. II., S.25.)

Bhagavan gab manchmal Erklärungen, die oberflächlich gesehen eine Bestätigung völliger Vorherbestimmung zu sein schienen. Als er in seiner Jugend sein Zuhause verließ, bereits in der Selbstverwirklichung gefestigt, suchte seine Mutter nach ihm und fand ihn auch schließlich. Zu dieser Zeit wahrte er Schweigen, und deshalb schrieb er auf ihre Bitte, mit ihr nach Hause zurückzugehen, seine Antwort nieder, statt sie auszusprechen:

Der Allmächtige überwacht das Schicksal der Seelen in Übereinstimmung mit ihrem *prarabdhakarma* (das Los, das in diesem Leben ausgearbeitet werden muß und ein Resultat der Bilanz von Handlungen in vergangenen Leben ist). Was immer bestimmt ist, nicht zu geschehen, wird nicht geschehen, soviel du es auch versuchen magst. Was immer bestimmt ist zu geschehen, wird geschehen, du kannst tun, soviel du willst, um es zu verhindern. Das ist sicher. Der beste Weg ist deshalb, still zu bleiben. (R.M., S.42.)

Manchmal sprach er so auch zu Verehrern.

All die Aktivitäten, die der Körper zu erleben hat, sind bestimmt, wenn er beginnt zu existieren. Es liegt nicht bei dir, sie anzunehmen oder abzuweisen. Die einzige Freiheit, die du hast, ist deinen Geist nach innen zu wenden und dort den Aktivitäten zu entsagen. (D.D. I., S.32.)
Bezüglich der Antwort Bhagavans an Frau Desai am Abend des 3. Januar 1946 fragte ich ihn: Sind nur die wichtigen Geschehnisse im Leben eines Menschen, wie zum Beispiel seine Hauptbeschäftigung oder sein Beruf, vorherbestimmt oder auch unwichtige Handlungen, wie zum Beispiel ein Glas Wasser trinken oder die Bewegung von einem Ort im Zimmer zu einem anderen?

B: Alles ist vorherbestimmt.

Ich: Welche Verantwortlichkeit, welchen freien Willen hat der Mensch dann?

B: Warum beginnt der Körper zu existieren? Er ist für die verschiedenen Dinge, die für ihn in diesem Leben vorgesehen sind, ausgerüstet... Was die Freiheit anbetrifft, ist ein Mensch immer frei, sich nicht mit dem Körper zu identifizieren und nicht von den Freuden und Leiden, die durch die Aktivitäten des Körpers kommen, berührt zu sein. (D.D., II., S.99.)

Tatsächlich jedoch gibt es vom Gesichtspunkt der Nicht-Dualität her die Frage des freien Willens oder der Vorherbestimmung überhaupt nicht. Es ist so, wie wenn eine Gruppe von Leuten, die niemals von einem Radio gehört hat, um ein drahtloses Gerät herumstehen würde im Streit darüber, ob der Mann in dem Kasten zu singen hat, was die Sendestation ihm sagt, oder ob er Teile des Liedes verändern kann. Die Antwort ist, daß es keinen Mann im Kasten gibt und daß deshalb die Frage nicht auftaucht. In ähnlicher Weise ist die Antwort auf die Frage, ob das Ego einen freien Willen besitzt oder nicht, daß es kein Ego gibt, und deshalb entsteht die Frage nicht. Deshalb war Bhagavans übliche Antwort, dem Fragenden zu sagen, er solle herausfinden, wer es ist, der einen freien Willen hat oder vorherbestimmt ist.

F: Hat der Mensch irgendeinen freien Willen oder ist alles in seinem Leben vorherbestimmt?

Es folgt die gleiche Antwort wie zuvor, aber die Antwort ist entsprechend den Bedürfnissen des Fragenden abgeändert. Und wirklich, wenn man nicht in Erinnerung behält, was gerade über die Unwirklichkeit des Ego gesagt wurde, dann scheint sie recht widersprüchlich zu sein.

B: Freier Wille existiert im Zusammenhang mit Individualität. Solange es die Individualität gibt, solange gibt es einen freien Willen. Alle Schriften sind auf dieser Tatsache begründet und raten, den freien Willen in die richtige Bahn zu lenken.

Ist dies wirklich ein Widerspruch zu der Antwort, die er früher gab? Nein, denn nach der Lehre Bhagavans hat die Individualität nur eine illusorische Existenz. Solange man sich einbildet, eine separate Individualität zu besitzen, solange bildet man sich auch einen freien Willen ein. Die beiden gehören unweigerlich zusammen. Das Problem der Vorherbestimmung und des freien Willens hat die Philosophen und Theologen immer gequält und wird sie weiterhin quälen, weil es auf der Ebene der Dualität unlösbar ist, das heißt, wenn man annimmt, daß es ein Wesen gibt, das der Schöpfer ist, und eine Menge anderer, separater Wesen, die geschaffen werden. Wenn diese Wesen einen freien Willen haben, dann ist der Schöpfer nicht allmächtig und allwissend – er weiß nicht, was geschehen wird, weil es an der Entscheidung liegt, die die Wesen treffen, und er kann nicht alle Geschehnisse kontrollieren, weil sie die Macht haben, sie zu verändern. Auf der anderen Seite, wenn er allwissend und allmächtig ist, dann weiß er im vorhinein alles, was geschehen wird, er kontrolliert alles, und deshalb können sie keine Entscheidungsmacht, das heißt, keinen freien Willen haben. Aber auf der Ebene von *advaita* oder Nichtdualität verblaßt das Problem und hört auf zu existieren. In Wahrheit hat das Ego keinen freien Willen, weil es kein Ego gibt, aber auf der Stufe der augenscheinlichen Wirklichkeit besteht das Ego aus freiem Willen – es ist die Illusion des freien Willens, die die Illusion des Ego schafft. Das meinte Bhagavan, als er sagte: »Solange es eine Individualität gibt, solange gibt es einen freien Willen.« Der folgende Satz in einer Antwort lenkt den Fragenden von der Theorie weg und führt ihn zur Praxis.

Finde heraus, wer es ist, der einen freien Willen hat oder vorherbestimmt ist, und verweile in diesem Zustand. Dann bist du jenseits von beiden Begriffen. Das ist der einzige Sinn in der Diskussion dieser Fragen. Wem stellen sich solche Fragen? Entdecke das und lebe in Frieden. (T., 426.)

Der einzige Weg des *karma-, bhakti-, jnana-yoga* (Yoga des Handelns, der Hingabe und des Wissens) ist zu erforschen, wer es ist, der *karma* (Tun) *vibhakti* (Mangel an Hingabe), *viyoga* (Getrenntsein) und *ajnana* (Unwissen) hat. Durch diese Nachforschung verschwindet das Ego, und der Zustand des Verweilens im Selbst, in dem keine dieser negativen Qualitäten jemals existierte, bleibt als die Wahrheit. (F.V., 38.)

Solange ein Mensch der Handelnde ist, solange erntet er auch die Früchte seiner Taten, sowie er aber das Selbst durch die Frage, ›Wer ist der Handelnde‹, verwirklicht, verliert er die Empfindung, der Handelnde zu sein, und das dreifache Karma (das Schicksal) ist beendet. Das ist der Zustand ewiger Befreiung. (F.V., 38.)

Bhagavan sagte: »In Wirklichkeit sind wir alle *Sat-chit-ananda* (Sein – Bewußtsein – Seligkeit), aber wir bilden uns ein, daß wir durch das Schicksal gebunden sind und all diese Leiden haben.«

Ich fragte ihn, warum wir uns das einbilden, warum dieser Zustand des Unwissens (*ajnana*) uns überkommt.

Bhagavan sagte: »Frage dich selbst, zu wem dieses Unwissen gekommen ist, und du wirst entdecken, daß es niemals zu dir kam und daß du immer Sat-chit-ananda warst. Man geht durch alle möglichen Entsagungen, um zu werden, was man bereits ist. Alles Streben ist nur dafür da, um den falschen Eindruck, begrenzt und durch die Leiden des *samsara* (dieses Lebens) gebunden zu sein, los zu werden. (D.D., II., S.53.)

F: Gibt es eine Vorherbestimmung? Und liegt da irgendwelcher Nutzen im Gebet oder dem Streben, wenn das, was bestimmt ist zu geschehen, ohnehin geschieht, oder sollten wir einfach untätig sein?

Das ist eine bündige Form der Frage, die so oft an Bhagavan gestellt wurde, und die Antwort ist bezeichnend insofern, als sie nicht die Theorie erklärt, sondern vorschreibt, was zu tun ist.

B: Es gibt nur zwei Wege, durch die man die Vorherbestimmung besiegen oder von ihr unabhängig sein kann. Der eine ist nachzufragen, wer sich dieser Bestimmung unterzieht, und dann herauszufinden, daß nur das Ego und nicht das Selbst an sie gebunden ist und daß das Ego nicht existiert. Der andere Weg ist, das Ego durch völlige Übergabe an den Herrn zu töten, indem man seine eigene Hilflosigkeit erkennt und fortwährend sagt: »Nicht ich, sondern Du, oh, mein Herr«, und indem man alles Ichempfinden und Meinempfinden aufgibt und es dem Herrn überläßt, mit einem zu tun, was ihm gefällt. Die Hingabe kann niemals als vollständig angesehen werden, solange der Verehrer das eine oder andere vom Herrn erwartet. Wahre Hingabe ist, Gott der Liebe wegen und für nichts anderes zu lieben, nicht einmal der Erlösung wegen. Mit anderen Worten, es bedarf der völligen Auslöschung des Ego, um das Schicksal zu besiegen, gleichgültig ob du diese Auslöschung durch Selbsterforschung oder durch *bhakti-marga* erreichst. (D.D., I., S.57.)

Diese Art der Antwort ist unter spirituellen Lehrern üblich. Ich erinnere mich daran, über das Leben eines Sufi-Heiligen, Abu Said, von Professor Nicholson gelesen zu haben, und der gelehrte Autor kommt in diesem Buch zu dem Schluß, daß der Heilige offenbar Vorherbestimmung in der Theorie, aber freien Willen in der Praxis gelehrt hat. So verwirrend das auch für den Philosophen sein mag, das ist die Haltung aller spirituellen Lehrer, geradeso wie Christus uns versicherte, daß nicht einmal ein Spatz ohne den Willen Gottes aus dem Nest fallen kann und daß selbst die Haare auf dem Kopf eines Menschen gezählt sind; ebenso wie der Koran bestätigt, daß Gott allwissend und allmächtig ist und daß er auf den richtigen Weg führt, wen Er will, und vom Weg ablenkt, wen Er will. Und dennoch ermahnen beide, Christus und der Koran, die Menschen zu rechtem Streben, und beide verdammen die Sünde. Bhagavan war ziemlich kategorisch darin, daß Streben nötig sei. Im täglichen Leben erkennt das jeder, welchen theoretischen Gesichtspunkt er auch vertreten mag. Der Mensch macht die physische Bemühung, das Essen in seinen Mund zu schieben, und sagt nicht, während er ißt: Was nützt es mir zu essen, wenn es mir vorherbestimmt ist, den Hungertod zu sterben? Er macht die mentale Anstrengung des Geldverdienens, um Nahrungsmittel kaufen zu können. Warum sollte er eine andere Logik anwenden, wenn es um spirituelles Streben geht?

Ein junger Mann aus Colombo, Ceylon, sagte zu Bhagavan: J. Krishnamurti lehrt die Methode des anstrengungslosen und wahllosen Gewahrseins im Unterschied zu der Methode gewählter Konzentration. Würde Bhagavan so gütig sein und erklären, wie man am besten meditiert und welche Form das Ziel der Meditation annehmen soll?

B: Anstrengungsloses und wahlloses Gewahrsein ist unsere wahre Natur. Wenn wir diesen Zustand erlangen und in ihm verweilen können, ist das gut. Aber man kann ihn nicht ohne Anstrengung erlangen, die Anstrengung vorsätzlicher Meditation. All die jahrhundertealten *vasanas* (angeborenen Neigungen) kehren den Geist nach außen, äußerlichen Dingen zu. All diese Gedanken müssen aufgegeben und der Geist muß nach innen gekehrt werden, und das bedeutet für die meisten Leute Anstrengung. Natürlich rät jeder Lehrer und jedes Buch dem Aspiranten still zu bleiben, aber es ist nicht einfach, das zu tun. Deshalb ist all diese Bemühung nötig. Selbst wenn man jemanden findet, der diesen höchsten Zustand der Stille erlangt hat, kann man sicher sein, daß die nötige Anstrengung bereits in einem früheren Leben gemacht wurde. So wird anstrengungs- und wahlloses Gewahrsein nur nach vorsätzlicher Meditation erlangt. Diese Meditation kann die Form, die dir am meisten zusagt, annehmen. Finde heraus, was dir hilft,

alle anderen Gedanken fernzuhalten, und nimm das für deine Meditation auf.
In diesem Zusammenhang zitierte Bhagavan einige Verse von dem großen Tamildichter und Heiligen Thayumanavar; das Wesentliche daraus ist folgendes: Wenn du dich still verhältst, wird Seligkeit kommen, aber soviel du auch deinem Geist diese Wahrheit sagen magst, er wird nicht stillhalten. Der Geist sagt dem Geist, daß er stillhalten soll und er Seligkeit erlangen wird, aber der Geist wird nicht still sein. Obwohl alle Schriften so gesagt haben und obwohl wir es täglich von den Großen und selbst von unserem Guru hören, sind wir niemals still, sondern irren in die Welt der Maya (der Illusion) und der Sinnesobjekte ab. Aus diesem Grund ist bewußte, vorsätzliche Bemühung nötig, um diesen anstrengungslosen Zustand der Stille zu erlangen. (D.D., II., S.112.)

Und wirklich, solange der höchste anstrengungslose Zustand nicht erreicht ist, ist es unmöglich für den Menschen, keine Anstrengung zu machen. Seine eigene Natur zwingt ihn dazu, so wie Sri Krishna in der Bhagavad Gita zu Arjuna sagte, daß seine eigene Natur ihn dazu zwingen würde, zu kämpfen.

F: Ich möchte eine weitere Erklärung haben. Sollte ich versuchen, überhaupt keine Anstrengung zu machen?

B: Im Augenblick ist es unmöglich für dich, ohne Anstrengung zu sein. Wenn du tiefer gehst, wird es unmöglich für dich sein, eine Anstrengung zu machen. (S.D.B., IV.)

F: Was ist der Unterschied zwischen Meditation und *samadhi* oder dem Vertieftsein im Selbst?

B: Die Meditation wird durch eine bewußte Bemühung des Geistes eingeleitet und aufrechterhalten. Wenn diese Bemühung völlig verschwindet, dann wird das *samadhi* genannt. (S.I., S.34.)
Wenn du stillhalten kannst, ohne in irgendeine andere Beschäftigung zu verfallen, dann ist das recht und gut.

Wenn das aber nicht möglich ist, was nützt es dann, untätig zu sein, nur im Hinblick auf die Verwirklichung? Solange du aktiv zu sein hast, gib die Bemühung um die Verwirklichung des Selbst nicht auf. (T., 255.)
Meditation ist ein Kampf. Sowie du anfängst zu meditieren, werden sich andere Gedanken zusammenballen, Kraft sammeln und versuchen, den einen Gedanken, an den du dich zu halten versuchst, zu überwältigen. Dieser eine Gedanke muß nach und nach durch wiederholte Übung Kraft gewinnen. Wenn er stark geworden ist, werden die anderen Gedanken in die Flucht geschlagen. Dieser Kampf findet in der Meditation immer statt. (T., 371.)
Solange das Ego besteht, ist die Bemühung nötig. Wenn das Ego aufhört zu existieren, dann werden die Handlungen spontan. (T., 467.)
Keiner hat Erfolg ohne Bemühung. Die Kontrolle des Geistes ist nicht dein Geburtsrecht. Die wenigen, die es schaffen, verdanken ihren Erfolg ihrer Ausdauer. (T., 398).

Manchmal werden einem Schimmer der Verwirklichung zuteil, bevor sie beständig wird, und in solchen Fällen bleibt die Bemühung immer noch eine Notwendigkeit.

Die Bemühung ist bis zum Zustand der Verwirklichung nötig. Selbst dann sollte sich das Selbst spontan offenbaren, andernfalls wird das Glück nicht vollständig sein. Bis zu diesem Zustand der Spontaneität muß eine Anstrengung in der einen oder anderen Form gemacht werden. (T., 78.)

Manchmal wird die rechte Bemühung als Pflicht bezeichnet.

F: Warum sollte ich versuchen, die Verwirklichung zu erlangen? Ich werde aus diesem Zustand der Illusion in der gleichen Weise auftauchen, wie ich von einem Traum erwache. Wir machen keine Anstrengung, um aus einem Traum zu erwachen, wenn wir schlafen.

B: Im Traum hast du keine Ahnung, daß du im Traum bist und deshalb keine Verpflichtung zur Bemühung, um aus ihm herauszukommen. Aber in diesem Leben hast du eine gewisse Intuition, auf deine Erfahrung des Schlafes und der Dinge, die du hörst und liest, gegründet, daß dieses Leben eine Art Traum ist, und diese Intuition erlegt dir die Pflicht auf, dich zu bemühen, aus diesem Traum zu erwachen. Wie dem auch sei, wer will, daß du das Selbst verwirklichst, wenn du es nicht willst? Wenn du lieber in diesem Traum bleiben willst, dann bleibe so, wie du bist. (D.D., II., S.97.)

Manchmal jedoch wurde der Suchende, wie in der folgenden sehr ähnlichen Unterhaltung daran erinnert, daß selbst die Bemühung ein Teil der Illusion individuellen Seins ist.

Es wird gesagt, daß unser Leben im Wachzustand auch ein Traum ist, ähnlich dem Traum, wenn wir schlafen. In unseren Träumen aber machen wir keine bewußte Anstrengung, um den Traum loszuwerden und um aufzuwachen, der Traum hört ohne jegliche Bemühung unsererseits auf, und wir erwachen. Warum sollte nicht in ähnlicher Weise der Wachzustand, der in Wirklichkeit nur eine andere Art von Traum ist, von selbst zu Ende gehen, ohne die Bemühung unsererseits, und uns in die Verwirklichung oder das wahre Erwachen versetzen?

B: Deine Vorstellung, daß du eine Anstrengung machen mußt, um diesen Traum eines Wachzustandes loszuwerden und die Verwirklichung oder das wahre Erwachen zu erlangen, sind alles Teile des Traumes. Wenn du die Verwirklichung erlangst, wirst du erkennen, daß es weder den Traum im Schlaf noch im Wachsein gab, sondern nur dich selbst und deinen wahren Zustand. (D.D., II., S.17.)

Manchmal nahm die Frage die Form eines scheinbaren Konfliktes an; nicht zwischen Bemühung und Bestimmung, sondern zwischen Bemühung und Gnade, denn da gab es die, welche fragten, welchen Sinn die Bemühung habe, wenn die Verwirklichung von der Gnade Gottes oder des Guru abhing. In der einen oder anderen Form wird dieser Zweifel in jeder Religion auftauchen, wie in der christlichen Auseinandersetzung, ob die Erlösung von der Gnade oder den guten

Taten abhängt. In Wirklichkeit gibt es keinen Konflikt zwischen den beiden, wie es die folgenden Auszüge zeigen.

F: Es wird gesagt, daß nur die, welche für die Verwirklichung auserwählt sind, sie erlangen. Das ist ziemlich entmutigend.

B: Das bedeutet nur, daß wir die Verwirklichung des Selbst nicht durch unseren eigenen Geist, ohne die Hilfe der Gnade Gottes, erlangen können.

Ich warf ein: Bhagavan sagt auch, daß selbst diese Gnade nicht willkürlich kommt, sondern weil man sie durch die eigenen Bemühungen entweder in diesem oder in früheren Leben verdient hat.

F: Aber menschliche Bemühung ist angeblich nutzlos, welcher Antrieb bleibt dann für einen Menschen, sich zu bessern?
Ich fragte, wo es stünde, daß man keine Anstrengung machen sollte oder daß die Anstrengung nutzlos sei, und der Besucher wies auf den Absatz in *Wer bin ich?* hin, wo steht, daß, weil die unerklärliche Kraft des Herrn alles befiehlt, aufrechterhält und kontrolliert, wir uns nicht zu sorgen brauchen, was wir tun sollen. (W., S.38.)
Ich wies darauf hin, daß das, was da abgelehnt wird, nicht die menschliche Bemühung ist, sondern das Gefühl ›Ich bin der Handelnde‹. Ich fragte Bhagavan, ob meine Auslegung richtig sei, und er stimmte zu. (D.D., II., S.4.)

F: Die Gnade ist für die Beseitung der Unwissenheit nötig.

B: Sicherlich. Aber Gnade ist immer und überall. Gnade ist das Selbst. Sie ist nicht etwas, das man erwerben muß. Man braucht nur zu wissen, daß sie existiert. Gleichermaßen ist die Sonne reine Helligkeit; sie kennt nicht Dunkelheit, obwohl andere von der Dunkelheit sprechen, die mit dem Kommen der Sonne verschwindet. Ebenso wie die Dunkelheit ist das Unwissen ein

Phantom und nicht wirklich. Seiner Unwirklichkeit wegen sagt man, daß es verschwindet, wenn seine Unwirklichkeit erkannt wird.
Da ist die Sonne, die scheint, und du bist vom Sonnenlicht umgeben, und dennoch, wenn du die Sonne kennen willst, mußt du deine Augen zu ihr wenden und sie anschauen.
In ähnlicher Weise wird Gnade nur durch Bemühung gefunden, obwohl sie hier und jetzt ist.

F: Durch das Verlangen nach Hingabe wird, hoffe ich, zunehmende Gnade erfahren?

B: Gib dich ein für allemal hin und laß das Verlangen! Solange das Gefühl, der Handelnde zu sein, da ist, solange ist auch Verlangen da. Deshalb bleibt das Ego bestehen. Wenn das aber einmal verschwindet, dann erstrahlt das Selbst in seiner Reinheit. Das Gefühl, der Handelnde zu sein, ist die Fessel, nicht das Tun an sich. »Sei ruhig und wisse, daß ich Gott bin.« Hier ist die Stille, die völlige Hingabe, ohne eine Spur von Individualität. Die Stille wird sich durchsetzen, und es wird keine Agitation des Geistes geben. Die Agitation des Geistes ist die Ursache für Verlangen, für das Gefühl, der Handelnde zu sein, für Persönlichkeit. Wenn das stillgelegt wird, dann ist Ruhe. In diesem Sinn bedeutet ›Wissen‹ ›Sein‹. Es ist nicht relatives Wissen mit der Triade des Wissenden, des Wissens und des Gewußten. (T., 354.)

T: Es kann aber sein, daß man der Gnade Gottes nicht ganz sicher ist?

B: Wenn der unreife Geist Gottes Gnade nicht fühlt, dann bedeutet das nicht, daß sie nicht da ist, denn das würde besagen, daß Gott manchmal nicht gnädig ist, was heißt, daß er aufhören würde, Gott zu sein.

F: Ist das das gleiche wie der Ausspruch Christi: »Deinem Glauben gemäß wird dir geschehen?«

B: Genau das.

F: Soweit ich gehört habe, steht in den Upanishaden, daß der allein Atman kennt, den Atman auserwählt. Warum sollte Atman überhaupt auswählen? Wenn er auswählt, warum dann eine gewisse Person?

B: Wenn die Sonne aufgeht, dann öffnen sich einige Blüten, aber nicht alle. Machst du die Sonne dafür verantwortlich? Auch kann die Knospe nicht aus sich selbst heraus erblühen, sie benötigt das Sonnenlicht dafür.

F: Können wir nicht sagen, daß die Hilfe von Atman gebraucht wird, weil Atman den Schleier von Maya über sich selbst gezogen hat?

B: Du kannst es so sagen.

F: Wenn Atman den Schleier über sich selbst gezogen hat, sollte er ihn dann nicht selbst entfernen?

B: Das wird er tun. Wer aber beklagt sich, verschleiert zu sein? Frage dich das selbst.

F: Warum sollte ich? Atman selbst soll den Schleier entfernen.

B: Wenn Atman sich über den Schleier beklagt, dann wird Atman ihn entfernen. (M.G., S.54.)

F: Wenn das Höchste Wesen allgegenwärtig ist, wie man von Ihm sagt, dann sollte Seine Verwirklichung eine einfache Angelegenheit sein. Die Schriften jedoch erklären, daß ohne Seine Gnade der Herr nicht einmal angebetet werden kann, noch viel weniger verwirklicht. Wie dann kann das Einzelwesen durch seine eigene Bemühung das Selbst oder das Höchste Wesen verwirklichen, außer durch Seine Gnade?

B: Es gab keine Zeit, zu der das Göttliche Wesen unbekannt oder unverwirklicht gewesen wäre, denn es ist eins und identisch mit dem Selbst. Seine Gnade oder *anugraha* ist das gleiche wie die bewußte Unmittelbarkeit Seiner Göttlichen Gegenwart, *Prasannata,* mit anderen

Worten, die Erleuchtung oder Offenbarung. Die eigene Unwissenheit über diese sich selbst offenbarende Unmittelbarkeit der Göttlichen Gnade ist nicht der Beweis für das Gegenteil. Wenn die Eule nicht die Sonne sieht, die die ganze Welt erleuchtet, ist das der Fehler der Sonne? Rührt das nicht von der mangelnden Sehfähigkeit des Vogels her? Ähnlich wenn der unwissende Mensch des ewig leuchtenden Atman oder Selbst nicht gewahr ist, kann das der Natur des Atman zugeschrieben werden? Ist das nicht das Ergebnis seiner eigenen Unwissenheit? Der Höchste Herr ist ewige Gnade. Deshalb gibt es nicht wirklich solch einen individuellen Akt wie das Verleihen von Gnade; und weil sie immer gegenwärtig ist, ist die Manifestation der Gnade nicht auf irgendeinen speziellen Zeitraum oder Umstand beschränkt. (S.I., S.24.)

Sich Gott zuzuwenden und seine Gnade zu erwünschen, ist in sich selbst Gnade.

F: Immer wieder tauchen Zweifel auf. Deshalb frage ich, wie man es tun soll.

B: Ein Zweifel taucht auf und wird aufgeklärt. Ein weiterer kommt und wird geklärt, nur um Platz für einen nächsten zu machen, und so geht es weiter. So gibt es also keine Möglichkeit, alle Zweifel zu klären. Finde statt dessen heraus, wem die Zweifel auftauchen. Gehe zu ihrem Ursprung und bleibe dort. Dann hören sie auf zu kommen. So sollten Zweifel aufgeklärt werden.

F: Nur die Gnade kann mir helfen, das zu tun.

B: Die Gnade ist nicht etwas, das außerhalb von dir liegt. Tatsächlich rührt selbst dein Verlangen nach Gnade von der Gnade her, die bereits in dir arbeitet. (T., 618.)

Die Gnade wird ebenso als die Gnade Gottes oder des Guru bezeichnet.

F: Hängt der Erfolg nicht von der Gnade des Guru ab?

B: Ja, aber rührt nicht dein Praktizieren selbst von dieser Gnade her? Ihre Früchte springen selbständig aus ihr hervor. Es gibt eine Strophe im Kaivalya, die sagt: »Oh Guru, du bist immer bei mir gewesen, über mich wachend, von Wiedergeburt zu Wiedergeburt, und hast meinen Weg geformt, bis ich befreit war.« Das Selbst manifestiert sich äußerlich als der Guru, wenn die Umstände es erfordern, andernfalls bleibt es im Innern und tut, was nötig ist. (T., 425.)

F: Ich finde, daß mein Bemühen in der tatsächlichen Ausübung ohne Erfolg ist, solange Bhagavans Gnade nicht auf mich herabkommt.

B: Die Gnade des Guru ist immer gegenwärtig. Du stellst dir vor, daß sie etwas ist, das hoch oben im Himmel sitzt und herabkommen muß; aber in Wirklichkeit ist sie in dir, in deinem Herzen, und sowie du die Unterwerfung oder das Eintauchen des Geistes in seinem Ursprung fertigbringst, gleichgültig mit welcher Methode, bricht die Gnade hervor und sprüht wie aus einer Quelle in dir. (D.D., II., S. 31.)

DRITTES KAPITEL

DAS LEBEN IN DER WELT

Wenn jemand einmal den Entschluß gefaßt hatte, auf der Grundlage von Bhagavans Lehre von der Theorie zur Praxis zu gehen, dann war es Zeit für die Frage, wie das sein Leben in der Welt beeinflussen würde. Der Hinduismus auferlegt aktiven spirituellen Suchern nicht notwendigerweise physische Entsagung, so wie es zum Beispiel die ursprüngliche Lehre Christi oder Buddhas tut. Im Gegenteil, der Stand des Hausherrn (householder) wird geehrt, und der Weg rechten Handelns ist ein legitimer Weg. Das klassische System des alten Indien war, daß ein Mann erst nachdem er seine Pflichten als Hausherr erfüllt und einen erwachsenen Sohn oder mehrere Söhne hatte, um ihn zu ersetzen, sich in den heimatlosen Stand zurückziehen sollte. Die Lehre der Nicht-Dualität zusammen mit dem Pfad der Selbsterforschung (in einem späteren Kapitel beschrieben), der auf ihr basiert, ist dennoch traditionsgemäß für jenen, der der Welt entsagen will, als gut anerkannt worden. Deshalb war es natürlich, daß Bhagavans Jünger ihn oftmals fragten, ob sie der Welt entsagen sollten. Gleichzeitig war es ein bemerkenswertes Anzeichen für das Ausmaß spiritueller Entschlußkraft, die immer noch im modernen Indien vorhanden ist, denn der Welt zu entsagen, bedeutet nicht ein Einsiedlerleben in einem kleinen Haus im eigenen Garten zu leben, wie es im Westen verstanden werden würde oder auch das Sichzurückziehen in die rauhe Sicherheit eines Klosters, sondern das heimatlose, mittellose Umherwandern, das auf der Versorgung mit Nahrung und Kleidung von den Wohltätigen und dem Schlafen in einer Höhle oder einem Tempel oder wo immer möglich beruht. In unserer Zeit kommt es manchmal vor, daß ein Sadhu eine kleine Unterstützung von seiner Familie akzeptiert – ausreichend, um Nahrung und die einfachste Kleidung zu kaufen, aber es ist trotzdem ein bloßes und hartes Leben. Trotzdem gab es laufend Anfragen, diese Art des Lebens annehmen zu dürfen, und Bhagavan hielt die Erlaubnis immer zurück. Es war eine innere Arbeit, und sie mußte im Geist getan werden, was auch immer die Umstände des Lebens waren.

B: Warum denkst du, daß du ein Hausherr bist? Der ähnliche Gedanke, daß du ein *sannyasi* bist, wird dich verfolgen, wenn du als *sannyasi* umhergehst. Gleichgültig, ob du Hausherr bleibst oder es aufgibst einer zu sein und in den Wald gehst, dein Geist verfolgt dich. Das

Ego ist der Ursprung des Denkens. Es schafft den Körper und die Welt und läßt dich denken, daß du ein Hausherr bist. Wenn du entsagst, dann wird der Gedanke der Entsagung nur den der Familie ersetzen und die Umgebung des Waldes die des Hauses. Aber die mentalen Hindernisse bestehen weiterhin für dich. Sie nehmen sogar erheblich zu in einer neuen Umgebung. Die Veränderung der Umgebung ist keine Hilfe. Das eine Hindernis ist der Geist, und das muß überkommen werden; gleich ob zu Hause oder im Wald. Wenn du es im Wald tun kannst, warum dann nicht zu Hause? Warum also die Umgebung verändern? Du kannst deine Anstrengung sogar jetzt machen, was auch immer die Umgebung ist.

F: Ist es möglich, *samadhi* zu erfahren, während man mit weltlicher Arbeit beschäftigt ist?

B: Die Empfindung ›ich arbeite‹ ist das Hindernis. Frage dich selbst: ›Wer arbeitet?‹ Erinnere dich daran, wer du bist. Dann wird die Arbeit dich nicht binden. Sie wird automatisch weitergehen. Mache keine Anstrengung, entweder zu arbeiten oder zu entsagen, deine Anstrengung ist die Fessel. Was geschehen soll, wird geschehen. Wenn es dir bestimmt ist zu arbeiten, wird es dir unmöglich sein, das zu umgehen, du wirst dazu gezwungen werden. Also überlasse das der Höheren Macht. Es ist nicht wirklich deine Wahl, ob du entsagst oder weitermachst. (M.G., I., S.6.)
Wenn Frauen, die Wasserkrüge auf ihren Köpfen tragen, stehenbleiben, um sich zu unterhalten, dann sind sie sehr bedacht und halten ihre Gedanken auf die Wasserkrüge gerichtet. Ähnlich ist es, wenn ein Weiser eine Handlung aufnimmt; sein Geist bleibt auf das Selbst gerichtet und seine Aktivität lenkt ihn nicht davon ab. (T., S.231.)

F: Ich glaube, daß sexuelle Enthaltsamkeit sogar für einen Hausherrn nötig ist, wenn er in der Selbsterforschung Erfolg haben will. Ist das richtig?

B: Finde zuerst heraus, wer Frau und Mann sind. Dann wird die Frage nicht auftauchen.

F: Ist Brahmacharya (sexuelle Enthaltsamkeit) nicht notwendig für die Selbstverwirklichung?

B: Brahmacharya bedeutet ›im Brahman leben‹, es hat keine Verbindung mit Enthaltsamkeit, wie es üblicherweise verstanden wird. Ein wahrer Brahmachari ist einer, der im Brahman lebt und im Brahman Seligkeit findet, was das gleiche wie das Selbst ist. Warum sollte er nach anderen Quellen des Glückes suchen? Tatsächlich ist es das Auftauchen aus dem Selbst, das der Grund allen Übels ist.

F: Aber ist sexuelle Enthaltsamkeit nicht nötig für den Yoga?

B: Sie ist für die Verwirklichung eine Hilfe unter vielen anderen.

F: Dann ist Enthaltsamkeit nicht unentbehrlich? Kann ein verheirateter Mann das Selbst verwirklichen?

B: Sicherlich. Es ist eine Frage der Bereitschaft des Geistes. Verheiratet oder unverheiratet, ein Mann kann das Selbst verwirklichen, weil das Selbst hier und jetzt ist. Wenn es das nicht wäre, sondern nur durch Anstrengung in einiger Zukunft erreichbar wäre, wenn es etwas Neues zu erwerben wäre, dann wäre es nicht wert, danach zu suchen, denn was nicht natürlich ist, kann nicht beständig sein. Was ich sage, ist, daß das Selbst hier und jetzt ist und das ES alleine ist. (T., 17.)

F: Ist es nötig, *sannyasa* (ein Gelöbnis der Entsagung) zu geloben, um die Selbstverwirklichung zu erlangen?

B: *Sannyasa* bedeutet, seine Individualität aufzugeben, und nicht den Kopf zu scheren und ein ockerfarbenes Kleid anzulegen. Ein Mann kann ein Hausherr sein, wenn er aber nicht denkt, einer zu sein, dann ist er ein *sannyasin.* Auf der anderen Seite mag er ockerfarbene Gewänder tragen und umherwandern, aber solange er

denkt, ein *sannyasin* zu sein, ist er keiner. Über seine Entsagung nachzudenken, macht den Zweck der Entsagung zunichte. (T., 427.)
Was meinst du mit *sannyasa* geloben? Glaubst du, es bedeutet, dein Heim zu verlassen oder Kleider einer gewissen Farbe zu tragen? Wohin immer du gehst, selbst wenn du in die Luft fliegst, wird dein Geist nicht mit dir gehen? Oder kannst du ihn hinter dir lassen und ohne ihn gehen? (D.D., I., S.15.)
Warum sollten dein Beruf oder deine Pflichten im Leben dein spirituelles Bemühen beeinträchtigen? Es gibt zum Beispiel einen Unterschied zwischen deinen Aktivitäten zu Hause und im Büro. Bei deinen Büroaktivitäten bist du unbeschwert, und solange du deine Pflicht erfüllst, kümmerst du dich nicht darum, was geschieht oder ob deine Arbeit Gewinn oder Verlust für deinen Arbeitgeber bringt. Deine häuslichen Pflichten andererseits führst du mit dem Gefühl des Gebundenseins aus, und du bist immerfort besorgt, ob sie Vorteile für dich und deine Familie bringen werden.
Es ist aber möglich, alle Aktivitäten des Lebens unbeschwert zu tun und nur das Selbst als wirklich zu betrachten. Es ist eine falsche Annahme, daß, wenn man im Selbst gefestigt ist, die Pflichten im Leben nicht ordentlich ausgeführt werden. Es ist, wie ein Schauspieler zu sein. Er verkleidet sich und spielt und erlebt sogar den Teil, den er spielt, aber er weiß, daß er nicht wirklich diese Figur ist, sondern eine andere im wirklichen Leben. Ebenso, warum sollte dich das Körperbewußtsein oder das Empfinden ›Ich bin der Körper‹ stören, wenn du einmal sicher weißt, daß du nicht der Körper, sondern das Selbst bist? Nichts, das der Körper tut, sollte dich aus dem Verweilen im Selbst bringen. Dieses Verweilen wird niemals die rechte und wirksame Erfüllung jeglicher Pflichten, die der Körper hat, beeinträchtigen, ebensowenig wie das Bewußtsein eines Schauspielers über seinen wahren Stand im Leben sein Schauspielvermögen auf der Bühne beeinträchtigt. (D.D., I., S.31.)

F: Es ist klar gesagt worden, daß es, solange die kleinste Spur der Vorstellung, Ich bin der Handelnde vorhanden ist, keine Verwirklichung geben kann; aber ist es möglich für einen Hausherrn, der aufrichtig die Befreiung wünscht, seine Pflichten ohne diese Vorstellung zu erfüllen?

B: Es gibt kein Prinzip, daß Handlungen nur auf der Grundlage der Vorstellung ›Ich bin der Handelnde‹ ausgeführt werden können; und deshalb gibt es keinen Grund zu fragen, ob die Handlungen getan und die Pflichten ohne diese Vorstellung erfüllt werden können.
Nimm ein geläufiges Beispiel: Ein Buchhalter, der den ganzen Tag in seinem Büro arbeitet und gewissenhaft seinen Pflichten nachgeht, mag für den Beobachter als der erscheinen, der alle finanziellen Verantwortlichkeiten des Unternehmens trägt. Aber im Wissen, daß er nicht persönlich von den Einnahmen und Ausgaben betroffen ist, bleibt er unbeschwert und frei vom Gefühl ›Ich bin der Handelnde‹ bei der Ausführung seiner Arbeit, die er gleichzeitig ganz gewissenhaft erledigt. In der gleichen Weise ist es für den weisen Hausherrn, der aufrichtig die Befreiung sucht, sehr wohl möglich, seine Pflichten, die letztendlich seine Bestimmung sind, ohne jegliches Gefühl der Bindung im Leben zu erfüllen und sich selbst nur als Instrument für den Zweck zu sehen. Solches Tun ist kein Hindernis auf dem Weg zu spiritueller Erkenntnis, noch hindert diese Erkenntnis einen Menschen daran, seine Pflichten im Leben zu erfüllen. Erkenntnis und Tun sind niemals konträr zueinander, und die Verwirklichung des einen verhindert nicht die Ausführung des anderen, noch verhindert die Ausführung des einen die Verwirklichung des anderen.

F: Welche Bedeutung hat das Leben eines spirituell ausgerichteten Hausherrn, der seine ganze Zeit ausschließlich für den Erwerb des Lebensunterhaltes für sich und seine Familie aufwenden muß, und was ist der gegenseitige Nutzen?

B: Die Arbeit eines solchen Hausherrn, der seine Pflichten erfüllt, der für den Unterhalt seiner Familie, gänzlich ungeachtet seiner eigenen körperlichen Bequemlichkeit arbeitet, sollte als selbstloser Dienst, den er seiner Familie gibt, für deren Bedürfnisse zu sorgen seine Bestimmung ist, angesehen werden. Man mag jedoch fragen, welchen Vorteil solch ein Hausherr von der Familie bezieht. Die Antwort ist, daß kein direkter Nutzen für ihn von der Familie kommt, weil er die Erfüllung seiner Pflichten ihr gegenüber zu einem Mittel spirituellen Trainings gemacht hat, und weil er schließlich völlige Befriedigung durch die Verwirklichung der höchsten Wonne der Befreiung, welche das endgültige Ziel und die höchste Belohnung jeden Pfades ist, erlangt. Deshalb benötigt er nichts von den Mitgliedern seiner Familie oder von seinem Familienleben.

F: Wie kann ein Hausherr, der ständig mit der Erfüllung seiner häuslichen Pflichten beschäftigt ist, die ihn natürlicherweise zu noch größerer Aktivität antreiben sollten, den höchsten Frieden der Zurückgezogenheit und die Freiheit vom Drang zu solcher Aktivität erlangen, während er eifrig in dieser Weise beschäftigt ist?

B: Nur für den Beobachter scheint der erleuchtete Familienvater mit seinen häuslichen Pflichten beschäftigt zu sein, denn in Wirklichkeit ist er nicht tätig. Seine äußere Aktivität hält ihn nicht davon ab, den vollkommenen Frieden der Zurückgezogenheit zu verwirklichen, und er ist selbst inmitten seiner Aktivitäten frei vom ruhelosen Drang zur Tat. (S.I., S.23.)

F: Soll ich mich vom Geschäftsleben zurückziehen und Bücher über Vedanta lesen?

B: Wenn Dinge eine unabhängige Existenz hätten, das heißt, wenn sie irgendwo getrennt von dir existierten, dann könnte es für dich möglich sein, dich von ihnen zurückzuziehen. Aber sie haben keine abgetrennte Existenz. Sie verdanken ihre Existenz dir, deinem Denken, wo also kannst du dich von ihnen zurückziehen? Was das Lesen von Büchern über Vedanta betrifft, so kannst du lesen, soviel du willst, aber sie können dir nur sagen, daß du das Selbst in dir verwirklichen mußt. Das Selbst kann nicht in Büchern gefunden werden. Du mußt es für dich selbst in dir selbst finden. (D.d., II., S.14.)

F: Ist ein Gelübde des Schweigens von Nutzen?

B: Die innere Stille ist Selbsthingabe. Und das bedeutet, ohne Egosinn zu leben.

F: Ist für einen *Sannyasin* Einsamkeit notwendig?

B: Die Einsamkeit ist im Geist eines Menschen. Man kann im Dickicht der Welt sein und dennoch die völlige Ruhe des Geistes bewahren. So jemand ist immer in der Einsamkeit. Ein anderer mag im Wald leben und dennoch unfähig sein, seinen Geist zu kontrollieren. Von ihm kann man nicht sagen, daß er in Einsamkeit lebt. Einsamkeit ist eine Geisteshaltung. Jemand, der an die Dinge des Lebens gebunden ist, kann keine Einsamkeit finden, wo immer er sein mag, wohingegen ein ungebundener Mensch immer in Einsamkeit lebt. (M.G., I., S.14.)

Demzufolge befürwortete Bhagavan ein Gelübde des Schweigens nicht, so wie es Leute manchmal machen, um eine Art der Einsamkeit innerhalb der Gesellschaft zu schaffen. Die wahre Einsamkeit, so lehrte er, ist ein stiller Geist. Wenn der Geist aktiv ist, ist es nutzlos, nicht zu sprechen. Was nötig ist, ist beides, Denken und Sprechen, zu kontrollieren.

Das Schweigen der Einsamkeit ist erzwungen. In Schranken gehaltenes Sprechen in der Gesellschaft kommt dem Schweigen gleich, denn dann wird das Sprechen kontrolliert. Es muß einen Sprecher geben, bevor gesprochen werden kann. Wenn der Geist des Sprechenden auf andere Weise beschäftigt ist, dann wird das Sprechen in Schranken gehalten. Wenn der Geist nach innen gerichtet ist, ist er in einer anderen Form aktiv und ist nicht begierig zu sprechen. Der Zweck eines Schweigegelübdes ist, die mentalen Aktivitäten, die durch Sprechen hervorgerufen werden, zu begrenzen;

wenn aber der Geist kontrolliert ist, dann ist das unnötig, und das Schweigen wird natürlich. (T., 60.)

Solange der Geist nicht dafür reif ist, ist es nicht einmal möglich, die Aktivität aufzugeben.

F: In welcher Form hilft Aktivität? Macht sie nicht die bereits schwere Last, die auf uns liegt und die wir loswerden müssen, noch schwerer?

B: Selbstlos ausgeführtes Handeln reinigt den Geist und hilft ihm, sich in der Meditation zu festigen.

F: Angenommen, man würde ständig meditieren, ohne Aktivität?

B: Versuche es! Deine latenten Neigungen werden es nicht zulassen. Die Meditation kommt nur allmählich, zusammen mit der allmählichen Schwächung der Neigungen durch die Gnade des Gurus. (T., 80.)

Selbst im Falle eines Mannes, der seine Bestimmung als Familienvater erfüllt und erwachsene Kinder hatte, die seinen Platz einnehmen konnten, und der, klassischer indischer Tradition gemäß, der Welt entsagen konnte, gab Bhagavan immer noch nicht seine Zustimmung.

F: Ich bin nicht froh in meiner Familie. Ich habe dort nichts mehr tun. Was zu tun war, habe ich getan, und jetzt sind Enkelkinder im Haus. Soll ich dort bleiben oder es verlassen und weggehen?

B: Du solltest da bleiben, wo du gerade jetzt bist. Wo aber bist du jetzt? Bist du im Haus oder ist das Haus in dir? Gibt es irgendein Haus, das getrennt von dir ist? Wenn du in deinem eigenen Platz gefestigt bist, dann wirst du herausfinden, daß alles mit dir verschmolzen ist, und solche Fragen werden unnötig werden.

F: Dann scheint es, daß ich zu Hause bleiben sollte?

B: Du sollst in deinem wahren Zustand bleiben.

Manchmal wurde dem Maharshi die Frage gestellt, warum er selbst der Welt entsagt hat und in das heimatlose Leben eingetreten ist, wenn er diesen Weg für seine Jünger nicht befürworten kann, und er erwiderte einfach, daß das seine Bestimmung war. Man sollte sich daran erinnern, daß der Pfad, den er lehrte, die Anwendung der Selbsterforschung im Leben der Welt, verbunden mit einer harmonischen Aktion, ein von ihm geschaffener Pfad ist, um den Bedürfnissen unserer Zeit zu entsprechen. Er selbst mußte in der Verwirklichung gefestigt sein, bevor er den Pfad dahin bereiten konnte.

F: Kann ich mich mit spiritueller Praxis beschäftigten, während ich im Leben der Welt bleibe?

B: Ja, sicherlich, das ist, was man tun sollte.

F: Ist nicht das Leben in der Welt ein Hindernis? Befürworten nicht alle Bücher die Entsagung?

B: Die Welt ist nur im Geist. Sie spricht nicht laut heraus: ›Ich bin die Welt‹. Wenn sie das täte, dann wäre sie immer gegenwärtig, selbst in deinem Schlaf. Da sie aber im Schlaf nicht gegenwärtig ist, ist sie unbeständig. Und weil sie unbeständig ist, hat sie keine Wirklichkeit. Weil sie keine Wirklichkeit hat, wird sie leicht vom Selbst bezwungen. Einzig das Selbst ist beständig. Entsagung ist Nichtidentifikation des Selbst mit dem Nicht-Selbst. Mit dem Verschwinden der Unwissenheit hört das Nicht-Selbst auf zu existieren. Das ist wahre Entsagung.

F: Warum bist du dann in deiner Jugend von deinem Zuhause wegegangen?

B: Das war mein *prarabdha* (Bestimmung). Die Verhaltensrichtung in diesem Leben wird vom eigenen *prarabdha* bestimmt. Mein *prarabdha* ist dieser Art, deines ist anderer Art.

F: Sollte ich nicht auch entsagen?

B: Wenn das dein *prarabdha* gewesen wäre, dann wäre die Frage nicht aufgetaucht.

F: So nehme ich an, daß ich in der Welt bleiben und mich mit spiritueller Praxis beschäftigen soll. Wenn ich das aber tue, kann ich dann die Verwirklichung in diesem Leben erlangen?

B: Das wurde bereits beantwortet. Du bist immer im Selbst. Aufrichtiges Streben schlägt niemals fehl. Der Erfolg muß kommen. (T., 251.)

Bei vielen europäischen und einigen indischen Besuchern tauchte die entgegengesetzte Frage auf – nicht, ob sie der Welt entsagen sollten, sondern was sie tun könnten, um ihr zu helfen. ›In der Welt, aber nicht von ihr zu sein‹ und der inneren spirituellen Suche zu folgen, während man sich äußerlich an die Umstände des Lebens anpaßt, schien ihnen eher zuviel als zuwenig des Sichzurückziehens zu sein. Bis zu einem gewissen Grad waren die Antworten Bhagavans, dem Verstehen der Fragenden entsprechend, verschieden. Wenn der Fragende für spirituelles Verständnis fähig war, dann leitete er ihn in sein Inneres.

F: Warum ist die Welt in Unwissenheit gebettet?

B: Sorge dich um dich selbst und laß die Welt sich um sich selbst sorgen. Was ist dein Selbst? Wenn du der Körper bist, dann gibt es auch eine physische Welt, wenn du aber der Geist bist, dann gibt es nur den Geist. (T., 363.)

F: Was denkst du über eine soziale Reform?

B: Die Selbst-Reform resultiert automatisch in sozialer Reform. Kümmere dich um die Selbst-Reform und die soziale Reform wird sich um sich selbst sorgen. (T., 282.)

Die Menschen jedoch, die diese Art von Einwand aufbrachten, hatten oftmals ein Naturell, das zur Hingebung neigte, wie es die Anbetung und die dualistische Religion erfordern, und in solchen Fällen riet Bhagavan dazu, sich Gott zu unterwerfen. Sich Gott zu unterwerfen und seine Pflicht zu tun, seinen Teil im Leben in völligem Vertrauen zu tun, ist alles, was verlangt wird. Nur das wird von einem erwartet. Für das Resultat ist man nicht verantwortlich.

B: Nun werde ich dir eine Frage stellen: Wenn jemand in einen Zug einsteigt, wo legt er sein Gepäck ab?

F: Entweder im Abteil oder im Gepäckwagen.

B: Er trägt es nicht auf seinem Kopf oder im Schoß, während er im Zug sitzt?

F: Nur ein Dummkopf würde das tun.

B: Tausendmal dümmer ist es, deine eigene Last zu tragen, wenn du einmal die spirituelle Suche aufgenommen hast, sei es durch den Weg der Erkenntnis oder den der Hingabe.

F: Aber kann ich denn all meine Verantwortlichkeiten, meine Verpflichtungen aufgeben?

B: Du erinnerst dich an den Tempelturm? Er hat viele Figuren, nicht wahr? Nun, es gibt vier große an der Basis, eine in jeder Ecke. Hast du sie gesehen?

F: Ja.

B: Nun, ich sage dir, daß der riesige Turm von diesen vier Figuren getragen wird.

F: Wie ist das möglich? Was meint Bhagavan damit?

B: Ich meine, daß es nicht dümmer ist, das zu sagen, als zu sagen, daß du all die Sorgen, Lasten und Verantwortlichkeiten des Lebens trägst. Der Herr des Universums trägt die ganze Last. Du bildest dir nur ein, daß du es tust. Du kannst all deine Lasten Ihm übergeben. Was auch immer du zu tun hast, du wirst zum Instrument gemacht werden, um es zur rechten Zeit zu tun. Bilde dir nicht ein, daß du es nicht tun kannst, solange du nicht das Verlangen hast, es zu tun. Es ist nicht Verlangen, das dir die nötige Stärke gibt. Die Stärke ist die Stärke des Herrn. (S.D.B., S.xxv.)

Manchmal kam die bedrängende Sorge um den Zustand der Welt zur Sprache und der Wunsch, Verantwortung zu übernehmen.

F: Wird Bhagavan seine Meinungen über die Zukunft der Welt kundtun, da wir in schwierigen Zeiten leben?

B: Warum solltest du dich um die Zukunft sorgen? Du kennst nicht einmal die Gegenwart richtig. Sorge dich um die Gegenwart, und die Zukunft wird für sich selbst Sorge tragen.

F: Wird die Welt bald in eine neue Ära von Freundlichkeit und gegenseitiger Hilfsbereitschaft eintreten, oder wird sie in Krieg und Chaos untergehen?

B: Es gibt Einen, der die Welt regiert, und es ist Seine Aufgabe, um sie Sorge zu tragen. Er, der der Welt das Leben geschenkt hat, weiß auch um sie zu sorgen. Er trägt die Last dieser Welt, nicht du.

F: Wenn man aber mit unvoreingenommenen Augen um sich schaut, ist es schwierig zu sehen, wo diese wohlwollende Sorge ist.

B: So wie du bist, so ist die Welt. Was ist der Zweck, die Welt verstehen zu wollen, ohne dich selbst zu verstehen? Das ist eine Frage, um die sich jene, die nach der Wahrheit suchen, nicht zu kümmern brauchen. Die Menschen vergeuden ihre Energie über all diesen Fragen. Finde zuerst die Wahrheit hinter dir selbst heraus, dann wirst du in einer besseren Lage sein, die Wahrheit hinter der Welt, von der du ein Teil bist, zu verstehen. (R.M., S.155.)

Ein anderer Besucher bat Bhagavan um ein segnendes Vorwort für ein Buch, das er geschrieben hatte mit dem Titel »Das Schicksal der Welt« oder so ähnlich. Er sagte, daß eine andere Person bereits zugestimmt habe, eine Einführung zu schreiben, aber daß er dankbar wäre, wenn Bhagavan einige Worte schreiben und seine Botschaft und Segnung mitteilen würde. Bhagavan erklärte ihm, daß er niemals so etwas getan hatte und daß man nicht von ihm erwarten sollte, daß er es jetzt tun würde. Der Besucher beharrte auf seiner Bitte, und ich machte einige Anstrengung, ihn zu überzeugen, daß seine Überredungsversuche vergeblich sein würden. Dann fing er an zu sagen, daß die Welt eine spirituelle Botschaft bitter nötig hätte und daß die Jugend Indiens und der Welt nicht in der richtigen Weise erzogen würde, sie nicht genügend religiös beeinflußt würde und so weiter. Ich mußte ihm klarmachen, daß Bhagavan darauf besteht, daß einer sich zuerst selbst kennen sollte, bevor er versucht, die Welt zu reformieren. Danach erst könne er versuchen, die Welt zu reformieren, wenn ihm dann noch danach stünde. Ich glaube, der Besucher wollte das Argumentieren fortsetzen, aber glücklicherweise war es Zeit für das *Parayanam* (Rezitieren der Veden), und das hielt ihn wirkungsvoll davon ab. (D.D., I., S.16.)

F: Sollte ich versuchen, der leidenden Welt zu helfen?

B: Die Kraft, die dich erschuf, erschuf auch die Welt. Wenn Gott die Welt erschuf, dann ist es seine Arbeit, sich um sie zu sorgen, nicht deine. (M.G., I., S.33.)

Das jedoch bedeutet nicht, daß Bhagavans Lehre Kälte oder Herzlosigkeit gegenüber menschlichem Leiden billigte. Denen, die verzagt waren, mußte geholfen werden, nur es mußte in einem Geist der Menschenliebe getan werden. Was abgelehnt wurde, war nur das Sich-selbst-wichtignehmen, das den Versuch, Teil der Vorsorge zu spielen, beinhaltet. Das wird im folgenden Abschnitt ganz klar gemacht.

F: Aber wir sehen Schmerz in der Welt. Jemand ist hungrig. Das ist eine physische Realität. Für den Hungrigen ist das sehr wirklich. Sollen wir das einen Traum nennen und von seinem Leid unbewegt bleiben?

B: Vom Standpunkt des *jnana* oder der Realität aus ist das Leid, von dem du sprichst, sicherlich ein Traum, genauso wie es die Welt ist, von der dieses Leid ein winziger Bestandteil ist. In einem Traum während der Nacht bist du hungrig und siehst auch andere, die Hunger leiden. Du gibst dir selbst zu essen und, von Mitleid bewegt, gibst du auch den anderen, die hungrig sind, zu essen. Solange der Traum dauerte, war all dieses Leid genauso wirklich wie das Leid, das du in der Welt siehst, so, wie sie sich dir jetzt zeigt. Erst als du aufgewacht bist, hast du entdeckt, daß es unwirklich war. Du hast wahrscheinlich gut gegessen, bevor du schlafen gegangen bist, und dennoch hat dir geträumt, daß du den ganzen Tag lang hart in der heißen Sonne gearbeitet hast und müde und hungrig warst. Dann bist du aufgewacht und hast herausgefunden, daß dein Magen voll war und daß du dich nicht von deinem Bett wegbewegt hattest. Aber all das heißt nicht, daß du, während du träumst, so handeln kannst, als ob das Leiden, das du empfindest, nicht wirklich wäre. Der Hunger im Traum muß mit Traumnahrung gestillt werden. Die Mitmenschen, die im Traum hungrig sind, müssen mit Traumnahrung versorgt werden. Du kannst niemals die beiden Zustände vermischen, den Traum- und den Wachzustand. In ähnlicher Weise mußt du, bis du den Zustand der Verwirklichung erreicht hast und somit aus dieser illusorischen, phänomenalen Welt erwachst, sozialen Dienst tun, indem du Leid linderst, wann immer du es siehst. Dennoch aber mußt du es ohne *ahankara* tun, das ist das Gefühl, ›ich bin es, der es tut‹. Statt dessen solltest du fühlen: ›Ich bin das Instrument des Herrn‹. Und du darfst auch nicht eingebildet sein und denken: Ich helfe einem Menschen, der mir unterlegen ist. Er braucht Hilfe, und ich bin in der Lage, sie zu geben. Ich bin überlegen, und er ist unterlegen. Du mußt ihm als der Möglichkeit, Gott in ihm zu dienen, helfen. Solches Dienen ist dem Selbst dienen und niemandem sonst. Du hilfst keinem anderen als nur dir selbst. (D.D., II., S.102.)

Im allgemeinen riet Bhagavan denen, die sich der Suche hingegeben hatten, von politischer Aktivität ab.

F: Ist es nicht unsere Pflicht, Patrioten zu sein?

B: Es ist deine Pflicht zu SEIN und nicht dies oder jenes zu sein. Ich bin, der ich bin, beinhaltet die ganze Wahrheit. Die Methode ist in ›Sei still‹ zusammengefaßt. (M.G., I., S.33.)

Wenn jedoch Leute, die in der Politik arbeiten, an ihn herantraten, dann riet er ihnen einfach, im Geiste des Dienens und der Hingabe weiterzumachen und zu versuchen, allen Egoismus aus ihrer Arbeit auszumerzen.

F: Ist das Verlangen nach *swaraj* (Unabhängigkeit) richtig?

B: Solch ein Verlangen beginnt zweifellos mit Selbstinteresse. Die praktische Arbeit für das Ziel erweitert jedoch allmählich den Horizont, so daß die Einzelperson im Land aufgeht. Dieses Aufgehen der Einzelperson ist wünschenswert und das entsprechende Karma ist *nishkama* (selbstlos).

F: Wenn Indiens Eigenständigkeit nach langem Kampf und schrecklichen Verlusten gewährt worden ist, hat man dann kein Recht, mit dem Ergebnis zufrieden und stolz darauf zu sein?

B: Im Laufe seiner Arbeit sollte man sich an die höhere Kraft übergeben haben, deren Macht nicht vergessen und niemals übersehen werden darf. Wie kann man dann stolz sein? Man sollte sich nicht einmal um das Ergebnis seines Handelns sorgen. Nur dann wird das Karma selbstlos. (T., 502.)

B: Gandhiji hat sich selbst dem Göttlichen übergeben und arbeitet demgemäß ohne Eigeninteresse. Er befaßt sich nicht mit dem Ergebnissen, sondern akzeptiert sie so, wie sie sich einstellen. Das sollte die Haltung nationaler Arbeiter sein.

F: Wird die Arbeit mit Erfolg gekrönt werden?

B: Diese Frage taucht auf, weil der Fragende sich nicht übergeben hat.

F: Sollten wir dann nicht über das Wohlergehen des Landes nachdenken und dafür arbeiten?

B: Sorge dich zuerst um dich selbst, und der Rest wird natürlicherweise folgen.

F: Ich spreche nicht individuell, sondern für das Vaterland.

B: Übergib dich erst und sieh dann weiter. Die Zweifel tauchen auf, weil die Übergabe nicht stattgefunden hat. Erlange Stärke durch die Übergabe, und dann wirst du sehen, daß deine Umgebung sich in dem Maße verbessert hat, wie du Stärke erworben hast. (T., 521.)

Leute, deren Temperament sie zum Handeln hinzog und die es schwierig fanden zu verstehen, daß es, spirituell gesehen, keine anderen gibt, fragten, ob es nicht egoistisch sei, seine eigene Verwirklichung zu suchen, und verstanden nicht, daß der Ausdruck ›seine eigene‹ nicht zutraf und daß nicht nur der Egoismus, sondern das Ego selbst verleugnet werden mußte. Bhagavan selbst wurde gefragt, warum er nicht, den Leuten predigend, herumzog.

F: Warum geht Sri Bhagavan nicht umher und predigt die Wahrheit den Massen?

B: Wie kannst du wissen, daß ich es nicht tue? Besteht predigen darin, ein Podium zu betreten und an die Leute ringsum eine Ansprache zu halten? Predigen ist die einfache Übermittlung von Wissen und kann auch in der Stille getan werden. Was denkst du darüber, wenn ein Mann eine Stunde lang einer Ansprache zuhört und weggeht, ohne so davon beeindruckt zu sein, daß er sein Leben verändert? Vergleiche ihn mit einem, der in einer heiligen Gegenwart sitzt und nach einiger Zeit weggeht mit völlig verändertem Ausblick auf sein Leben. Was ist besser: Laut ohne Wirkung zu predigen oder still zu sitzen und eine intuitive Kraft auszusenden, die auf andere einwirkt? Oder wie entsteht das Sprechen? Zuerst ist da abstraktes Wissen, unmanifestiert. Von dort erhebt sich das Ego, das Gedanken und anschließend Worte entstehen läßt. Also sieht es so aus:

Abstraktes Wissen

Ego

Gedanken

Worte

Worte sind deshalb die Urenkel der ursprünglichen Quelle. Wenn Worte eine Wirkung haben können, dann bedenke, um wieviel mächtiger das Predigen in der Stille sein muß. (T., 285.)

Bhagavan antwortete denen, die am Nutzen der Verwirklichung zweifelten, daß sie die größte Hilfe sei, die sie anderen überhaupt geben könnten. Und wirklich, Bhagavan selbst war der lebendige Beweis dafür, wie man an der Anzahl der Menschen sehen konnte, denen bis in die Tiefen ihres Wesens geholfen wurde; die aus Wirrnis und Kummer auf einen festen Weg des Friedens und Verstehens gebracht wurden, durch den stillen Einfluß seiner Gnade. Und dennoch erinnerte er sie gleichzeitig daran, daß es vom Standpunkt des Wissens aus keine anderen gibt, um ihnen zu helfen.

F: Hilft meine Verwirklichung anderen?

B: Ja, sicherlich. Sie ist die bestmögliche Hilfe. Aber tatsächlich kann kein anderer helfen, denn ein verwirklichtes Wesen sieht nur das Selbst, so wie ein Goldschmied, der das Gold von verschiedenen Juwelen berechnet, nur das Gold sieht. Separate Formen und Wesen existieren nur solange, wie du dich selbst mit dem Körper identifizierst. Wenn du den Körper übersteigst, dann verschwinden die anderen zusammen mit dem Körperbewußtsein.

F: Ist es mit Pflanzen, Bäumen und anderem ebenso?

B: Existieren sie denn überhaupt getrennt vom Selbst? Finde es heraus. Du glaubst, sie zu sehen. Der Gedanke wird von dir selbst projiziert. Finde heraus, wo er entsteht. Dann werden keine Gedanken mehr auftauchen und nur das Selbst wird bleiben.

F: Theoretisch verstehe ich, aber die Gedanken sind immer noch da.

B: Ja, es ist wie eine Filmvorstellung. Da ist das Licht auf der Leinwand, und die Schatten, die darüber huschen, geben den Zuschauern den Eindruck vom Ablauf einer Geschichte. Stelle dir nur vor, daß in dieser Filmgeschichte auch ein Zuschauerkreis auf der Leinwand gezeigt wird. Wende das auf dich selbst an. Du bist die Leinwand, das Selbst hat das Ego geschaffen, dem Ego wachsen Gedanken zu, die als die Welt, Bäume, Pflanzen usw. gezeigt werden, wie du gefragt hast. In Wirklichkeit sind all diese Dinge nichts als das Selbst. Wenn du das Selbst siehst, wirst du finden, daß es alles ist, überall und immer. Nur das Selbst ist. (T., 13.)

Das gleiche wurde Herrn Evans-Wentz, dem wohlbekannten Tibet-Forscher und Schriftsteller, erklärt.

F *E-W:* Man sagt, daß es viele Heilige in Tibet gibt, die in der Einsamkeit bleiben und dennoch sehr hilfreich für die Welt sind. Wie ist das möglich?

B: Es ist möglich. Die Selbstverwirklichung ist die größte Hilfe, die der Menschheit gegeben werden kann. Deshalb sagt man, daß die Heiligen hilfreich sind, obwohl sie in den Wäldern bleiben. Aber man sollte nicht vergessen, daß Einsamkeit nicht nur in den Wäldern gefunden wird. Man kann sie sogar in der Stadt, inmitten weltlicher Beschäftigung finden.

F *E-W:* Sollten sich die Heiligen nicht mit den Menschen vermischen und ihnen helfen?

B: Nur das Selbst ist die Wirklichkeit, die Welt und alles übrige ist nicht wirklich. Das verwirklichte Wesen sieht die Welt nicht als verschieden von sich selbst.

F *E-W:* Bedeutet das dann, daß die Verwirklichung eines Menschen zur Erhebung der Menschheit führt, ohne daß diese sich dessen bewußt ist?

B: Ja, die Hilfe ist unmerklich, aber dennoch da. Ein Verwirklichter Mensch hilft der ganzen Menschheit, ohne daß sie es weiß.

F: *E-W:* Wäre es nicht besser, wenn er unter die anderen Menschen ginge?

B: Es gibt keine anderen, mit denen man sich vermischen kann. Das Selbst ist die eine und einzige Wirklichkeit.

F: *E-W:* Wenn es hundert selbstverwirklichte Menschen gäbe, wäre das nicht zum besseren Wohl der Welt?

B: Wenn du ›Selbst‹ sagst, dann beziehst du dich auf das Unbegrenzte, wenn du aber ›Menschen‹ zufügst, dann begrenzt du die Bedeutung. Es gibt nur ein unendliches Selbst.

F: *E-W:* Ja, ich verstehe. Sri Krishna hat in der Gita gesagt, daß Arbeit ohne Gebundensein getan werden muß, und solche Arbeit ist besser als Nichtstun. Ist das Karmayoga?

B: Was gesagt wurde, ist dem Temperament des Zuhörers angepaßt.

F *E-W:* In Europa können die Menschen nicht verstehen, daß ein Mann in der Einsamkeit hilfreich sein kann. Sie stellen sich vor, daß nur Leute, die in der Welt arbeiten, nützlich sein können. Wann wird diese Konfusion ein Ende haben? Wird der europäische Geist weiterhin im Schlamm waten, oder wird er die Wahrheit verwirklichen?

B: Sorge dich nicht um Europa oder Amerika. Sie existieren nur im Geist. Verwirkliche dein Selbst, und dann ist alles verwirklicht. Wenn du eine Anzahl von Menschen im Traum siehst und dann aufwachst und dich an deinen Traum erinnerst, versuchst du herauszufinden, ob die Personen deiner Traumschöpfung auch wach sind? (T., 20.)
Ein selbstverwirklichtes Wesen kann nicht anders als der Welt helfen. Seine bloße Existenz ist das höchste Gut. (T., 210.)

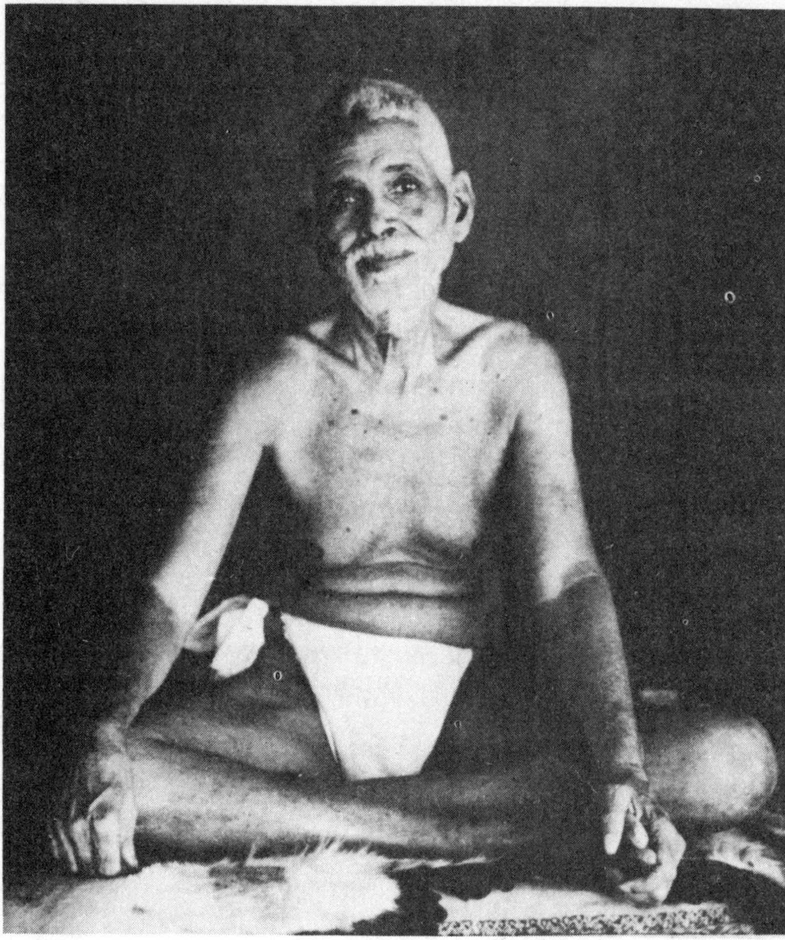

VIERTES KAPITEL

DER GURU

Es wurde immer gelehrt, daß es, um die Verwirklichung zu erlangen, nicht nur der Praxis, sondern auch eines Meisters bedarf. Darin, wie in allen Dingen, gab Bhagavan der Lehre ihre tiefste Bedeutung. Tatsächlich wurde sie in der Essenz die gleiche wie die christliche Lehre des ›Christus in dir‹ oder die buddhistische Lehre des ›Buddha-Geistes‹, den man in sich selbst verwirklichen muß.

F: Bhagavan sagte, daß man ohne die Gnade des Guru das Selbst nicht erlangen kann. Was genau meint er damit? Was bedeutet dieser Guru?

B: Vom Standpunkt des Pfades der Erkenntnis aus gesehen ist es der Zustand des Selbst. Er ist vom Ego, das du Selbst nennst, verschieden.

F: Wenn es also der höchste Zustand meines eigenen Selbst ist, in welchem Sinne meint Bhagavan, daß ich es nicht ohne die Gnade des Guru erreichen kann?

B: Das Ego ist die Individualität und nicht das gleiche wie der Herr aller Schöpfung. Wenn es sich dem Herrn mit aufrichtiger Hingabe zuwendet, dann nimmt dieser gnädig Namen und Form an und nimmt es (das Ego) zu Sich. Deshalb wird gesagt, daß der Guru niemand anderes als der Herr ist. Er ist eine menschliche Verkörperung göttlicher Gnade.

Das würde scheinbar bedeuten, daß der Guru der Herr oder das Selbst ist, das sich äußerlich in menschlicher Form manifestiert, und daß diese äußere Manifestation nötig ist. Aber der Fragende war in diesem Falle nicht davon überzeugt, weil er wußte, daß Bhagavan selbst keinen menschlichen Guru gehabt hatte und daß auch andere solche Fälle überliefert sind, besonders unter den Religionsgründern. Deshalb fuhr er fort:

F: Es gibt aber einige, die offensichtlich gar keinen menschlichen Guru hatten?

B: Das ist wahr. Im Falle gewisser großer Seelen offenbart sich Gott als das Licht des Lichtes aus dem Inneren. (S.D.B.V.)

Gelegentlich kam es vor, daß ein Fragender offen den Einwand erhob, daß Bhagavan selbst keinen Guru hatte, und in solchen Fällen antwortete er, daß der Guru nicht notwendigerweise menschliche Form annehmen müsse.

Einige, die seine Lehre aus zweiter Hand kannten, brachten vor, daß er es nicht für notwendig hielt, einen Guru zu haben, und erklärten das Fehlen förmlicher Einweihung auf diese Weise, aber Bhagavan lehnte diese Interpretation entschieden ab. S. S. Cohen hat eine Unterhaltung über dieses Thema mit Dilip Kumar Roy, dem gefeierten Musiker aus dem Sri Aurobindo Ashram, aufgezeichnet.

F: Einige Leute berichten, daß der Maharshi die Notwendigkeit eines Guru verneint. Andere sagen das Gegenteil. Was sagt der Maharshi?

B: Ich habe niemals gesagt, daß die Notwendigkeit eines Guru nicht besteht.

F: Sri Aurobindo bezieht sich oftmals auf dich als jemanden, der keinen Guru hatte.

B: Das hängt davon ab, was du einen Guru nennst. Er muß nicht notwendigerweise menschliche Form haben. Dattatreya hatte 24 Gurus – die Elemente usw. Das heißt, daß jede Form in der Welt sein Guru war. Ein Guru ist absolut notwendig. Die Upanishaden sagen, daß niemand außer einem Guru einen Menschen aus dem Urwald der Geistes- und Sinneswahrnehmungen herausführen kann, also muß es einen Guru geben.

F: Ich meine einen menschlichen Guru. Der Maharshi hatte keinen.

B: Vielleicht hatte ich hie und da einen. Und habe ich nicht Hymnen an den Arunachala gesungen? Was ist ein Guru? Der Guru ist Gott oder das Selbst. Zuerst betet

der Mensch zu Gott, daß er seine Wünsche erfüllt, dann kommt eine Zeit, wenn er nicht um die Erfüllung eines Wunsches, sondern um Gott selbst betet. Und so erscheint ihm Gott in der einen oder anderen Form, menschlich oder nichtmenschlich, um ihn, als Antwort auf sein Gebet, als Guru zu leiten.
Nur als ein Besucher das Thema aufbrachte, daß Sri Bhagavan selbst keinen Guru gehabt hatte, erklärte er, daß der Guru nicht notwendigerweise menschliche Form annehmen müsse, und es verstand sich, daß sich das auf sehr seltene Fälle bezog. (R.M., S.143.)

Ich werde auf diese Frage später zurückkommen, möchte aber sofort die Folgerung der Aussage, daß Gott, der Guru und das Selbst das gleiche sind, erwägen. Im üblichen Sinne des Wortes ist der Guru einer, der mit dem Recht ausgestattet wurde, Schüler einzuweihen und eine spirituelle Disziplin für sie vorzuschreiben, und in diesem Sinne ist eine anerkannte Einweihung nötig, um seine Handlungen als Guru für gültig zu erklären, genauso wie eine anerkannte Ordination nötig ist, um die religiösen Riten, die ein Priester ausführt, für gültig zu erklären. Eine Messe, von einem rechtmäßig ordinierten Priester gehalten, wäre gültig, wohingegen eine, von einem Mann mit größerer moralischer Integrität und intellektueller Kraft gehaltene, der kein ordinierter Priester ist, nicht gültig wäre. Und in genau der gleichen Form ist die Echtheit eines Guru und die Gültigkeit seiner Einweihung und seiner Disziplin üblicherweise eher von seiner legitimen Einweihung als Nachfolger einer Reihe von Gurus als von seinen eigenen inneren Errungenschaften abhängig. Bhagavan war an dieser Interpretation des Wortes wenig interessiert, aber er akzeptierte sie, wenn er danach gefragt wurde.

F: Kann einem das Wiederholen von Anrufungen Gottes, die man gelegentlich aufgegriffen hat, ohne in sie eingeweiht worden zu sein, Nutzen bringen?

B: Nein. Man muß in sie eingeweiht und bevollmächtigt worden sein, sie zu benutzen.
Bhagavan belegte dann diese Aussage mit der folgenden Geschichte: Einst besuchte ein König seinen Minister in dessen Haus. Dort wurde ihm gesagt, daß der Minister mit seinen Anrufungen an Gott beschäftigt sei. Der König wartete dementsprechend auf ihn, und als der Minister bereit war, ihn zu treffen, fragte er ihn, welche

Anrufung Gottes es gewesen war. Der Minister sagte ihm, daß es das *Gayatri* war. Der König bat den Minister dann, ihn in den Gebrauch der Anrufung einzuweihen, aber der Minister erklärte, daß er dazu nicht fähig war. Daraufhin lernte sie der König von jemand anderem, und als er den Minister das nächste Mal traf, wiederholte er sie vor ihm und fragte ihn, ob sie so richtig sei. Der Minister antwortete, daß die Anrufung Gottes richtig war, aber daß es nicht angemessen für ihn sei, sie auszusprechen. Der König fragte, warum. Daraufhin rief der Minister nach einem in der Nähe stehenden Diener und befahl ihm, den König zu verhaften. Der Befehl wurde nicht befolgt. Der Minister wiederholte ihn, und er wurde immer noch nicht befolgt. Da wurde der König böse und befahl dem Diener, den Minister zu verhaften, was dieser augenblicklich tat. Der Minister lachte und sagte, daß das die Erklärung sei, um die der König gebeten hatte. ›Wie?‹ fragte der König.
›Weil der Befehl der gleiche war und der Ausführende war der gleiche, aber die Autorität war verschieden. Als ich den Befehl aussprach, hatte er keine Wirkung, aber als du ihn aussprachst, war die Wirkung augenblicklich. Das gleiche ist es mit der Anrufung Gottes.‹ (T., 8.)

Normalerweise jedoch meinte Bhagavan, wenn er Guru sagte, etwas viel Größeres als das; etwas, das anders war nicht bezüglich des Ranges, sondern der Art; er meinte Sat-Guru oder Gurudeva, und auch das meinte er in seiner höchsten Bedeutung – nichts weniger als einen, der seine Identität mit dem Selbst verwirklicht hat und ständig darin verweilt.

F: Was sind die einen Guru kennzeichnenden Eigenschaften, aufgrund derer man ihn erkennen kann?

B: Der Guru ist einer, der immerwährend in den Tiefen des Selbst verweilt. Er sieht niemals irgendeinen Unterschied zwischen sich selbst und anderen und ist völlig frei von der Vorstellung, der Erleuchtete oder der Befreite zu sein, während die um ihn in Fesseln oder der Dunkelheit der Unwissenheit sind. Seine Selbstbeherrschung kann niemals, unter welchen Umständen auch immer, gestört werden, und er ist niemals beunruhigt.

F: Was ist die grundlegende Natur von *upadesa* oder spiritueller Anleitung, die vom Guru gegeben wird?

B: Der Begriff *upadesa* bedeutet wörtlich, einen Gegenstand an seinen rechten Platz zurückbringen. Der Geist des Schülers, der abgewichen ist von seinem wahren und ursprünglichen Zustand reinen Seins, welches das Selbst ist, das in den Schriften als Sat-chit-ananda (Sein–Bewußtsein–Seligkeit) beschrieben wird, entgleitet ihm und die Form des Denkens annehmend, sucht er ständig nach Zuständen, die Sinnesfreude versprechen. Deshalb wird er von den Wechselfällen des Lebens angegriffen und wird schwach und mutlos. *Upadesa* besteht darin, daß der Guru den Geist zu seinem ursprünglichen Zustand zurückbringt und ihn davon abhält, vom Zustand reinen Seins, von absoluter Identität mit dem Selbst oder, in anderen Worten, von dem Wesen des Gurus abzugleiten.
Das Wort kann auch in der Bedeutung verstanden werden, daß ein scheinbar entferntes Objekt zur nahen Ansicht gebracht wird, das heißt, *Upadesa* besteht darin, daß der Guru dem Schüler zeigt, daß das, was dieser als entfernt und von ihm selbst als verschieden betrachtet hatte, unmittelbar und mit ihm selbst identisch ist.

F: Wenn, wie gerade angedeutet, das wahre Wesen des Gurus identisch mit dem des Schülers ist, warum haben dann die Schriften kategorisch erklärt, daß man, was für große Kräfte man auch erlangen mag, die Selbstverwirklichung ohne die Gnade des Guru nicht erlangen kann?

B: Es ist wahr, daß das Wesen des Guru identisch ist mit dem des Schülers; es ist jedoch sehr selten, daß eine Person ihr wahres Wesen ohne die Gnade des Guru verwirklichen kann. (S.I., S.7–8.)

Nicht das körperhafte Individuum ist wirklich der Guru.

B: Was ist deine Vorstellung von einem Guru? Du stellst ihn dir in menschlicher Form vor, als einen Körper mit gewissen Ausmaßen, einer gewissen Hautfarbe usw. Ein Schüler sagte einst nach seiner Verwirklichung zu seinem Guru: ›Jetzt verstehe ich, daß du in meinem innersten Herzen als die eine Wirklichkeit in all meinen zahllosen Geburten gewohnt hast und jetzt in menschlicher Form vor mich getreten bist und diesen Schleier der Unwissenheit weggezogen hast. Was kann ich in Erwiderung für solch eine große Wohltat für dich tun?‹ Und der Guru antwortete: ›Du brauchst gar nichts zu tun. Es ist genug, wenn du bleibst wie du bist, in deinem wahren Zustand.‹ Das ist die Wahrheit über den Guru. (D.D., II., S.96.)

Bhagavan erklärte oft, daß der göttliche Führer, der wahre Guru, sowohl im eigenen Herzen wohnt als auch äußerlich manifestiert wird. Während der äußere Guru den Geist nach innen lenkt, zieht der innere Guru von innen her. Selbst die Umgebung eines Menschen ist nicht zufällig. Der Guru schafft die für die Suche notwendigen Umstände.

F: Was ist die Gnade des Guru?

B: Der Guru ist das Selbst. Eines Tages wird ein Mensch mit seinem Leben unzufrieden und, nicht glücklich mit dem, was er hat, sucht er nach der Befriedigung seiner Wünsche durch das Gebet zu Gott. Langsam wird sein Geist gereinigt, bis er sich danach sehnt, Gott zu kennen und eher Seine Gnade zu erlangen als weltliche Wünsche erfüllt zu bekommen. Dann beginnt sich die Gnade Gottes zu manifestieren. Gott nimmt die Form eines Guru an und erscheint dem Suchenden; er lehrt ihn die Wahrheit, und darüberhinaus reinigt er seinen Geist durch die Verbindung mit ihm. So erwirbt der Geist des Gott-Suchenden Stärke und wird dann fähig, sich nach innen zu richten. Durch Meditation wird er weiterhin gereinigt, bis er still, ohne die geringste Bewegung bleibt. Diese stille Weite ist das Selbst.
Der Guru ist beides, inner- und außerhalb. Von außen veranlaßt er den Geist, sich nach innen zu wenden,

während er von innen den Geist zum Selbst hin zieht und hilft, ihn zu stillen. Das ist die Gnade des Guru. Es gibt keinen Unterschied zwischen Gott, Guru und Selbst.

F: In der Theosophischen Gesellschaft meditieren sie, um Meister zu finden, die sie führen werden.

B: Der Meister ist im Inneren, die Meditation soll die unsinnige Vorstellung vertreiben, daß er nur außerhalb ist. Wenn dieser Meister irgendein Fremder wäre, den du erwartest, dann müßte er auch verschwinden. Welchen Nutzen hätte solch ein vorübergehendes Wesen? Solange du aber denkst, daß du separat oder daß du der Körper bist, solange ist auch der äußere Meister nötig, und er wird gleich wie mit einem Körper erscheinen. Wenn die falsche Identifikation von dir selbst mit dem Körper verschwindet, dann wirst du feststellen, daß der Meister niemand anderes als das Selbst ist.

F: Wird der Guru uns helfen, das Selbst durch Initiation usw. kennenzulernen?

B: Hält dich der Guru bei der Hand und flüstert in dein Ohr? Du kannst dir vorstellen, daß er so wie du selbst ist. Weil du denkst, einen Körper zu haben, denkst du, daß auch er einen hat und daß er etwas Greifbares für dich tun wird. Seine Arbeit liegt innen, auf der spirituellen Ebene.

F: Wie findet man den Guru?

B: Gott, der innewohnend ist, erbarmt sich in Seiner Gnade des liebenden Verehrers und manifestiert Sich selbst der Entwicklung des Verehrers entsprechend. Der Verehrer glaubt, daß Gott ein Mensch ist, und erwartet eine Beziehung wie zwischen zwei physischen Körpern. Aber der Guru, der Gott oder das verkörperte Selbst ist, arbeitet von innen her, er hilft dem Menschen seine Fehler zu sehen und führt ihn auf den rechten Pfad, bis er das Selbst in seinem Inneren verwirklicht.

F: Was sollte der Verehrer dann tun?

B: Er muß nur den Worten des Meisters entsprechend handeln und an seinem Inneren arbeiten. Der Meister ist sowohl ›innen‹ als auch ›außen‹, und so schafft er Bedingungen, die dich nach innen lenken, und gleichzeitig bereitet er das ›Innere‹ vor, um dich zum Zentrum zu ziehen. Somit gibt er einen Schub von außen und übt einen Sog von innen heraus, damit du auf das Zentrum gerichtet wirst. Du glaubst, daß die Welt durch deine eigenen Anstrengungen erobert werden kann. Wenn du äußerlich frustriert und nach innen geleitet bist, dann fühlst du, ›Oh, es gibt eine Kraft, die größer ist als der Mensch‹. Das Ego ist ein sehr kraftvoller Elefant, der nicht von einem Geschöpf, das schwächer als ein Löwe ist, unter Kontrolle gebracht werden kann, was in diesem Fall niemand anderes als der Guru ist, dessen bloße Blicke das elefantengleiche Ego erzittern und sterben lassen. In entsprechender Zeit wirst du wissen, daß deine Größe da beginnt, wo du aufhörst zu existieren. Um diesen Zustand zu erlangen, mußt du dich selbst aufgeben. Dann sieht der Meister, daß du in einem bereitwilligen Zustand bist, um Führung zu empfangen, und er wird dich leiten. (M.G., I., S.35.)

Was bedeutet es, wenn gesagt wird, daß der Guru die Manifestation Gottes oder des Selbst ist? Bhagavan sprach immer vom Standpunkt der Nicht-Dualität aus, und von da aus gesehen, ist auch der Schüler die Manifestation Gottes. Der einzige Unterschied ist, daß der Guru die Nicht-Dualität verwirklicht hat, während der Schüler sie nicht verwirklicht hat.

B: Solange du die Selbstverwirklichung suchst, ist der Guru notwendig. Der Guru ist das Selbst. Nimm den Guru als das wahre Selbst und dich selbst als das individuelle Selbst. Das Verschwinden dieser Dualitätsempfindung bedeutet das Entfernen der Unwissenheit. Solange die Dualität in dir besteht, solange ist der Guru notwendig. Weil du dich selbst mit dem Körper identifizierst, denkst du, daß auch der Guru der Körper ist. Du bist nicht der Körper, noch ist es der Guru. Du bist das Selbst, und der Guru ist es auch. Dieses Wissen wird

durch das, was man die Selbstverwirklichung nennt, erworben. (T., 282.)
Du siehst fälschlicherweise den Körper als den Guru an. Aber der Guru macht nicht diesen Fehler. Er ist das formlose Selbst. Und das ist in dir. Äußerlich tritt er nur in Erscheinung, um dich zu leiten. (T., 499.)

Ein merkwürdiges Paradoxon taucht mit dem vollkommenen Guru auf, dem Selbstverwirklichten, der in konstanter, bewußter Identität mit dem Selbst ist. Aus dem einfachen Grund, daß er der vollständige und vollkommene Guru ist, wird er sich selbst nicht einen Guru oder irgendeinen seiner Schüler nennen, denn das wäre eine Bestätigung von Beziehung und demzufolge von Dualität.

Obgleich er seine Schüler anweist, nennt er sich selbst nicht ihren Guru, weil er weiß, daß der Begriff von Guru und Schüler nur ein Übereinkommen ist, das von Maya (völliger Illusion) geprägt ist. (T., 449.)

Und tatsächlich weihte Bhagavan seine Schüler schweigend ein oder in einem Traum, über räumliche Entfernung hinaus oder durch einen Blick, wenn sie in seiner physischen Gegenwart waren; aber er nannte sie nicht seine Schüler oder gab ihnen die formelle Einweihung, welche die Dualität voraussetzt. Er überwachte sie ständig, verschrieb ihnen mündlich eine Disziplin oder führte sie durch die Kraft seiner stillen Gnade zu ihr. Aber er nannte sich nicht ihren Guru.

F: Ist nicht Gnade die Gabe des Guru?

B: Gott, Gnade und Guru sind alle synonym und sind zweierlei, ewig und innewohnend. Ist nicht das Selbst bereits im Inneren? Muß der Guru es durch seinen Blick verleihen? Wenn ein Guru das glaubt, dann ist er dieses Namens nicht wert. Der Bücher sagen, daß es viele Arten der Einweihung gibt. Sie sagen auch, daß der Guru verschiedene Riten mit Feuer, Wasser, Anrufungen Gottes usw. vollzieht, und sie nennen diese fantastischen Aufführungen Einweihung, als ob der Schüler nur, nachdem der Guru solche Handlungen vollzogen hat, reif geworden wäre.
Wenn die Person gesucht wird, wird sie nirgendwo gefunden werden. Dieser Art ist der Guru. So ist Dakshi-

namurthi. Was tat er? Er saß still. Die Schüler traten vor ihn. Er blieb still, und die Zweifel der Schüler waren zerstreut, was bedeutet, daß sie ihre individuellen Persönlichkeiten verloren. *Jnana* (spirituelles Wissen) ist jenes stille Verstehen und nicht verbale Definitionen, die üblicherweise dafür ausgegeben werden. Schweigen ist die machtvollste Form des Tuns. Wie weitläufig und nachdrücklich die Schriften auch sein mögen, sie verfehlen ihre Wirkung. Der Guru ist still, und Frieden herrscht überall. Sein Schweigen ist weiter und nachdrücklicher als alle Schriften zusammen. Diese Fragen tauchen aus dem Gefühl auf, daß du nichts gewonnen hast, obwohl du so lange hier gewesen bist, soviel gehört hast, und dich so sehr bemüht hast. Der Prozeß, der in dir vorgeht, ist nicht offensichtlich. Tatsächlich ist der Guru immer in dir. (T., 398).

Nicht alle fühlten die Gnade, die Kraft schweigender Einweihung sofort, aber Bhagavan versicherte sie.

F: Es wird gesagt, daß der Blick eines Mahatma ausreicht, daß Idole, Pilgerfahrten usw. nicht so wirksam sind. Aber ich bin seit drei Monaten hier und weiß immer noch nicht, wie mir der Blick des Maharshi geholfen hat.

B: Der Blick hat eine reinigende Wirkung. Reinigung kann nicht gesehen werden. Genauso wie ein Stück Kohle lange Zeit braucht, um sich zu entzünden und ein Stück Holzkohle kürzere Zeit dafür benötigt, während eine Ladung Gewehrpulver sich augenblicklich entzündet, so ist es mit verschiedenen Menschen, die mit einem Mahatma in Berührung kommen. (T., 155.)

Nebenbei, der Verehrer, der diese Frage stellte, blieb beim Maharshi und wurde zu einem der standhaftesten und hingebungsvollsten von allen.
Völliges Vertrauen in den Guru war nötig, aber, wie es in einem früheren Kapitel erklärt worden war, war auch das Bemühen notwendig.

F: Nachdem ich diesen Ashram im Oktober verlassen hatte, war mir bewußt, daß mich Bhagavans Frieden für

etwa zehn Tage lang einhüllte. Die ganze Zeit, während ich mit Arbeit beschäftigt war, war da eine Unterströmung dieses Friedens der Einheit, es war beinahe wie das zweigeteilte Bewußtsein, wenn man halbschlafend in einer uninteressanten Vorlesung sitzt. Dann schwand es völlig dahin, und statt dessen kamen die alten Dummheiten zurück.
Die Arbeit läßt keine Zeit zur Meditation. Ist die ständige Erinnerung ›Ich bin‹ und der Versuch, das zu fühlen, während ich arbeite, ausreichend?

B: Wenn der Geist gestärkt ist, wird es konstant werden. Wiederholte Praxis stärkt den Geist, und solch ein Geist ist fähig, im Strom zu bleiben. Dann bleibt, gleichgültig ob du mit Arbeit beschäftigt bist oder nicht, der Strom unberührt und ununterbrochen. (T., 310.)

Oftmals kam es vor, daß der Schüler trotz Bemühung keinen Fortschritt in sich selbst sah, aber es wurde ihm gesagt, dem Guru zu vertrauen. Der Vorgang mag für den Schüler selbst nicht sichtbar sein, und der Fortschritt ist vielleicht am größten, wenn er am wenigsten augenscheinlich ist.

Bhagavan rief keine auffallenden Veränderungen in den Verehrern hervor, denn solche Veränderungen konnten ein Überbau ohne Grundlage sein, der später zusammenfallen konnte. Tatsächlich geschah es manchmal, daß ein Verehrer verzweifelte, wenn er überhaupt keinen Fortschritt in sich selbst sah, und er beklagte sich, daß er gar nicht vorankam. In solchen Fällen gab Bhagavan Trost, oder er erwiderte: ›Wie kannst du wissen, daß du nicht vorankommst?‹ Und er erklärte, daß der Guru und nicht der Schüler den vollzogenen Fortschritt erkennt; für den Schüler heißt es, ausdauernd in seiner Arbeit weiterzugehen, selbst wenn die Struktur, die errichtet wird, außerhalb der Sichtweite des Geistes ist. (R.M., S.187.)

Es gab einige, die eine ausdrückliche Erklärung haben wollten, daß Bhagavan ein Guru ist, aber diese Erklärung gab er nicht.

Der Yoga-Schriftsteller Evans-Wentz fragte, ob Bhagavan Schüler initiierte, aber Bhagavan saß still, ohne zu antworten. Dann nahm es einer der Verehrer auf sich, zu antworten, daß der Maharshi kein Wesen außerhalb seiner selbst sieht und daß es deshalb keine Schüler für ihn geben könne. Seine Gnade ist allesdurchdringend und wird jeder würdigen Person in der Stille geschenkt.

Bhagavan hörte diese Erklärung und wies sie nicht zurück. Manchmal erklärte er, daß das Guru-Schüler-Verhältnis vom Standpunkt des Schülers aus nötig war, weil der Schüler die Dinge vom Standpunkt der Dualität aus betrachtete, und deshalb konnte der Schüler bestätigen, daß der und der sein Guru war, obwohl der Guru nicht bestätigte, daß der andere sein Schüler war.

F: Bhagavan sagt, daß er keine Schüler hat?

B: Ja.

F: Er sagt aber auch, daß man einen Guru braucht, wenn man die Befreiung erlangen will.

B: Ja.

F: Was habe ich dann zu tun? War die Tatsache meines Hierseins während all dieser Jahre nur eine Zeitverschwendung? Muß ich weggehen und nach einem Guru suchen, um die Einweihung zu empfangen, nachdem ich verstanden habe, daß Bhagavan sagt, daß er kein Guru ist?

B: Was, denkst du, hat dich von so weit weg hierher gebracht und hat dich so lange hier gehalten? Warum zweifelst du? Wenn es nötig gewesen wäre, irgendwo anders einen Guru zu suchen, dann wärst du vor langem von hier weggegangen. Der Guru oder *Jnani* (Erleuchtete) sieht keinen Unterschied zwischen sich selbst und anderen. Für ihn sind alle *Jnanis,* alle sind eins mit ihm, wie also kann ein *Jnani* sagen, daß der und der sein Schüler ist? Aber der Unfreie sieht alle als vielfach, er sieht alle als von sich selbst verschieden, und so ist für ihn die Guru-Schüler-Beziehung eine Wirklichkeit. Für ihn gibt es drei Arten der Initiation, durch Berührung, durch den Blick und durch die Stille. (Hier gab Sri Bhagavan dem Schüler zu verstehen, daß seine Art die der Stille war, so wie er es zu vielen Gelegenheiten zu verstehen gab.)

F: Dann hat Bhagavan Schüler?

B: Wie ich es schon sagte, vom Standpunkt Bhagavans aus gibt es keine Schüler, aber vom Standpunkt des Schülers aus ist die Gnade des Guru gleich einem Meer. Wenn er mit einer Tasse kommt, wird er nur eine Tasse voll bekommen. Es hilft nicht, sich über den Geiz des Meeres zu beklagen; je größer das Gefäß ist, desto mehr wird es tragen können. Es liegt völlig an ihm. (R.M., S.141.)

Als der Verehrer ihn noch einmal nach einer Bestätigung drängte, wandte er sich an den ihm Aufwartenden und sagte auf humorvolle Art: ›Laß ihn ein Dokument von der Behörde einholen und es ins Büro bringen und einen Bürostempel darauf drücken.‹
In der folgenden Unterhaltung bedeutete er klar genug, daß er als der sichtbare Guru angesehen werden sollte.

F: Kann uns Sri Bhagavan helfen, die Wahrheit zu verwirklichen?

B: Die Hilfe ist immer da.

F: Dann ist es nicht nötig, Fragen zu stellen. Ich fühle die immer gegenwärtige Hilfe nicht.

B: Gib dich auf, und du wirst sie finden.

F: Ich bin immer zu deinen Füßen. Wird Bhagavan uns einige Anweisungen geben, denen wir folgen können? Wie sonst kann mir geholfen werden, da ich 600 Meilen von hier entfernt wohne?

B: Der Sat-Guru ist im Inneren.

F: Ich brauche die Führung des Sat-Guru, um diese Tatsache zu verstehen.

B: Der Sat-Guru ist in dir.

F: Ich will einen sichtbaren Guru haben.

B: Der sichtbare Guru sagt, daß er im Innern ist.

Es war im Zusammenhang mit der rein spirituellen Natur von Bhagavans Einweihung und Führung, daß er abgeneigt war, seine Schüler zu berühren oder von ihnen berührt zu werden. Im folgenden Teil des gleichen Gespräches fragt der Verehrer:

F: Wird der Sat-Guru seine Hand auf meinen Kopf legen, um mich seiner Hilfe zu versichern? Dann werde ich den Trost haben zu wissen, daß sein Versprechen erfüllt werden wird.

In solchen Fällen war Bhagavan geneigt, entweder still zu sein oder die Frage in einen Spaß zu verwandeln. Zu dieser Gelegenheit wählte er die zweite Möglichkeit.

B: Als nächstes wirst du mich um einen Vertrag bitten und Klage einreichen, wenn du glaubst, daß die Hilfe nicht gegeben wird. (T., 434.)

Einige Leser dieses Buches mögen sagen, daß diese Lehre von Gott, der sich als Guru manifestiert, für die annehmbar ist, die das Glück hatten, Bhagavan zu Lebzeiten zu treffen; wie aber steht es mit denen, die jetzt nach einem Guru suchen? Man kann Gurus finden, obwohl das Erscheinen eines vollkommenen Sat-Guru auf Erden, wie Bhagavan Sri Ramana Maharshis, eines Jivanmuktas, der in ständiger, bewußter Identität mit dem Selbst lebt, sehr selten ist.

F: Wie kann man wissen, ob eine gewisse Person fähig ist, ein Guru zu sein?

B: Durch den Frieden des Geistes, den du in seiner Gegenwart fühlst, und den Respekt, den du ihm gegenüber empfindest.

F: Und wenn es sich herausstellt, daß er nicht kompetent ist, was wird das Schicksal des Schülers sein, der an ihn glaubt?

B: Das Schicksal jedes einzelnen wird seinen Verdiensten entsprechend sein. (T., 282.)

Wenn der Guru aber den höchsten Zustand nicht erreicht hat, kann er als eine Manifestation Gottes oder des Selbst angesehen werden? In gewisser Weise ja. Der Schüler selbst ist das Selbst, obwohl er seine wahre Identität nicht kennt. Die ganze äußere Welt manifestiert Richtungen und Möglichkeiten in ihm, und innerhalb dieser manifestiert die Person, die für ihn als Guru wirkt, die Möglichkeit der göttlichen Führung, sogar ohne ihr völliges Gewahrsein.

Es gibt jedoch auch noch eine andere Möglichkeit, und das ist die fortgeführte Leitung Bhagavans. Man erinnere sich, daß Bhagavan versicherte, daß der Guru nicht notwendigerweise menschliche Form annehmen muß. Manchmal fügte er dann hinzu, daß das nur in seltenen Fällen so wäre. Er selbst hatte keinen menschlichen Guru. Ebenso wie er mit der Selbsterforschung einen neuen Weg schuf, der den Bedingungen der modernen Welt angepaßt ist, einen Weg, dem ohne jegliche äußere Formen, ohne das andere es merken, gefolgt werden kann, während man sich den äußeren Bedingungen des modernen Lebens fügt; so brachte uns Bhagavan auch die Möglichkeit stiller, formloser Einweihung, die keinen physischen Guru benötigt. Zu seinen Lebzeiten gab er die Einweihung durch den Blick oder die Stille. Oftmals versicherte er, daß das wahrste *upadesa* oder die spirituelle Anweisung schweigend geschehe.

Die höchste Form der Gnade ist Stille. Sie ist auch die höchste spirituelle Unterrichtung... Alle anderen Formen der Unterrichtung sind von der Stille abgeleitet und sind deshalb zweitrangig. Stille ist die ursprüngliche Form. Wenn der Guru still ist, dann wird der Geist des Suchenden von selbst gereinigt. (T., 518.)

Die Schüler Bhagavans haben herausgefunden, daß die stille Anleitung wie zuvor weitergeht. Andere, die ihm während seines Lebens niemals begegneten, sind zu ihm hingezogen worden und fingen an, seiner Führung zu folgen. Falls das jemandem merkwürdig erscheint, dann bedeutet das, daß er nicht verstanden hat, was Bhagavan zu seinen Lebzeiten war, und daß er den Guru mit dem Körper identifiziert. Manchmal wird gefragt, wie ein *Jivanmukta* fortfährt, Schüler nach seinem Tod zu leiten, wenn er in das Absolute, das Selbst aller, eingegangen ist. Aber der *Jivanmukta* ist bereits bewußterweise eins mit dem Absoluten, dem Selbst aller, während er noch im Körper ist. Wenn sich das mit Einweihung und Leitung verträgt, während er einen Körper hat, dann ist es auch danach nicht unvereinbar. Der Tod verändert nichts für ihn, er bedeutet keine Veränderung seines Zustandes. Nichts muß noch erlangt werden, weil er das jetzt ist, nichts kann verloren werden, weil er bereits das Ego völlig übergeben hat.

P. Bannerjee fragte Bhagavan, was der Unterschied zwischen *Jivanmukti* (Verwirklichung, während man im

Körper ist) und *Videhamukti* (Verwirklichung nach dem Tod) ist.

B: Es gibt keinen Unterschied. Für die, die fragen, wurde gesagt: Ein *Jnani* mit einem Körper ist ein *Jivanmukta,* und er erlangt *videhamukti,* wenn er den Körper ablegt. Aber dieser Unterschied existiert nur für den Betrachter, nicht für den *Jnani.* Sein Zustand ist der gleiche, vor und nachdem der Körper abgelegt wurde. Wir halten den *Jnani* für eine menschliche Form oder als in dieser Form seiend, er aber weiß, daß er das Selbst ist, die eine Wirklichkeit, die innen und außen ist und die nicht durch irgendeine Gestalt oder Form begrenzt ist. Es gibt eine Strophe im Bhagavata (Bhagavan rezitierte hier die Strophe in Tamil), die sagt: Genauso wie ein Betrunkener sich nicht bewußt ist, ob er den oberen Teil seiner Kleidung am Körper trägt oder ob er weggerutscht ist, so ist sich der *Jnani* kaum seines Körpers bewußt, und für ihn ist es kein Unterschied, ob der Körper erhalten bleibt oder ob er abfällt.

Er unterstützte Neugier nicht und beantwortete Fragen über den Zustand des *Jnani* oder Realisierten Menschen selten, aber als er gefragt wurde, ob der *Jnani* eine Funktion nach dem Tod des Körpers weiterführt, habe ich die knappe Antwort von ihm gehört, daß er es in einigen Fällen tun mag. Er selbst bestätigte auch, was seine Schüler jetzt aus der Erfahrung wissen, daß der Guru nach dem Tod des Körpers, wenn er nicht mehr in menschlicher Form da ist, fortfahren kann, Führung zu geben.

Dr. Masalavala, in Ruhestand getretener oberster medizinischer Beamter von Bhopal, der seit über einem Monat hier und während Dr. K. Shiva Raos Abwesenheit vorübergehend verantwortlich für das Ashram Hospital ist, stellte folgende Fragen an Bhagavan und erhielt die Antworten:

F: Bhagavan sagt: ›Der Einfluß des *Jnanis* dringt in den Verehrer in der Stille ein.‹ Bhagavan sagt auch: ›Der Kontakt mit großen Männern, mit erhabenen Seelen, ist ein wirksames Mittel, um sein wahres Wesen zu verwirklichen.‹

B: Ja. Was ist der Widerspruch? Jnanis, große Männer, erhabene Seelen – macht er einen Unterschied zwischen ihnen?

Daraufhin sagte ich ›nein‹.

B: Der Kontakt mit ihnen ist gut. Sie arbeiten durch die Stille. Durch das Sprechen wird ihre Kraft vermindert. Sprechen ist immer weniger kraftvoll als Schweigen. So ist der schweigende Kontakt der beste.

F: Geht der Kontakt sogar nach der Auflösung des physischen Körpers des *Jnani* weiter, oder besteht er nur, solange er in Fleisch und Blut da ist?

B: Der Guru ist nicht die physische Form. So wird der Kontakt, selbst nachdem seine physische Form vergeht, bestehen bleiben. (D.D., II., S.181.)

Er erklärte, daß einer, der die Gnade des Guru erlangt hat, niemals im Stich gelassen werden würde.

Er, der die Gnade des Guru gewonnen hat, wird zweifellos gerettet und niemals verlassen werden, genauso wie die Beute, die in das Maul des Tigers geraten ist, niemals wird entkommen können. (W., S.38.)

In Erinnerung daran vielleicht klagten einige Verehrer, als der Tod seines Körpers bevorstand, daß er sie verlassen würde, und sie fragten, was sie ohne seine fortdauernde Führung tun könnten. Er antwortete kurz:

Ihr meßt dem Körper zuviel Bedeutung bei. (R.M., S.185.)

Die Folgerung war klar. Der Guru ist der gleiche, ob er einen Körper hat oder nicht. Und seine Verehrer haben es seither so empfunden.
Nachdem wir die Notwendigkeit des Überganges von der Theorie zur Praxis, die Möglichkeiten der Praxis unter den Bedingungen der modernen Welt ohne jegliche äußere Regeln und die Notwendigkeit eines Guru behandelt haben, werden die nächsten zwei Kapitel die Formen der Praxis, die Bhagavan vorgeschrieben hat, behandeln. Die Tatsache, daß er sie offen vorgeschrieben hat, ist in sich selbst bemerkenswert. In ihren öffentlichen Schriften und Aussagen haben sich die spirituellen Meister aller Religionen hauptsächlich mit der

Theorie beschäftigt und haben wenig oder nichts über die praktische Disziplin, die sie verfolgten, gesagt. Der Grund dafür ist offensichtlich. Wie Bhagavan es in der Geschichte vom König und seinem Minister früher in diesem Kapitel beschrieben hat, kann eine Technik spirituellen Trainings nur dann rechtmäßig benutzt und wirkungsvoll sein, wenn ihr Gebrauch von einem, der ordnungsgemäß qualifiziert ist, gutgeheißen wurde. Und dennoch erklärte Bhagavan selbst offen die Methoden, die er empfahl, in Wort und Schrift. Die meisten der Bücher, auf denen die gegenwärtige Darlegung basiert, wurden während seiner Lebzeit geschrieben und publiziert, und er zeigte sich immer daran interessiert und empfahl oftmals einem Fragenden, sich an eines dieser Bücher um Antwort zu wenden. Selbst als es deutlich wurde, daß das Leben seines Körpers dem Ende zuging, zeigte er immer noch Interesse für die Herausgabe und das Erscheinen der Bücher. Warum gestattete er das, wenn er darauf bestand, daß keine Technik ohne die Bevollmächtigung des Gurus Wert hatte? Die einzige Antwort ist die bereits gegebene. Der physische Tod machte keinen Unterschied. Wenn der Mukta ein Guru vor dem Tod sein kann, dann kann er es auch nach dem Tod sein. Der Tod macht ihn nicht mehr zu einem Mukta. Der Pfad, der durch seine Gnade für die, die sich an ihn wenden, geöffnet worden war, war nicht nur für die Zeit seines Lebens oder nur für die wenigen, die ihm physisch begegnen konnten, bestimmt. Er sagte:

Sie sagen, daß ich sterbe, aber ich gehe nicht weg. Wohin könnte ich gehen? Ich bin hier. (R.M., S.185.)

FÜNFTES KAPITEL

SELBSTERFORSCHUNG

Obwohl sich Bhagavan aus Gründen, die im vorigen Kapitel angegeben wurden, enthielt, sich selbst einen Guru zu nennen, handelte er tatsächlich ständig als solcher. Wenn irgendein Besucher mit Fragen kam, dann lenkte er die Richtung der Fragen von der Theorie zur Praxis, und im Erklären und Empfehlen von Methoden spirituellen Trainings war er entgegenkommend, wohingegen er sich dagegen sträubte, bloße Theorie darzulegen. Er sagte oft, daß das wahre Lehren in der Stille geschehe, aber das bedeutete nicht, daß nicht auch verbale Auslegungen gegeben wurden. Sie zeigten dem Suchenden an, in welcher Weise er eine Bemühung machen sollte, während der stille Einfluß auf sein Herz ihm half, diese zu machen.

Wie im nächsten Kapitel gezeigt werden wird, hieß Bhagavan viele verschiedene Methoden gut, dennoch legte er den größten Nachdruck auf die Selbsterforschung. Und da er sie mit Nachdruck lehrte, werden wir zuerst diese Methode behandeln.

Dies ist keine neue Methode. Weil sie tatsächlich die unmittelbarste Methode von allen ist, muß sie die älteste sein. Es war aber in früheren Zeiten ein Pfad, der für die wenigen Mutigen vorbehalten war, die in der Einsamkeit, von der Welt in ständiger Meditation zurückgezogen, streben konnten. In unserer Zeit ist das immer seltener geworden, was zu erwarten ist. Bhagavan setzte diese Methode in einer neuen Form, verbunden mit *karma marga,* wieder in solch einer Weise ein, daß sie unter den Bedingungen der modernen Welt benutzt werden konnte. Und da sie kein Ritual oder eine äußere Form braucht, ist sie wirklich die ideale Methode für die Bedürfnisse unserer Zeit. Dennoch ist sie nicht durch die Anpassung an moderne Lebensbedingungen geschwächt worden, sondern sie bleibt zentral und unmittelbar.

Für das Absinken des Geistes gibt es kein anderes, wirksameres Mittel als die Selbsterforschung. Selbst wenn die Aktivität des Geistes durch andere Mittel absinkt, dann ist das nur scheinbar so, und sie wird wieder auftauchen. (W., 35.)

Dieses ist die direkte Methode. Alle anderen Methoden werden praktiziert, während das Ego bewahrt wird, und deshalb tauchen viele Zweifel auf, und die endgültige Frage bleibt am Ende immer noch zu lösen. In dieser Methode aber ist die endgültige Frage die einzige, und sie wird ganz von Anfang an gestellt. (T., 146.)

Die Selbsterforschung führt direkt zur Selbstverwirklichung, indem die Hindernisse, die dich denken lassen, daß das Selbst nicht bereits verwirklicht ist, weggeschafft werden. (T., 298).

Die Meditation bedarf eines Gegenstandes, über den meditiert werden kann, wohingegen es in der Selbsterforschung nur das Subjekt und kein Objekt gibt. Das ist der Unterschied zwischen Meditation und Selbsterforschung. (T., 390.)

F: Warum sollte die Selbsterforschung allein als der direkte Pfad zur Selbstverwirklichung betrachtet werden?

B: Weil jede Art des Pfades außer der der Selbsterforschung die Beibehaltung des Geistes als Instrument, um dem Pfad zu folgen, voraussetzt. Das Ego mag verschiedene und subtilere Formen den verschiedenen Stufen des Praktizierens gemäß annehmen, aber es wird niemals vernichtet. Der Versuch, das Ego oder den Geist durch andere Methoden als die der Selbsterforschung zu zerstören, gleicht einem Dieb, der sich in einen Polizisten verwandelt, um den Dieb zu fangen, der er selbst ist. Nur die Selbsterforschung kann die Wahrheit offenbaren, daß weder das Ego noch der Geist wirklich existieren, und sie kann einen dazu befähigen, das reine, unveränderliche Wesen des Selbst oder das Absolute zu verwirklichen. (M.G., S.48.)

Diese Aussage, daß der Geist (mind)* bei der Methode der Selbsterforschung nicht benutzt wird, wurde nicht immer verstanden, und deshalb erklärte Bhagavan, wenn er danach gefragt wurde, daß es bedeutet, daß der Geist nicht selbstverständlicherweise als wirkliche Wesenheit angesehen wird, sondern daß seine bloße Existenz in Frage gestellt wird, und daß das der einfachste Weg ist, um die Illusion seiner Existenz zu zerstreuen.

---

*) Das englische »mind« wird im folgenden als »Geist« übersetzt.

B: Vom Geist zu verlangen, daß er den Geist tötet, ist, wie wenn man den Dieb zum Polizisten macht. Er wird mit dir gehen und vorgeben, den Dieb zu fangen, aber nichts wird erreicht werden. So mußt du dich also nach innen wenden und herausfinden, von wo der Geist auftaucht, und dann wird er aufhören zu existieren. (In bezug auf diese Antwort fragte mich Sri Thambi Thorai von Jaffna, der über ein Jahr als Sadhu in Pelakothu gelebt hatte, ob man nicht, wenn man dem Geist sagt, sich nach innen zu wenden und seinen Ursprung herauszufinden, auch den Geist beschäftigt. Ich brachte diesen Zweifel vor Bhagavan.)

B: Natürlich beschäftigen wir den Geist. Es ist wohlbekannt und akzeptiert, daß der Geist nur mit Hilfe des Geistes getötet werden kann. Aber anstatt so an die Sache heranzugehen, daß man sagt: Da ist der Geist und ich will ihn töten, fängst du an, seinen Ursprung zu suchen, und du stellst fest, daß er überhaupt nicht existiert. Der nach außen gerichtete Geist engagiert sich in Gedanken und Dingen. Nach innen gerichtet, wird er zum Selbst. (D.D., II., S.40.)

Man kann sagen, daß der Geist aufhört zu existieren oder daß er in das Selbst verwandelt wird; die Bedeutung ist immer die gleiche. Es heißt nicht, daß eine Person geistlos wie ein Stein wird, sondern daß das reine Bewußtsein des Selbst nicht mehr innerhalb der engen Begrenzungen eines individualisierten Geistes eingesperrt ist und daß wir nicht mehr durch ein dunkles Glas schauen, sondern Klarheit und strahlende Vision entwickeln.

Durch beständige und fortlaufende Nachforschung in die Natur des Geistes wird der Geist in Das verwandelt, worauf sich das ›Ich‹ bezieht, und das ist in Wirklichkeit das Selbst. Der Geist muß notwendigerweise für seine Existenz von etwas Grobstofflichem abhängig sein; er besteht niemals in sich selbst. An anderer Stelle wird der Geist der feinstoffliche Körper, das Ego, *jiva* oder Seele genannt.
Was im physischen Körper als ›Ich‹ auftaucht, das ist der Geist. Wenn man nachforscht, wo im Körper der ›Ich-

Gedanke‹ zum erstenmal auftaucht, wird man herausfinden, daß er vom *hrdayam* oder dem Herzen kommt. Das ist der Ursprung und der Platz des Geistes. Oder auch, wenn man nur fortwährend im Inneren zu sich selbst sagend ›Ich-Ich‹ wiederholt, mit dem ganzen Geist darauf ausgerichtet, dann führt das auch zum gleichen Ursprung.
Der erste und vorderste aller Gedanken, die im Geist auftauchen, ist der ursprüngliche ›Ich-Gedanke‹. Erst nach dem Auftauchen oder dem Ursprung des ›Ich-Gedanken‹ tauchen unzählige andere Gedanken auf. Mit anderen Worten, erst nachdem das erste persönliche Fürwort ›Ich‹ aufgetaucht ist, taucht die zweite und dritte Person (du, er, sie, es usw.) im Geist auf, und sie können ohne den Geist nicht bestehen.
Weil jeder weitere Gedanke nur nach dem Auftauchen des ›Ich-Gedanken‹ kommen kann und weil der Geist nichts als ein Bündel von Gedanken ist, geschieht es nur durch die Frage: ›Wer bin ich?‹, daß der Geist zurücktritt. Darüber hinaus wird der integrale ›Ich-Gedanke‹, der in solch einer Nachforschung beinhaltet ist, wenn er alle anderen Gedanken zerstört hat, schließlich selbst zerstört oder verzehrt, genauso wie ein Stecken, der benutzt wird, um den brennenden Scheiterhaufen zu schüren, mitverbrennt.

Von diesen Andeutungen her muß es bereits offensichtlich geworden sein, daß die Selbsterforschung, so wie Bhagavan sie lehrt, sehr verschieden von der Introversion der Psychologen ist. Tatsächlich ist es überhaupt kein mentaler Vorgang. Introversion bedeutet das Studium der Zusammensetzung und der Bestandteile des Geistes, wohingegen die Selbsterforschung ein Versuch ist, hinter den Geist zum Selbst, von dem er herkommt, zu gelangen.

Wenn der Geist oder das Ego ohnehin abgelegt werden muß, warum dann Zeit verschwenden, um ihn zu analysieren?
Zu fragen: ›Wer bin ich, der in Fesseln liegt?‹ und somit das eigene wahre Wesen kennenzulernen, ist die einzige Befreiung. Den Geist beständig nach innen gerichtet zu halten und somit im Selbst zu verweilen, ist die einzige

Selbsterforschung. Geradeso wie es nutzlos ist, den Abfall, der nur zusammengefegt werden muß, um weggeworfen zu werden, zu untersuchen, so ist es auch sinnlos für den, der das Selbst zu kennen sucht, anzufangen, die *tattvas,* die das Selbst umhüllen, zu zählen und sie zu untersuchen, anstatt sie wegzuwerfen. Der Suchende sollte die phänomenale Welt in Beziehung zu sich selbst als nichts anderes als einen Traum betrachten. (W., S. 41.)

In ähnlicher Weise unterscheidet sich die Selbsterforschung grundsätzlich von der Psychoanalyse oder jeder anderen Form psychiatrischer Behandlung. Solch eine Behandlung kann nur das Hervorbringen eines normalen, gesunden, integrierten menschlichen Wesens zum Ziel haben; aber nicht das Überschreiten der Grenzen des individuellen menschlichen Zustandes, weil die, welche diese Behandlung leiten, diesen Weg nicht gegangen sind und somit nicht eine Straße freilegen können, die sie selbst nicht kennen. Etwas jedoch hat die Selbsterforschung in ihren Anfangsstufen mit der psychiatrischen Behandlung gemeinsam; sie dient dazu, versteckte Gedanken und Unreinheiten aus den Tiefen des Geistes hervorzubringen.

F: Wenn man versucht zu meditieren, dann tauchen andere Gedanken eindringlicher auf.

B: Ja, alle möglichen Gedanken tauchen in der Meditation auf. Das ist nur recht, denn was in dir versteckt liegt, wird hervorgebracht. Wie kann es zerstört werden, solange es nicht zum Vorschein kommt?
Gedanken entstehen unwillkürlich, aber nur, um zur rechten Zeit ausgelöscht zu werden und um so den Geist zu stärken. (M.G., I., S. 19.)

F: Wenn ich mich konzentriere, tauchen alle möglichen Gedanken auf und stören mich. Je mehr ich mich bemühe, desto mehr Gedanken kommen. Was soll ich tun?

B: Ja, das passiert. Alles, was in dir ist, wird versuchen herauszukommen. Es gibt keinen anderen Weg als den, den Geist jedesmal, wenn er abwandern will, zu packen und ihn auf das Selbst zu konzentrieren. (D.D., II., S. 44.)

F: Bhagavan hat oftmals gesagt, daß man andere Gedanken zurückweisen muß, wenn man die Suche beginnt; aber die Gedanken sind endlos. Wenn man einen Gedanken zurückweist, kommt ein anderer auf, und es scheint überhaupt kein Ende zu geben.

B: Ich sage nicht, daß du fortfahren sollst, die Gedanken zurückzuweisen. Wenn du dich an dich selbst hältst, an den ›Ich-Gedanken‹, und dein Interesse bleibt bei diesem einen Gedanken, dann werden die anderen Gedanken zurückgewiesen werden, und sie werden von selbst verschwinden. (S.D.B., IV.)

Genauso wie die Selbsterforschung nicht Selbstbetrachtung ist, wie sie von den Psychologen verstanden wird, so ist sie auch nicht Argument oder Spekulation, wie die Philosophen sie verstehen.

F: Wenn ich denke ›Wer bin ich‹, dann kommt die Antwort: Ich bin nicht dieser sterbliche Körper, sondern Bewußtsein oder das Selbst. Und dann taucht plötzlich ein anderer Gedanke auf: ›Warum ist das Selbst in die Manifestation eingetreten?‹ Mit anderen Worten, ›warum hat Gott die Welt geschaffen?‹

B: Die Frage: ›Wer bin ich?‹, bedeutet wirklich den Versuch, den Ursprung des Ego oder des ›Ich-Gedanken‹ herauszufinden. Du darfst den Geist nicht mit anderen Gedanken wie etwa, ›Ich bin nicht der Körper‹ beschäftigen. Den Ursprung des ›Ich‹ zu suchen, dient als Mittel, um alle anderen Gedanken loszuwerden. Du solltest keinen Spielraum für andere Gedanken erlauben, wie du sie erwähnst, sondern du solltest die Aufmerksamkeit auf das Finden des Ursprungs des ›Ich-Gedanken‹ gerichtet halten, indem du, wenn irgendein anderer Gedanke auftaucht, fragst, wem er auftaucht, und wenn die Antwort ist ›mir‹, dann nimmst du wieder den Gedanken: ›Wer ist dieses Ich und was ist sein Ursprung‹ auf. (D.D., II., S.87.)

Bhagavan erlaubte oder benutzte sogar manchmal ein mentales Argument, aber das war, um den Anfänger von der Unwirklichkeit des individuellen Selbst oder Ego zu überzeugen und ihn so dazu zu bringen, die Selbsterforschung aufzunehmen. Das Argument selbst war nicht die Selbsterforschung.

F: Wer bin ich? Wie kann die Antwort darauf gefunden werden?

B: Stelle dir selbst die Frage. Der Körper (*annamayakosa*) und seine Funktionen sind nicht ›Ich‹. Tiefergehend, der Geist (*manomayakosa*) und seine Funktionen sind nicht ›Ich‹. Der nächste Schritt bringt einen zu der Frage: ›Woher tauchen diese Gedanken auf?‹ Die Gedanken mögen spontan, oberflächlich oder analytisch sein. Sie arbeiten im Geist. Wer dann ist sich der Gedanken bewußt? Die Existenz von Gedanken, ihr klares Empfangen und Arbeiten werden für das Individuum offensichtlich. Diese Analyse führt zu der Folgerung, daß die Individualität als Erkenner der Existenz von Gedanken und ihrer Aufeinanderfolge operiert. Diese Individualität ist das Ego oder, wie die Leute sagen, das ›Ich‹. *Vijnanamayakosa* (der Intellekt) ist nur die Hülle des ›Ich‹ und nicht das ›Ich‹ selbst. Wenn man weiter nachforscht, tauchen die Fragen auf: Wer ist dieses ›Ich‹? Woher kommt es? ›Ich‹ war nicht bewußt im Schlaf. Gleichzeitig mit seinem Auftauchen verwandelt sich der Schlaf zum Traum und zur Wachsamkeit. Aber ich befasse mich im Augenblick nicht mit dem Traumzustand. Wer bin ich jetzt im Wachzustand? Wenn ich beim Aufwachen aus dem Schlaf entstanden bin, dann war das ›Ich‹ mit Unwissen überdeckt. Solch ein unwissendes ›Ich‹ kann nicht das sein, worauf sich die Schriften beziehen, oder was die Weisen bestätigen. ›Ich‹ bin sogar jenseits von Schlaf, ›Ich‹ muß hier und jetzt sein und muß auch sein, was ich die ganze Zeit im Schlaf und Traum war; unberührt von den Eigenschaften dieser Zustände. ›Ich‹ muß deshalb die eigenschaftslose Substanz sein, die diesen drei Zuständen zugrunde liegt, nachdem *anandamayakosa* überschritten ist. (T., 25.)

Zwei Parsidamen kamen aus Ahmedabad und sprachen mit Bhagavan.

F: Bhagavan, seit unserer Kindheit haben wir spirituelle Neigungen. Wir haben mehrere Bücher über Philosophie gelesen und fühlen uns vom Vedanta angezogen. So haben wir die Upanishaden, Yoga Vasishta, die Bhagavad Gita usw. gelesen. Wir versuchen zu meditieren, aber wir finden, daß wir in unserer Meditation nicht vorankommen. Wir verstehen nicht, wie man verwirklicht. Kannst du uns bitte zur Verwirklichung helfen?

B: Wie meditiert ihr?

F: Ich fange mit der Frage an mich selbst ›Wer bin ich‹ an und schließe den Körper als nicht ›Ich‹, den Atem als nicht ›Ich‹, den Geist als nicht ›Ich‹ aus, aber dann ist es mir nicht möglich, weiter zu gehen.

B: Das ist in Ordnung, soweit es den Geist betrifft. Dein Vorgehen ist nur mental. Die Schriften erwähnen diesen Vorgang nur, um den Suchenden zur Wahrheit zu leiten. Die Wahrheit kann nicht direkt angedeutet werden, deshalb wird dieser mentale Vorgang benutzt. Verstehst du, der, welcher all die ›Nicht-Ichs‹ ausschließt, kann das ›Ich‹ nicht ausschließen. Um sagen zu können, ›Ich bin nicht dies‹, oder ›Ich bin Das‹, muß es das ›Ich‹ geben, das es sagt. Dieses ›Ich‹ ist nur das Ego oder der ›Ich-Gedanke‹. Nachdem dieser ›Ich-Gedanke‹ entstanden ist, entstehen alle anderen Gedanken. Der ›Ich-Gedanke‹ ist deshalb der Wurzelgedanke. Wenn die Wurzel herausgezogen ist, dann wird alles übrige zur gleichen Zeit herausgezogen. Suche deshalb die Wurzel ›Ich‹, frage dich selbst: ›Wer bin ich?‹, finde den Ursprung des ›Ich‹. Dann werden alle diese Probleme verschwinden, und das reine Selbst wird bleiben.

F: Aber wie soll ich es tun?

B: Das ›Ich‹ ist immer da, gleich ob im Tiefschlaf, im Traum oder im Wachzustand. Der, der schläft, ist der gleiche wie der, der jetzt spricht. Die Empfindung von ›Ich‹ ist immer da. Wenn dem nicht so wäre, müßtest du deine Existenz verneinen. Aber das tust du nicht. Du sagst: ›Ich bin‹. Finde heraus, wer ist.

F: Ich verstehe immer noch nicht. Du sagst, daß das ›Ich‹ jetzt das falsche ›Ich‹ ist. Wie kann ich dieses falsche ›Ich‹ loswerden?

B: Du brauchst kein falsches ›Ich‹ auszumerzen. Wie kann das ›Ich‹ sich selbst ausmerzen? Du brauchst nur seinen Ursprung herauszufinden und dort zu bleiben. Deine Bemühung kann nur soweit gehen. Dann wird das Jenseits sich um sich selbst sorgen. Dort bist du hilflos. Keine Bemühung kann es erreichen.

F: Wenn ›Ich‹ immer da bin – hier und jetzt –, warum empfinde ich nicht so?

B: Wer sagt, daß du nicht so empfindest? Sagt es das wirkliche oder das falsche ›Ich‹? Frage dich selbst, und du wirst herausfinden, daß es das falsche ›Ich‹ ist. Das falsche ›Ich‹ ist das Hindernis, das beseitigt werden muß, damit das ›Ich‹ aufhören kann, versteckt zu sein. Das Gefühl ›Ich habe es nicht verwirklicht‹ ist das Hindernis für die Verwirklichung. Tatsächlich ist es bereits verwirklicht. Es gibt nichts mehr zu verwirklichen. Wenn es noch etwas gäbe, dann wäre die Verwirklichung etwas Neues, das es bis jetzt noch nicht gab, sondern das in der Zukunft wäre; was aber geboren wird, wird auch sterben. Wenn die Verwirklichung nicht ewig ist, dann ist es nicht wert, sie zu haben. Deshalb ist das, was wir suchen, nicht etwas, das anfangen muß zu existieren, sondern etwas, das ewig, aber vor uns durch Hindernisse verborgen ist. Alles, was wir zu tun haben, ist, das Hindernis zu beseitigen. Was ewig ist, wird der Unwissenheit wegen nicht als ewig erkannt. Unwissenheit ist das Hindernis. Wirf sie ab, und alles wird gut sein. Diese Unwissenheit ist mit dem ›Ich-Gedanken‹ identisch. Suche seinen Ursprung, und er wird verschwinden. Der ›Ich-Gedanke‹ ist wie ein Geistwesen, das, obwohl es nicht greifbar ist, mit dem Körper entsteht, mit ihm erblüht und mit ihm vergeht. Das Körperbewußtsein ist das falsche ›Ich‹. Gib es auf. Du kannst es tun, indem du den Ursprung des ›Ich‹ suchst. Der Körper sagt nicht:

›Ich bin‹. Du sagst, ›Ich‹ bin der Körper. Finde heraus, wer dieses ›Ich‹ ist? Suche seinen Ursprung und es wird verschwinden.

F: Wird dann Seligkeit sein?

B: Seligkeit kommt gleichzeitig mit Sein – Bewußtsein. Alle Argumente, die sich auf das ewige Wesen beziehen, richten sich auch auf Seligkeit. Deine Natur ist Seligkeit. Das Unwissen versteckt jetzt die Seligkeit, aber du brauchst nur das Unwissen zu entfernen, damit die Seligkeit befreit wird.

F: Sollten wir nicht die höchste Wirklichkeit der Welt als Einzelperson und als Gott herausfinden?

B: Das sind Konzeptionen des ›Ich‹. Sie tauchen nur nach dem Entstehen des ›Ich-Gedankens‹ auf. Hast du über sie im Tiefschlaf nachgedacht? Dennoch hast du im Schlaf existiert, und das gleiche ›Du‹ spricht jetzt. Wenn diese Konzeptionen wahr wären, würden sie nicht auch in deinem Schlaf existieren? Sie hängen vom ›Ich-Gedanken‹ ab. Und wiederum sagt die Welt zu dir: ›Ich bin die Welt‹. Sagt der Körper: ›Ich bin der Körper‹? Du sagst: ›Dies ist die Welt, dies ist der Körper‹ und so weiter. So sind das nur deine Konzeptionen. Finde heraus, wer du bist, und alle Zweifel werden ein Ende haben.

F: Was wird nach der Verwirklichung aus dem Körper? Bleibt er weiterhin bestehen oder nicht? Wir sehen, daß verwirklichte Menschen Handlungen wie andere Leute ausführen.

B: Diese Frage braucht dich jetzt nicht zu kümmern. Du kannst sie nach der Verwirklichung stellen, wenn dir danach ist. Was die realisierten Wesen anbetrifft, laß sie sich um sich selbst sorgen. Warum sorgst du dich um sie? Tatsächlich wird nach der Verwirklichung weder der Körper noch irgend etwas sonst als vom Selbst verschieden erscheinen.

F: Wenn wir immer Sein – Bewußtsein – Seligkeit sind, warum bringt Gott uns in Schwierigkeiten? Warum hat Er uns geschaffen?

B: Kommt Gott und sagt dir, daß Er dich in Schwierigkeiten gebracht hat? Du sagst das. Wieder ist es das falsche ›Ich‹. Wenn das verschwindet, dann wird niemand da sein, um zu sagen, daß Gott dieses oder jenes erschuf. Das, was ist, sagt nicht einmal ›Ich bin‹. Gibt es denn irgendeinen Zweifel, daß ›Ich nicht bin‹? Nur wenn der Zweifel aufkäme, ob man nicht eine Kuh oder ein Büffel sei, müßte man sich erinnern, daß man nicht das, sondern ein Mensch ist, aber dieser Zweifel kommt nie auf. Ebenso verhält es sich mit der eigenen Existenz und Verwirklichung. (T., 197.)

Dieses letzte Zitat bringt uns von dem, was Selbsterforschung nicht ist, zurück zu dem, was sie ist.

Wenn der Geist unaufhörlich seine eigene Natur erforscht, dann kommt die Erkenntnis, daß es keinen Geist gibt. Das ist der unmittelbare Weg für alle.
Der Geist ist nur Gedanken. Von allen Gedanken ist der Gedanke ›Ich‹ die Wurzel. Deshalb ist der Geist nur der Gedanke ›Ich‹. Woher kommt dieser Gedanke ›Ich‹? Suche im Inneren danach, dann verschwindet er. Das ist das Streben nach Weisheit. Wo das ›Ich‹ verschwunden ist, dort erscheint das ›Ich-ich‹ von selbst. Das ist das Unendliche (*Purnam*). (S.I., 17–20.)

Wenn es das Ego gibt, dann gibt es auch alles andere. Wenn das Ego nicht ist, dann gibt es nichts anderes. Das Ego ist tatsächlich alles. Deshalb ist die Nachforschung nach dem, was dieses Ego ist, der einzige Weg, alles aufzugeben.
Der Zustand, in dem das ›Ich‹ nicht auftaucht, ist der Zustand, in dem man DAS ist. Ohne nach diesem Zustand, in dem das ›Ich‹ nicht auftaucht, zu fragen und ihn zu erlangen, wie kann man die eigene Auslöschung erreichen, aus der das ›Ich‹ nicht wiederauflebt? Wie

kann man, ohne dies erreicht zu haben, im wahren Zustand verweilen, in dem man DAS ist?

Genauso wie einer, dem etwas ins Wasser gefallen ist, danach tauchen wird, um es wiederzufinden, so sollte man in sich selbst hineintauchen, mit einem kühnen zielgerichteten Geist, in Kontrolle von Sprechen und Atem, und den Ort finden, von wo das ›Ich‹ herkommt. Die einzige Nachforschung, die zur Selbstverwirklichung führt, ist die Suche nach dem Ursprung des Wortes ›Ich‹. Die Meditation über ›Ich bin nicht dies, ich bin das‹, kann eine Hilfe in der Nachforschung sein, aber sie kann nicht die Forschung selbst sein. Wenn man innerhalb des Geistes nachforscht, ›Wer bin ich?‹, dann fällt das individuelle ›Ich‹ verschämt ab, sowie man auf das Herz trifft, und sofort manifestiert sich Wirklichkeit als ›Ich-ich‹. Obwohl sie sich als ›Ich‹ offenbart, ist sie nicht das Ego, sondern das vollkommene Sein, das Absolute Selbst. (F.V., 26–30.)

B: Die Vorstellungen von Gebundensein und Befreiung sind nur Einschränkungen des Geistes. Sie haben keine Wirklichkeit in sich selbst und können deshalb nicht eigenständig funktionieren. Weil sie Einschränkungen von etwas anderem sind, muß es eine von ihnen unabhängige Wesenheit geben, die ihr gemeinsamer Ursprung und ihre Stütze ist. Wenn man deshalb in diesen Ursprung hinein forscht, um zu lernen, auf wen das Gebundensein oder die Befreiung zutreffen, dann wird man herausfinden, daß sie auf ›mich‹, das heißt, einen selbst zutreffen. Wenn man dann aufrichtig nachforscht, ›Wer bin ich?‹, wird man finden, daß es so etwas wie ›Ich‹ oder ›mich‹ nicht gibt. Was bleibt, wenn man erkennt, daß das ›Ich‹ nicht existiert, wird lebendig und unverkennbar als aus sich selbst leuchtend und in sich selbst allein bestehend verwirklicht. Diese lebendige Verwirklichung kommt ganz natürlich, mit nichts Ungewöhnlichem behaftet, als unmittelbare und augenblickliche Erfahrung der höchsten Wahrheit zu jedem, der, indem er so bleibt, wie er ist, nach innen forscht, ohne dem

Geist auch nur für einen Augenblick zu erlauben, sich nach außen zu wenden oder Zeit mit bloßem Reden zu vergeuden. Es gibt deshalb nicht den geringsten Zweifel, daß es für die, welche die Verwirklichung erlangt haben und somit völlig identisch mit dem Selbst verweilen, weder Gebundensein noch Befreiung gibt. (S.I., S.33.)

B: Das Selbst ist reines Bewußtsein. Dennoch identifiziert sich der Mensch mit dem Körper, der empfindungslos ist und nicht selbst sagt: ›Ich bin der Körper‹. Jemand anderer sagt das. Das unbegrenzte Selbst sagt es nicht. Wer sagt es? Ein unechtes ›Ich‹ entsteht zwischen deinem Bewußtsein und dem empfindungslosen Körper und glaubt, durch den Körper begrenzt zu sein. Suche danach, und es wird wie ein Phantom verschwinden. Das Phantom ist das Ego oder der Geist oder die Individualität. Alle *sastras* beruhen auf dem Auftauchen dieses Phantoms, dessen Auslöschung sie bezwecken. Der gegenwärtige Zustand ist bloße Illusion. Ihre Auflösung und nichts anderes ist das Ziel. (T., 427.)

Bhagavan bezieht sich hier auf das Ego als ein Phantom oder ein ›unechtes Ich‹. In der Erklärung an die zwei Parsidamen, die zuvor aufgeführt wurde, sprach er von einem ›falschen Ich‹ und einem ›wahren Ich‹. Aus praktischen Gründen sprach er machmal vom Aufgeben des falschen auf der Suche nach dem wahren ›Ich‹, aber das sollte nicht als Andeutung, daß es zwei Selbste in einem Menschen gibt, aufgefaßt werden. Er meinte wirklich einfach, daß man die falsche Identifikation des ›Ich‹ als individuelles Wesen aufgeben sollte, um seine wahre Identität als das universelle Selbst zu verwirklichen. Er bestand wiederholt darauf, daß es nicht zwei ›Ichs‹ gibt, von denen man das andere suchen und kennen kann. Der Wahrheit der Nicht-Dualität entsprechend, bedeutet das Selbst zu erkennen, das Selbst zu sein; andernfalls gäbe es die Dualität eines Subjektes und eines Objektes und die Dreiheit von Sehendem, Sehen und Gesehenem.

F: Wie soll man das Selbst verwirklichen?

B: Wessen Selbst? Finde es heraus.

F: Meines, aber wer bin ich?

B: Du mußt es herausfinden.

F: Ich weiß es nicht.

B: Denke einfach über die Frage nach. Wer sagt: Ich weiß es nicht? Wer ist das ›Ich‹ in deiner Feststellung? Was ist unbekannt?

F: Jemand oder etwas in mir.

B: Wer ist dieser jemand? In wem?

F: Vielleicht eine Kraft.

B: Finde es heraus.

F: Warum wurde ich geboren?

B: Wer wurde geboren? Die Antwort zu all deinen Fragen ist die gleiche.

F: Wer bin ich dann?

B: (lächelnd) Bist du gekommen, um mich zu prüfen? Du mußt sagen, wer du bist.

F: Wie sehr auch immer ich es versuchen mag, ich scheine das ›Ich‹ nicht zu fangen. Es ist nicht einmal klar erkennbar.

B: Wer ist es, der sagt, daß das ›Ich‹ nicht erkennbar ist? Gibt es zwei ›Ichs‹ in dir, daß das eine dem anderen nicht erkennbar ist?

F: Anstatt zu fragen: ›Wer bin ich?‹, kann ich mir die Frage stellen: ›Wer bist du?‹, so daß mein Geist auf dich konzentriert ist, den ich mir als Gott in der Form des Guru denke. Vielleicht würde ich dem Ziel meiner Suche durch diese Frage näherkommen als durch die Frage: ›Wer bin ich?‹

B: Welche Form auch immer deine Nachforschung annehmen mag, schließlich mußt du zu dem einen ›Ich‹, dem Selbst kommen. All diese Unterschiede, die zwischen ›Ich‹ und ›Du‹, Meister und Schüler usw. gemacht werden, sind nur ein Zeichen des Unwissens. Einzig das höchste ›Ich‹ ist.

Anders zu denken, bedeutet, sich selbst zu täuschen.
Weil dein Ziel ist, hier und jetzt diese Oberflächlichkeiten der physischen Existenz durch die Selbsterforschung zu überwinden, wo ist dann Spielraum, um diese Unterschiede zwischen ›Du‹ und ›Ich‹ zu machen, die nur den Körper betreffen? Wenn du den Geist nach innen richtest und den Ursprung der Gedanken suchst, wo ist das ›Du‹ und wo das ›Ich‹? Du sollst suchen und das Selbst sein, das alles einschließt.

F: Aber ist es nicht komisch, daß das ›Ich‹ nach dem ›Ich‹ suchen soll? Macht das nicht die Frage ›Wer bin ich?‹ am Ende zur leeren Formel? Oder muß ich mir die Frage ohne Ende stellen und sie wie eine Art *mantra* wiederholen?

B: Die Selbsterforschung ist sicherlich keine leere Formel, sie ist mehr als die Wiederholung jeglichen *mantras*. Wenn die Frage: ›Wer bin ich?‹ nur eine mentale Frage wäre, dann hätte sie wenig Wert. Der eigentliche Zweck der Selbsterforschung ist, den gesamten Geist auf seinen Ursprung zu richten. Es ist deshalb nicht ein Fall von einem ›Ich‹, das ein anderes ›Ich‹ sucht. Viel weniger noch ist die Selbsterforschung eine leere Formel, denn sie beinhaltet eine intensive Aktivität des gesamten Geistes, um ihn immer in ausgeglichenem reinen Selbstgewahrsein zu halten. Selbsterforschung ist das eine unfehlbare Mittel, das einzig unmittelbare, um das bedingungslose, absolute Wesen zu verwirklichen, das du wirklich bist. (M.G., II., S.45.)

Die folgenden Abschnitte zeigen noch klarer, daß es die Aufgabe ist, den ›Ich-Gedanken‹ zu seinem Ursprung zurück zu verfolgen und nicht, daß ein ›Ich‹ ein anderes entdeckt.

F: Es wurde mir gesagt, daß ich, deiner Schule entsprechend, den Ursprung meiner Gedanken herausfinden muß. Wie soll ich das tun?

B: Ich habe keine Schule, aber es ist wahr, daß man den Ursprung aller Gedanken finden sollte.

F: Angenommen, ich habe den Gedanken ›Pferd‹, und versuche seinen Ursprung zu finden. Ich stelle fest, daß er aus der Erinnerung kommt, und die Erinnerung ihrerseits rührt von einem früheren Wahrnehmen des Objektes ›Pferd‹ her, aber das ist alles.

B: Wer hat von dir verlangt, über all das nachzudenken? All das sind auch Gedanken. Was wird es dir helfen, wenn du weiterhin über Erinnerung und Wahrnehmung nachdenkst? Es wird ohne Ende sein, wie die alte Streitfrage, ob der Baum oder der Same zuerst war. Frage, wer diese Wahrnehmung und diese Erinnerung hat. Dieses ›Ich‹, das die Wahrnehmung und die Erinnerung hat, woher kommt es? Finde das heraus! Weil die Wahrnehmung oder die Erinnerung nur zu diesem ›Ich‹ kommt. Du hast solche Erfahrungen nicht, während du schläfst; und dennoch sagst du, daß du im Schlaf existiert hast. Und du existierst auch jetzt. Das zeigt, daß das ›Ich‹ fortbesteht, während andere Dinge kommen und gehen.

F: Ich soll den Ursprung des ›Ich‹ finden, und ich will es auch wirklich herausfinden, wie aber kann ich? Was ist der Ursprung, aus dem ich kam?

B: Du bist aus dem gleichen Ursprung gekommen, in dem du im Schlaf gewesen bist. Nur konntest du im Schlaf nicht wissen, wie du hineingekommen bist. Deshalb mußt du nachforschen, wenn du im Wachbewußtsein bist.
Einige von uns rieten dem Besucher, *Wer bin ich?* und die *Ramana Gita* zu lesen, und auch Bhagavan riet ihm dazu.
Den Tag über las er darin, und am Abend sagte er zu Bhagavan: »Diese Bücher beschreiben die Selbsterforschung, wie aber soll man sie ausführen?«

B: Das muß in diesen Büchern auch beschrieben sein.

F: Soll ich mich auf den Gedanken: ›Wer bin ich?‹ konzentrieren?

B: Es bedeutet, daß du dich konzentrieren sollst, um zu erkennen, wo der ›Ich-Gedanke‹ auftaucht. Anstatt nach außen zu schauen, schaue nach innen und erkenne, wo der ›Ich-Gedanke‹ auftaucht.

F: Und Bhagavan sagt, wenn ich das erkenne, werde ich das Selbst verwirklichen?

B: Es gibt nicht so etwas, wie das Selbst verwirklichen. Wie kann man das, was wirklich ist, verwirklichen oder wirklich machen? Alle Menschen verwirklichen oder betrachten das als wirklich, was unwirklich ist, und sie brauchen nur aufzuhören, das zu tun. Wenn du das tust, wirst du bleiben, wie du immer bist, und das Wirkliche wird wirklich sein. Nur um den Menschen zu helfen, daß sie aufgeben, das Unwirkliche als wirklich zu betrachten, sind all die Religionen und die Übungen, die sie lehren, entstanden.

F: Woher kommt die Geburt?

B: Wessen Geburt?

F: Die Upanishaden sagen: Er, der Brahman kennt, wird Brahman.

B: Es ist nicht eine Frage von Werden, sondern von Sein. (D.D., S.58.)

›Es gibt nicht so etwas, wie das Selbst verwirklichen‹ – Bhagavan hat das oft gesagt, um die Fragenden daran zu erinnern, daß einzig das Selbst ist, jetzt und ewig, und daß es nicht etwas Neues ist, das entdeckt werden muß. Dieses Paradoxon ist dem Wesen nach nichtdual.

Als Antwort auf die Frage, was der beste Weg zum Ziel sei, sagte Bhagavan: ›Es gibt kein Ziel zu erreichen. Nichts ist zu erlangen. Du bist das Selbst. Du bist immer. Man kann nicht mehr über das Selbst aussagen, als daß es existiert. Gott oder das Selbst zu erkennen, bedeutet nur, das Selbst zu sein, das du selbst bist. Erkennen ist Sein. Du, der du das Selbst bist, willst wissen, wie man das Selbst erreicht. Das ist, wie wenn einer, der im Ramanasramam ist, fragt, wie viele Wege es gibt, die zum Ramanasramam führen, und welches der beste Weg für ihn ist. Alles, was von dir verlangt wird, ist, den Gedanken, daß du dieser Körper bist, und alle Gedanken von äußerlichen Dingen oder dem Nicht-Selbst aufzugeben. So oft der Geist sich nach außen auf Objekte hin richtet, halte ihn an und richte ihn auf das Selbst oder ›Ich‹. Das ist die ganze Bemühung, die auf deiner Seite erforderlich ist.‹ (D.D., II., S.291.)

Trotz dieses Paradoxons legte Bhagavan aber auch Nachdruck auf die Notwendigkeit der Bemühung, wie es im zweiten Kapitel dieses Buches erklärt wurde.

Unaufhörliche Praxis ist wesentlich, bis man ohne Anstrengung diesen natürlichen und ursprünglichen Zustand des Geistes, der frei ist von Gedanken, erlangt; mit anderen Worten, bis das ›Ich‹, ›Mich‹ und ›Mein‹ völlig ausgelöscht und zerstört sind. (S.I., S.21.)

Um den Standpunkt, daß es nichts Neues zu entdecken gibt, zu stützen, erklärt Advaita, daß es nur eine Angelegenheit der Entfernung des Schleiers der Unwissenheit ist; genauso wie man durch das Entfernen der Wasserpflanzen das Wasser, das bereits unter ihnen war, sichtbar macht, oder wie das Abziehen der Wolken den blauen Himmel zum Vorschein bringt, der auch zuvor da war, aber von den Wolken verdeckt wurde.

F: Wie kann man das Selbst kennen?

B: Das Selbst ist immer. Es gibt kein ›es kennen‹. Es ist kein neues Wissen, das erlangt werden muß. Was neu und nicht hier und jetzt ist, kann nicht beständig sein. Das Selbst ist immer, aber das Wissen darum ist versperrt, und das Hindernis wird Unwissen genannt. Entferne das Unwissen, und das Wissen wird erstrahlen. Tatsächlich ist es nicht das Selbst, das dieses Unwissen oder auch das Wissen hat. Sie sind nur Zusätze, die weggeräumt werden müssen. Deshalb sagt man, daß das Selbst jenseits von Wissen und Unwissen ist. Es bleibt, wie es natürlicherweise ist – das ist alles. (T., 49.)

Diese Konzentration auf das Selbst erfordert natürlich eine intensive Kontrolle des Geistes, und viele klagten, daß es nicht leicht sei.

Am Abend fragte ein Besucher Bhagavan, wie man den umherwandernden Geist kontrollieren sollte. Er sagte, daß das eine Frage sei, die ihn besonders beunruhigte. Bhagavan antwortete lachend: Das ist nicht nur dein Problem. Das fragt jeder, und alle Schriften behandeln es, wie die Gita zum Beispiel. Welch anderen Weg gibt es, als den Geist, jedesmal wenn er abirrt oder sich nach außen richtet, zurückzuziehen, wie es in der Gita empfohlen wird? Natürlich ist es nicht leicht, das zu tun. Es wird nur durch Übung gelingen. Der Besucher sagte, daß der Geist ausschweift nach dem, was er wünscht, und nicht auf das Objekt, das ihn vorgegeben ist, konzentriert bleiben will.

Wenn diese Art der Klage auftauchte, antwortete Bhagavan manchmal, daß die Selbsterforschung dem Geist kein Objekt vorgibt, sondern ihn einfach auf ihn selbst richtet und seinen Ursprung sucht. Bei dieser Gelegenheit jedoch antwortete er vom Standpunkt des Wunsches oder des Glücklichseins aus.

Jedermann sucht nur nach dem, was ihm Glücksempfinden bringt. Dein Geist beschäftigt sich mit den verschiedensten Gegenständen, weil du glaubst, daß von ihnen Glück kommen wird; finde jedoch heraus, woher alles Glück kommt, einschließlich dem, was du als von Sinnesobjekten kommend betrachtest. Du wirst herausfinden, daß alles einzig vom Selbst kommt, und dann wirst du fähig sein, im Selbst zu verweilen. (D.D., II., S.253.)

Manchmal klagten die Leute über die Schwierigkeit, Gedanken zu unterdrücken. Bhagavan brachte sie wieder zurück zur Selbsterforschung, indem er sie daran erinnerte, daß es der Denkende, oder im Falle von Zweifel, der Zweifelnde ist, den man prüfen muß. Es mag tausend Zweifel geben, aber man bezweifelt nicht die Existenz des Zweifelnden. Wer ist er?

Alle Zweifel werden nur dann verschwinden, wenn der Zweifelnde und sein Ursprung gefunden worden sind. Es hilft nichts, endlos Zweifel zu entfernen. Wenn wir einen Zweifel aufklären, wird ein anderer auftauchen, und das wird ohne Ende sein. Wenn man aber herausfindet, daß der Zweifler selbst, indem man seinen Ursprung sucht, in Wirklichkeit nicht existiert, dann werden alle Zweifel vergehen. (D.D., II., S.28)

Das Kontrollieren des Geistes bedeutet natürlich Konzentration, aber mit Konzentration meinte Bhagavan nicht das Sich-konzentrieren auf einen Gedanken, obwohl er das nicht immer abwies, sondern das Sich-konzentrieren auf das Gefühl des Seins, das Gefühl von ›Ich bin‹ und das Ausschließen aller Gedanken.

B: Konzentration bedeutet nicht das Denken über eine Sache. Im Gegenteil, sie schließt alle Gedanken aus, da alle Gedanken das Empfinden des eigenen wahren Wesens verhindern. Alle Bemühungen müssen darauf ausgerichtet sein, einfach den Schleier des Unwissens zu entfernen. (T., 398.)

In einer Reihe von Aufzeichnungen, die bereits erwähnt wurden, fordert Bhagavan den Fragenden nicht nur auf, den ›Ich-Gedanken‹ zu erforschen, sondern herauszufinden, wo er entsteht. Das verbindet die Selbsterforschung mit der Konzentration auf das Herz in der rechten Seite (im ersten Kapitel erwähnt) und zeigt sogar noch deutlicher, daß dies kein mentaler Vorgang ist. Tatsächlich entsteht eine physisch spürbare Befreiung in diesem Zentrum während der Selbsterforschung.

Den Geist ausschließlich auf das Selbst zu konzentrieren, wird zu Glücklichempfinden und Seligkeit führen. Wenn man die Gedanken nach innen wendet, sie zurückhält und sie daran hindert, nach außen abzuirren, dann wird das Loslösung (*vairagya*) genannt. Sie auf das Selbst zu konzentrieren, bezeichnet man als spirituelle Praxis (*sadhana*). Sich auf das Herz zu konzentrieren, ist das gleiche, wie sich auf das Selbst zu konzentrieren. Herz ist ein anderer Name für Selbst. (D.D., II., S.249.)

G. V. Subbramaiah: Wird in irgendwelchen Büchern gesagt, daß man, um die höchste und endgültige Verwirklichung zu erlangen, letztendlich zum Herzen kommen muß, sogar nachdem man zum *sahasrara* (dem tausendblättrigen Lotus, dem Chakra ganz oben auf dem Kopf) gelangt ist, und daß das Herz auf der rechten Seite ist?

B: Nein, ich habe das in keinem Buch gefunden, aber im Malayalam-Buch über Medizin stieß ich auf eine Strophe, in der das Herz auf die rechte Seite gelegt wird, und ich habe dieses Buch ins Tamil, im Zusatz zu den ›Vierzig Versen‹, übersetzt.

Wir wissen nichts über die anderen Zentren. Wir können nicht sicher sein, wohin wir gelangen, wenn wir uns auf sie konzentrieren und sie verwirklichen. Aber da das ›Ich‹ vom Herzen aus entsteht, muß es dorthin zurückgehen und dort auch zugunsten der Selbstverwirklichung aufgehen. Jedenfalls war das meine Erfahrung. (D.D., I., S.41.)

Wisse, daß das reine und unveränderliche Selbstbewußtsein im Herzen das Wissen ist, das durch die Zerstörung des Egos Befreiung schenkt.

Der Körper ist träge wie ein Tontopf. Da er kein Ich-Bewußtsein hat, und weil wir im Tiefschlaf, wenn wir körperlos sind, unser natürliches Wesen erfahren, kann der Körper nicht das Ich sein. Wer verursacht dann das Ich-Sein? Wo ist er? In der Herzkammer derer, die so fragen und die wissen und im Selbst verweilen, erstrahlt Lord Arunachala Shiva als Er selbst, als das ›Das bin ich‹-Bewußtsein. (F.V.S., 9, 10.)

F: Bhagavan sagte, daß das Herz das Zentrum des Selbst ist.

B: Ja, es ist das eine und höchste Zentrum des Selbst. Das brauchst du nicht zu bezweifeln. Das wahre Selbst ist dort, im Herzen hinter dem Ego-Selbst.

F: Kann mir Bhagavan bitte sagen, wo das im Körper ist?

B: Du kannst es nicht mit deinem Geist kennen oder in deiner Vorstellung ausmalen, obwohl ich dir sage, daß es dort ist (er zeigt auf die rechte Seite der Brust). Die einzig unmittelbare Art, es zu verwirklichen, ist, aufzuhören mit der Vorstellung und zu versuchen, du selbst zu sein. Es ist das Zentrum, von dem in den Schriften als der Kammer des Herzens gesprochen wird.

F: Kann ich sicher sein, daß unsere Vorväter mit der Bezeichnung ›Herz‹ dieses Zentrum meinten?

B: Ja, du kannst, aber wichtiger ist, die Erfahrung zu haben als ihren Ort festzulegen. Der Mensch muß nicht anfangen herauszufinden, wo seine Augen sind, um zu sehen. Das Herz ist da, immer offen für dich, wenn du in es eintreten willst; es unterstützt immer deine Bewegungen, obgleich du dir dessen vielleicht nicht bewußt bist. Vielleicht ist es klarer zu sagen, daß das Selbst das Herz ist. Wirklich, das Herz ist das Zentrum und ist sich überall seiner selbst als das Herz oder das Selbstbewußtsein bewußt.

F: Wenn Bhagavan sagt, daß das Herz das höchste Zentrum des Geistes (Spirit) oder Selbst ist, bedeutet das, daß es nicht eines der sechs yogischen Zentren (*chakras*) ist?

B: Die yogischen Zentren, die von unten nach oben gezählt werden, sind eine Reihe von Zentren im Nervensystem. Sie stellen verschiedene Stufen dar, wobei jede Stufe ihre eigene Kraft oder ihr Wissen hat, und sie führen zum *Sahasrara,* dem tausendblättrigen Lotus im Gehirn, wo die Höchste *Shakti* (Kraft) sitzt. Aber das Selbst, das die ganze Bewegung der *Shakti* unterhält, ist nicht dort (im *Sahasrara*), sondern unterstützt sie vom Herzzentrum aus.

F: Dann ist das von der Manifestation der *Shakti* verschieden?

B: Wirklich, es gibt keine Manifestation der *Shakti* außerhalb des Selbst. Das Selbst wurde all diese *Shaktis.* Wenn der Yogi den höchsten Zustand spirituellen Bewußtseins (*samadhi*) erlangt, dann ist es das Selbst im Herzen, das ihn in diesem Zustand unterstützt, gleich ob er sich dessen gewahr ist oder nicht. Wenn aber sein Bewußtsein im Herzen zentriert ist, dann realisiert er, daß, in welchen Zentren oder Zuständen er auch sein mag, er immer die gleiche Wahrheit ist, das gleiche

Herz, das eine Selbst, der Geist (Spirit), der durch alles gegenwärtig ist, ewig und unveränderlich. Das Tantra Shastra nennt das Herz das *Surya Mandala* oder den Sonnenball und das *sahasrara* das *Chandra Mandala* oder den Mondball. Das zeigt die relative Bedeutung der beiden. (S.D.B., XVII.)

Geradeso wie diese Konzentration auf das Herz einen Kontaktpunkt mit dem Yoga herstellt, so wies Bhagavan manchmal auf die Verwandtschaft mit *bhakti,* den Pfad der Hingabe, hin und sagte, daß die beiden Wege zum gleichen Ziel führen. Völlige Hingabe bedeutet vollständige Übergabe des Ego an Gott oder den Guru, als getrennt von einem Selbst; während die Selbsterforschung zur Auflösung des Ego führt. Mehr über *bhakti marga* wird im nächsten Kapitel gesagt werden, aber die folgende Erklärung zeigt, wie die beiden Pfade zusammenlaufen.

F: Wenn das ›Ich‹ eine Illusion ist, wer wirft die Illusion ab?

B: Das ›Ich‹ wirft die Illusion des ›Ich‹ ab und bleibt dennoch das ›Ich‹. Das ist das Paradoxon der Selbstverwirklichung. Die Verwirklichten sehen kein Paradoxon darin. Denke an den Fall des Anbeters. Er nähert sich Gott und betet, in Ihm absorbiert zu sein. Dann übergibt er sich im Glauben und durch Konzentration. Und was bleibt danach übrig? Anstelle des ursprünglichen ›Ichs‹ hinterläßt das Aufgehen in Gott ein Bewußtsein, in dem sich das ›Ich‹ verliert. Das ist die höchste Form der Hingabe und der Gipfel des Sich-Loslösens.
Du magst dies und jenes des ›Mir‹-Gehörens aufgeben, wenn du aber statt dessen ›Ich‹ und ›Mein‹ aufgibst, dann ist alles auf einmal aufgegeben, und selbst der Same des Besitztums ist zerstört. So wird das Übel im Keim erstickt oder im Samen vernichtet. Aber die Loslösung muß sehr stark sein, um das zu tun. Das Verlangen, es zu tun, muß dem Verlangen eines Menschen, der unter Wasser gehalten wird und an die Oberfläche kommen will, um zu atmen, gleich sein. (T., 28.)

Wenn ablenkende Gedanken auf der einen Seite eine Gefahr sind, dann ist Schlaf es auf der anderen. Tatsächlich kann es sein, daß

Leute, die einen spirituellen Pfad beginnen, sich von einer überwältigenden Welle der Schläfrigkeit befallen finden, wann immer sie anfangen zu meditieren. Und wenn sie aufhören zu meditieren, vergeht das, und sie sind gar nicht mehr schläfrig. Das ist einfach eine Widerstandsform des Egos, und sie muß gebrochen werden.

Herr Bhargava sagte auch etwas über Schlaf, und das veranlaßte Bhagavan, über Schlaf zu sprechen:
Es ist notwendig, immer im Selbst gefestigt zu bleiben. Die Hindernisse dafür sind Ablenkungen durch weltliche Dinge (einschließlich der Sinnesobjekte, Wünsche und Neigungen) auf der einen Seite und Schlaf auf der anderen. Schlaf wird in den Büchern immer als das erste Hindernis zum *samadhi* erwähnt; und verschiedene Methoden wurden verschrieben, um ihn der Entwicklungsstufe der jeweiligen Person entsprechend zu überkommen. Zuerst wird man angewiesen, alle weltlichen Ablenkungen aufzugeben und den Schlaf einzuschränken. Aber dann wird zum Beispiel in der Gita gesagt, daß es nicht nötig ist, den Schlaf völlig aufzugeben. Man sollte überhaupt nicht während des Tages schlafen, und sogar während der Nacht den Schlaf auf den mittleren Teil, von etwa 10 – 2 Uhr, einschränken. Eine andere Methode jedoch, die empfohlen wird, ist, sich um den Schlaf überhaupt nicht zu sorgen. Wann immer er dich überkommt, kannst du nichts dagegen tun, also bleibe einfach jeden Augenblick deines Wachzustandes im Selbst oder der Meditation gefestigt und nimmt die Meditation im gleichen Moment, in dem du aufwachst, wieder auf, das wird ausreichen. Dann wird selbst während des Schlafes der gleiche Strom von Gedanken oder der Meditation weiterarbeiten. Das ist offensichtlich, denn wenn ein Mensch mit einem starken Gedanken im Geist einschläft, dann findet er den gleichen Gedanken vor, wenn er aufwacht. Von dem, der das mit der Meditation tut, wird gesagt, daß sogar sein Schlaf *samadhi* ist. (D.D., I., S. 73.)

Es ist wichtig, sich daran zu erinnern, weil der Maharshi oft über den Schlaf als ein Beispiel des egolosen Zustandes sprach. Wie der obenerwähnte Abschnitt zeigt, meinte er nicht, daß der physische

Schlaf ermutigt werden sollte. Das ist nur ein dunkles, unbewußtes Gegenstück zum wahren egolosen Zustand, der reines Bewußtsein ist.
Eine andere Quelle von Fragen unter jenen, die mit der Meditation weitermachten, war, daß sie manchmal gegen eine Leere oder ein Gefühl der Furcht stießen; aber es wurde ihnen gesagt, weiterzumachen – sich fest an das zu halten, was die Leere oder die Furcht erfährt. Die gleiche Antwort wurde auch jenen gegeben, die einen Zustand der Wonne erfuhren. Es kann weder Furcht noch Freude geben, weder Vision noch Leere, ohne jemanden, der diese Zustände erfährt.

F: Wenn ich den gedankenfreien Zustand in meiner *sadhana* erreiche, dann genieße ich eine gewisse Freude, aber manchmal auch eine vage Furcht, die ich nicht recht beschreiben kann.

B: Was immer du erfährst, du solltest niemals zufrieden damit sein. Gleich ob du Freude oder Furcht fühlst, frage dich, wer sie fühlt, und fahre fort in deinem Bemühen, bis Freude und Furcht beide überstiegen sind und alle Dualität verschwindet und nur die Wirklichkeit alleine bleibt. Nichts ist falsch im Erfahren solcher Dinge, aber du darfst niemals dort aufhören. Zum Beispiel darfst du niemals mit der Freude von *laya*, die erfahren wird, wenn das Denken unterdrückt wird, zufrieden sein, sondern mußt weiterdrängen, bis alle Dualität vergeht. (D.D., I., S. 7.)
Am Nachmittag wurden die folgende Fragen von Herrn Bhargava, einem älteren Besucher aus Jhansi in U.P.*, gestellt:
1. Wie soll ich nach dem ›Ich‹ suchen, vom Anfangspunkt bis zum Ende?
2. Wenn ich meditiere, komme ich zu einer Stufe, wo Vakuum oder Leere ist. Wie soll ich von dort weitermachen?

B: Mache dir nichts daraus, ob es Visionen oder Töne oder sonst etwas gibt oder ob da eine Leere ist. Du bist während all dieser Geschehnisse anwesend, oder nicht? Du mußt während der Leere dagewesen sein, um sagen

*) U.P. = Uttar Pradesh (indischer Bundesstaat).

zu können, daß du eine Leere erfahren hast. In diesem ›Du‹ gefestigt zu sein, ist die Aufgabe von Anfang bis Ende. In allen Büchern über Vedanta wirst du diese Frage einer Leere oder des Nichts-mehr-übrig-sein vom Schüler gestellt und vom Guru beantwortet finden. Der Geist sieht Gegenstände und hat Erfahrungen und findet eine Leere, wenn er aufhört zu sehen und zu erfahren, aber das bist nicht ›Du‹. Du bist das immerwährende Licht, das beides, Erfahrung und Leere, erhellt. Es ist wie das Theaterlicht, das es dir ermöglicht, das Theater, die Darsteller und das Stück zu sehen, solange das Stück läuft – das aber auch angeschaltet bleibt und es dir ermöglicht zu sagen, daß es kein Stück gibt, wenn alles zu Ende ist. Es gibt noch eine andere Darstellung. Wir sehen rings um uns Gegenstände, aber in völliger Dunkelheit sehen wir sie nicht, und wir sagen: Ich sehe nichts. In gleicher Weise bist du auch in der Leere, die du erwähnt hast, existent.

Du bist der Zeuge von den drei Körpern – dem grobstofflichen, dem feinstofflichen und dem kausalen. Und du bist der Zeuge von den drei Zeiten: Vergangenheit, Gegenwart und Zukunft und auch von dieser Leere. In der Geschichte vom zehnten Mann, als jeder gezählt hatte und dachte, daß sie nur neun waren, weil jeder vergessen hatte, sich selbst zu zählen, gibt es einen Punkt, an dem sie glauben, daß einer fehlt, und sie wissen nicht, wer es ist; das korrespondiert zur Leere. Wir sind so sehr mit der Vorstellung vertraut, daß alles, was wir um uns sehen, beständig ist und daß wir dieser Körper sind, daß wenn all das aufhört zu existieren, wir uns vorstellen und fürchten, daß auch wir nicht mehr sind.

Bhagavan zitierte auch die Verse 212 und 213 vom *Vivekachudamani,* in denen der Schüler sagt: Nachdem ich die fünf Hüllen des Nicht-Selbst abgelegt habe, finde ich, daß überhaupt nichts übrig bleibt; und der Guru antwortet, daß das Selbst oder Das, durch das alle Modifikationen, einschließlich des Ego, all seinen Geschöpfen und ihrer Abwesenheit (das ist die Leere), erfahren werden, immer da ist.

Bhagavan fuhr fort und sagte: Die Natur des Selbst oder ›Ich‹ muß Erleuchtung sein. Du erfährst alle Modifikationen und ihre Abwesenheit. Wie? Zu sagen, daß du die Erleuchtung von jemand anderem bekommst, würde die Frage aufbringen, wie er sie bekam, und die Kette der Beweisführung wäre ohne Ende. So bist du also selbst die Erleuchtung. Die übliche Darstellung davon ist folgende: Du bereitest alle möglichen Sorten von Süßigkeiten mit verschiedenen Zutaten und in verschiedenen Formen zu, und alle schmecken süß, weil in allen Zucker und Süße die Natur von Zucker ist. In der gleichen Weise enthalten alle Erfahrungen und ihre Abwesenheit die Erleuchtung, die die Natur des Selbst ist. Ohne das Selbst können sie nicht erfahren werden, genauso wie ohne Zucker nichts von den Dingen, die du bereitest, süß schmecken kann. (Später fuhr er fort): Zuerst sieht man das Selbst als Gegenstände, dann sieht man das Selbst als Leere, dann sieht man das Selbst als das Selbst; nur im letzten Fall ist es nicht Sehen, weil Sehen Sein ist. (D.D., I., S. 71.)

Bevor wir dieses Kapitel abschließen, ist es vielleicht gut, einige etwas speziellere Regeln zu geben oder vielmehr anzudeuten, daß es sie gibt, aber daß sie nicht wesentlich sind. Es ist üblich, das was ›Meditation‹ genannt wird, zu regelmäßigen Zeiten zu praktizieren, am Morgen und am Abend, während man mit geradem Rücken und geschlossenen Augen sitzt. Ich sage ›was Meditation genannt wird‹, weil dieser Begriff üblicherweise für Selbsterforschung und Konzentration auf das ›Ich‹ oder das Herz, wie es in diesem Kapitel beschrieben ist, benutzt wird. Das ist natürlich weit entfernt von der mentalen Reflexion, die allgemein unter diesem Begriff läuft. In Indien ist es üblich, mit gekreuzten Beinen auf dem Boden zu sitzen. Jedoch sind alle diese Regeln der Technik in der Selbsterforschung weniger wichtig als in anderen weniger direkten Methoden. Das wird ganz offensichtlich an der Tatsache, daß die Selbsterforschung langsam von festgelegten Meditationsstunden ausgedehnt werden muß, bis sie die Unterströmung aller Gedanken und Handlungen wird.

Herr Evans-Wentz stellte einige Fragen. Sie bezogen sich auf Yoga. Er wollte wissen, ob es richtig sei, Tiere, wie zum Beispiel Tiger, Hirsche usw. zu töten und ihr Fell als Sitzfläche für die Yogahaltung (*asana*) zu benutzen.

B: Der Geist ist der Tiger oder der Hirsch.

F: Wenn alles Illusion ist, kann man dann töten?

B: Wer hat diese Illusion? Das mußt du herausfinden. Tatsächlich tötet jeder in jedem Augenblick seines Lebens das Selbst (*atmahan*).

F: Welche Haltung ist die beste?

B: Jede Haltung, wenn möglich *sukhasana* (die leichte oder halb-Buddha-Haltung). Aber das ist für *jnana* (den Weg des Wissens) unwesentlich.

F: Zeigt die Haltung das Temperament an?

B: Ja.

F: Was sind die Eigenschaften und Auswirkungen eines Tiger- oder Hirschfelles, wenn als Sitzfläche verwendet?

B: Einige Leute haben es herausgefunden und es in Büchern über Yoga beschrieben. Es hat mit dem Leiten und Nichtleiten von Magnetismus usw. zu tun. Aber all das ist für das Pfad des Wissens (*jnana marga*) ohne Bedeutung. Haltung bedeutet in Wirklichkeit Festigkeit im Selbst, und sie ist im Inneren.

F: Was ist die bestgeeignete Zeit für die Meditation?

B: Was ist Zeit?

F: Sage mir, was sie ist.

B: Zeit ist nur eine Idee. Es gibt nur Wirklichkeit. Was immer du denkst, daß sie ist, das scheint sie zu sein. Wenn du sie Zeit nennst, dann ist sie Zeit. Wenn du sie Dasein nennst, dann ist sie Dasein und so weiter. Wenn du sie Zeit genannt hast, dann teilst du sie in Tage und Nächte, Monate, Jahre, Stunden, Minuten usw. auf. Zeit ist für den Pfad des Wissens unwesentlich. Aber einige dieser Disziplinen sind für Anfänger gut.

F: Empfiehlt Bhagavan irgendeine besondere Haltung für Europäer?

B: Das hängt von dem mentalen Zustand des einzelnen ab. Es gibt keine harten und festgesetzten Regeln.

F: Soll man mit offenen oder geschlossenen Augen meditieren?

B: Es kann auf beide Weise getan werden. Wichtig ist, daß der Geist nach innen gerichtet ist und aktiv in seiner Suche gehalten wird. Manchmal geschieht es, daß, wenn die Augen geschlossen sind, latente Gedanken mit starkem Druck hervorbrechen; auf der anderen Seite jedoch mag es schwierig sein, den Geist nach innen zu richten, wenn die Augen offen sind. Es erfordert Stärke des Geistes. Von Natur aus ist der Geist rein, aber durch das Aufnehmen von Objekten ist er verunreinigt. Das wirklich Wichtige ist, ihn aktiv in seiner Suche zu halten, ohne äußere Eindrücke oder das Denken über andere Dinge aufzunehmen. (T., 17.)

Obwohl der Maharshi, wie es im nächsten Kapitel gezeigt werden wird, verschiedene Methoden anerkannte und gut hieß, wenn sie den Ausübenden zusagten, war er dennoch darauf bedacht, daß sie nicht mit der unmittelbaren Methode der Selbsterforschung durcheinander gebracht werden sollten. Es gibt zum Beispiel indirekte Wege, die emsig die verschiedenen Tugenden kultivieren; als er aber darüber gefragt wurde, antwortete er einfach, daß auf dem direkten Weg der Selbsterforschung keine solche Technik nötig ist.

F: In einigen Büchern wird gesagt, daß man alle guten oder göttlichen Eigenschaften pflegen sollte, um sich für die Selbstverwirklichung vorzubereiten.

B: Alle guten oder göttlichen Eigenschaften sind im spirituellen Wissen beinhaltet, und alle schlechten oder dämonischen Eigenschaften sind im Unwissen beinhaltet. Wenn Wissen einzieht, verschwindet die Ignoranz und all die göttlichen Eigenschaften erscheinen von selbst. Wenn ein Mensch die Selbstverwirklichung erlangt hat, kann er nicht lügen oder sündigen oder irgend etwas Falsches tun. Zweifellos wird in einigen Büchern gesagt, daß man eine Tugend nach der anderen kultivieren und sich so für die höchste Verwirklichung vorbereiten soll; aber für jene, die dem *jnana marga* (Weg des Wissens) folgen, ist die Selbsterforschung völlig ausreichend, um all die göttlichen Eigenschaften zu erlangen; sie brauchen nichts anderes zu tun. (D.D., I., S. 64.)

Im allgemeinen hieß er den Gebrauch von Anrufungen Gottes gut für die, die sie hilfreich fanden; aber er bestand darauf, daß die Selbsterforschung nicht eine Anrufung werden sollte.

F: Sage mir bitte, wie ich das Selbst verwirklichen soll. Soll ich aus ›Wer bin ich‹ eine Anrufung Gottes machen?

B: Nein. Es ist nicht bestimmt, als Anrufung Gottes benutzt zu werden. (T., 486.)

Die Methode jedoch, die am besten geeignet ist, mit der Selbsterforschung durcheinander gebracht zu werden, ist die Meditation ›Ich bin Er‹, und deshalb warnte er wiederholt vor dieser Verwirrung.

Die Selbsterforschung ist eine andere Methode als die der Meditation ›Ich bin Shiva‹ oder ›Ich bin Er‹. Ich lege viel mehr Nachdruck auf Selbstkennen, weil du zuerst mit dir selbst zu tun hast, bevor du weitergehst, um die Welt und ihren Herrn zu kennen. Die ›Ich bin Er‹- oder ›Ich bin Brahman‹-Meditation ist mehr oder weniger mental, aber die Suche nach dem Selbst, von der ich spreche, ist eine unmittelbare Methode und der anderen überlegen. Denn sowie du die Suche unternimmst und anfängst tiefer zu gehen, wartet das wirkliche Selbst dort, um dich zu empfangen, und dann wird, was auch immer getan wird, von etwas anderem getan, und du hast keinen Einfluß darauf. In diesem Vorgang werden alle Zweifel von selbst aufgegeben, genau wie einer, der schläft, all seine Sorgen während dieser Zeit vergißt. (S.D.B., vii.)
Obwohl die Schriften erklären, ›Du bist Das‹, ist es nur ein Zeichen der Schwäche zu meditieren ›ich bin Das und nicht dies‹, weil du ewig Das bist. Was zu tun ist, ist herauszufinden, was man wirklich ist, und Das zu bleiben. (F.V., S.32.)

Nur wenn der Gedanke ›Ich bin ein Körper‹ auftaucht, wird die Meditation ›Ich bin nicht dies, ich bin Das‹ einem helfen, als das zu verweilen. Warum sollte man immer und ewig denken ›Ich bin Das‹? Ist es für einen Menschen nötig, immerfort zu denken ›Ich bin ein Mensch‹? Sind wir nicht immer Das? (F.V., S.36.)
Ein Mann aus dem Punjab stellte sich dem Maharshi vor als von Sri Sankaracharya von Kamakoti Peeta aus Jalesvar in der Nähe von Puri-Jaganath gesandt. Er war ein Weltreisender und hatte Hatha-Yoga und Kontemplationen über ›Ich bin Brahman‹ praktiziert. Nach kurzer Zeit gewann die Leere überhand, sein Gehirn erhitzt sich, und er fürchtet sich vor dem Tod. Er fragte um Maharshis Führung.

B: Wer sieht die Leere?

F: Ich weiß, daß ich sie sehe.

B: Das Bewußtsein, das die Leere überblickt, ist das Selbst.

F: Das befriedigt mich nicht. Ich kann es nicht verwirklichen.

B: Die Furcht vor dem Tod entsteht nur, nachdem der ›Ich-Gedanke‹ auftaucht. Wessen Tod fürchtest du? Zu wem kommt die Furcht? Solange es die Identifikation des Selbst mit dem Körper gibt, wird es Furcht geben.

F: Aber ich bin mir meines Körpers nicht bewußt.

B: Wer sagt, daß er nicht bewußt ist?

F: Ich verstehe nicht.
Dann wurde er nach der genauen Methode seiner Meditation gefragt. Er sagte: *Aham Brahmasmi* (ich bin Brahman).

B: ›Ich bin Brahman‹ ist nur ein Gedanke. Wer sagt es? Brahman selbst sagt es nicht. Warum sollte er es sagen? Noch kann das wahre ›Ich‹ es sagen. ›Ich‹ verweilt immer als Brahman. So ist es nur ein Gedanke. Wessen Gedanke ist es? Alle Gedanken kommen vom unwirklichen ›Ich‹, das ist der ›Ich-Gedanke‹. Bleibe ohne Denken. Solange es Denken gibt, solange gibt es Furcht.

F: Wenn ich auf dieser Linie weiterdenke, dann folgt Vergessen. Das Gehirn erhitzt sich, und ich bekomme Angst.

B: Ja, der Geist ist im Gehirn konzentriert, und daher taucht dort eine heiße Empfindung auf. Das ist wegen des ›Ich-Gedankens‹. Solange es Denken gibt, solange wird es Vergessen geben. Da ist der Gedanke ›Ich bin Brahman‹, dann kommt Vergessen, dann taucht der ›Ich-Gedanke‹ auf und gleichzeitig auch die Furcht vor dem Tod. Vergessen und Denken existieren nur für den ›Ich-Gedanken‹. Erforsche das, und es wird wie ein Phantom verschwinden. Was dann übrigbleibt, ist das wirkliche ›Ich‹. Das ist das Selbst. Der Gedanke ›Ich bin Brahman‹ mag insofern eine Hilfe bei der Konzentration sein, als er andere Gedanken fernhält und alleine bestehen bleibt. Aber dann mußt du fragen, wessen Gedanke es ist. Du wirst herausfinden, daß er vom ›Ich‹ kommt. Von wo aber kommt der ›Ich-Gedanke‹? Tauche in ihn hinein, und er wird verschwinden. Das höchste Selbst wird aus sich selbst erstrahlen. Keine weitere Bemühung ist nötig. Wenn nur das eine wahre ›Ich‹ bleibt, wird es nicht zu sagen brauchen, ›Ich bin Brahman‹. Sagt ein Mensch andauernd ›Ich ein Mensch‹? Warum sollte er sich als Mensch erklären, solange er nicht dazu herausgefordert wird? Hält sich irgend jemand für ein Tier, daß er sagen müßte, ›Nein, ich bin kein Tier, ich bin ein Mensch‹? Ähnlicherweise, weil Brahman oder das ›Ich‹ alleine ist, gibt es keinen, der es herausfordert, und deshalb ist es nicht nötig zu wiederholen ›Ich bin Brahman‹.

Durch dieses ganze Kapitel hindurch wurde über die Selbsterforschung hauptsächlich als spirituelle Übung oder Meditation gesprochen, die zu bestimmten, festgelegten Zeiten durchgeführt wird. Tatsächlich fängt es so an, und, solange die Bemühung notwendig ist, bleiben solche Zeiten intensiver Meditation hilfreich, aber das ist nicht genug. Das Selbstbewußtsein, das man während solch einer

Meditation zu erfahren beginnt, muß auch zu anderen Zeiten kultiviert werden und fängt wirklich an, spontan zu erwachen und eine Unterströmung in den Aktivitäten zu schaffen. Das Ziel ist, das mehr und mehr kontinuierlich zu machen. Man wird sehen, daß das Bhagavans ausdrückliche Anweisung erklärt, wie im dritten Kapitel angeführt, seine spirituelle Suche in der Welt zu vollziehen und sich nicht in eine Einsiedelei zurückzuziehen.

F: Ist eine festgesetzte Meditation nötig, um den Geist zu stärken?

B: Nicht wenn du immer die Idee vor dir behältst, daß es nicht deine Arbeit ist. Zu Anfang bedarf es der Bemühung, aber später wird es natürlich und kontinuierlich. Die Arbeit wird von selbst weitergehen, und dein Friede wird ungestört bleiben. Meditation ist deine wahre Natur. Im Augenblick nennst du es Meditation, weil andere Gedanken dich ablenken. Wenn diese Gedanken vertrieben sind, bleibst einzig du – das heißt, du bleibst im Zustand der Meditation, frei von Gedanken, und das ist deine wirkliche Natur, die du jetzt durch das Fernhalten anderer Gedanken zu verwirklichen suchst. Solch ein Fernhalten anderer Gedanken wird jetzt Meditation genannt. Wenn aber die Praxis gefestigt ist, dann zeigt sich die wirkliche Natur als wahre Meditation. (M.G., I., S.19.)

Aus Gründen, die im vorhergehenden Kapitel angegeben wurden, hält ein Guru oftmals die Technik der spirituellen Praxis als Geheimnis zurück, um es nur denen zu offenbaren, die er für bereit hält; und er weiht sie selbst in sie ein. Bei der Selbsterforschung jedoch wie sie von Bhagavan gelehrt wurde, ist keine solche Vorsorge nötig. Es ist das Verstehen der Person selbst, das ihr diese Methode eröffnet, oder ihr Mangel an Verständnis, das sie ihr verschließt.

F: Kann ich darin bestätigt werden, daß es nichts weiteres, soweit es die Technik spiritueller Praxis betrifft, zu lernen gibt, als was in Bhagavans Büchern geschrieben steht? Ich frage das, weil der Guru in allen anderen Systemen eine geheime Technik zurückhält, um sie seinem Schüler zur Zeit der Einweihung zu offenbaren.

B: Es gibt nichts mehr zu wissen, als was du in den Büchern vorfindest. Keine geheime Technik. Alles ist ein offenes Geheimnis in diesem System. (D.D., II., S.284.)

SECHSTES KAPITEL

ANDERE METHODEN

F: Welche ist die beste Methode?

B: Das hängt vom Temperament der einzelnen Person ab. Jeder wird mit den *samskaras* (Eigenschaften oder Neigungen) seiner vergangenen Leben geboren. Eine Methode mag für die eine Person richtig sein und eine andere für eine andere Person. Es kann keine allgemeine Regel geben. (T., 580.)

Im folgenden Abschnitt deutet Bhagavan den Zweck aller Methoden und das Ziel, das sie verfolgen, an.

Es gibt viele Methoden. Du kannst Selbsterforschung praktizieren und dich selbst fragen ›Wer bin ich?‹, oder wenn dir das nicht zusagt, dann kannst du über ›Ich bin Brahman‹ oder ein anderes Thema meditieren, oder du kannst dich auf eine Anrufung Gottes konzentrieren. In jedem Fall ist das Ziel, den Geist auf einen Gedanken zu konzentrieren und damit die vielen anderen Gedanken auszuschließen. Wenn wir das tun, dann verschwindet schließlich auch der eine Gedanke, und der Geist (mind), ist in seinem Ursprung ausgelöscht. (D.D., II., S.30.)

Dr. Masalawala legte einen Brief, den er von seinem Freund V.K. Ajgaonkar erhalten hatte, einem etwa 35jährigen Mann (Schüler von Jnaneswar Maharaj), von dem gesagt wird, daß er *Jnana* in seinem 28. Lebensjahr erlangt hat, in Bhagavans Hände. Der Brief lautete: ›Du nennst mich *purna.* Wer ist nicht *purna* in dieser Welt?‹ Bhagavan stimmte zu, und der Stimmung entsprechend, in der er sich an diesem Morgen (15. 3. 46) befand, sagte er: ›Zuerst begrenzen wir uns selbst und versuchen dann, unbegrenzt zu werden, was wir tatsächlich immer sind. Unsere ganze Bemühung ist nur darauf ausgerichtet, die Vorstellung aufzugeben, daß wir begrenzt sind....‹

Der Brief fuhr fort: ›Ramana Maharshi ist ein Vertreter der Ajata-Lehre des Advaita Vedanta. Natürlich ist sie etwas schwierig.‹ Bhagavan bemerkte dazu: ›Jemand hat ihm das gesagt. Ich lehre nicht nur die Ajata-Lehre. Ich erkenne alle Schulen an. Die gleiche Wahrheit muß auf verschiedene Arten ausgedrückt werden, um der Fähigkeit des Zuhörers zu entsprechen. Die Ajata-Lehre sagt: ›Nichts außer der einen Wirklichkeit existiert. Es gibt weder Geburt noch Tod, keine Projektion und kein nach Innen-nehmen, keinen *sadhaka,* kein *mumukshu,* kein *mukta,* keine Bindung, keine Befreiung. Einzig die eine Einheit besteht für immer. Die es schwierig finden, diese Wahrheit zu verstehen, und die fragen: ›Wie können wir diese Welt der Materie, die wir um uns sehen, ignorieren?‹, werden auf die Traumerfahrung verwiesen, und es wird ihnen gesagt: ›Alles, was du siehst, hängt vom Sehenden ab. Außerhalb vom Sehenden gibt es nichts Gesehenes. Das wird *drishti-srishti vada* genannt, oder das Argument, daß man zuerst aus seinem Geist schafft und dann sieht, was der Geist geschaffen hat. Denen, die nicht einmal das verstehen und weiter argumentieren: ›Die Traumerfahrung ist so kurz, während die Welt immer existiert. Die Traumerfahrung war auf mich begrenzt, aber die Welt wird nicht nur von mir gefühlt und gesehen, sondern von so vielen, und wir können nicht solch eine Welt nicht-existent nennen‹, wird das Argument *srishti-drishti vada* vorgehalten, und es wird ihnen gesagt: ›Gott erschuf zuerst diese eine Sache aus diesem einen Element und dann etwas anderes und so weiter.‹ Nur das wird Menschen, die so denken, befriedigen. Ihr Geist ist anders nicht befriedigt, und sie fragen sich selbst: ›Wie kann all die Geographie, alle Karten, alle Wissenschaften, die Sterne, die Planeten und die Gesetze, die sie leiten oder sich auf sie beziehen, wie kann all das völlig unwahr sein?‹ Denen sagt man am besten: ›Ja, Gott erschuf all das, und so siehst du es.‹

Dr. Masalawala wandte ein: ›Aber nicht all diese Lehren können wahr sein. Nur eine Lehre kann wahr sein.‹ Hierzu erwiderte Bhagavan: ›All diese Gesichtspunkte sind nur dazu da, um der Fähigkeit des Lernenden zu entsprechen. Das Absolute kann nur eins sein.‹ (D.D., II., S.186.)

Obwohl Bhagavan andere Wege für die, welche der Selbsterforschung nicht folgen konnten, anerkannte, sagte er zum Schreiben dieses: ›Alle anderen Methoden führen zur Selbsterforschung.‹ Wenn einer seiner Verehrer fand, daß ein anderer, weniger direkter Pfad ihm besser diente, dann führte Bhagavan ihn auf diesem Pfad, bis er ihn allmählich zur Selbsterforschung bringen konnte.

Im Gespräch über die unzähligen Wege der verschiedenen Gottessucher sagte Bhagavan: ›Jedem sollte erlaubt sein, seinen eigenen Weg zu gehen, den Weg, für den vielleicht nur er geschaffen ist. Es ist nicht richtig, ihn mit Gewalt zu einem anderen Weg zu überreden. Der Guru wird mit dem Schüler auf dessen Pfad gehen und ihn dann allmählich zum höchsten Pfad hin führen, wenn die Zeit dafür reif ist. Stelle dir ein Auto vor, das mit Höchstgeschwindigkeit fährt. Es anzuhalten und abrupt umzukehren, würde einen Unfall zur Folge haben. (D.D., II., S.53.)

Andere Methoden werden nicht notwendigerweise von der Selbsterforschung ausgeschlossen, einige können tatsächlich sehr gut mit ihr verbunden werden.

SAT SANG

Die größte aller Hilfen für die Selbstverwirklichung ist die Gegenwart eines Verwirklichten. Das wird *Sat Sang* genannt, was wörtlich ›Gemeinschaft mit Sein‹ bedeutet. Sogar hier erklärte Bhagavan manchmal, daß das wirkliche ›Sein‹ das Selbst ist und daß deshalb keine physische Form für *Sat Sang* gebraucht wird. Dennoch betonte er oft dessen großen Nutzen.

Die Verbindung mit Weisen, die die Wahrheit verwirklicht haben, beseitigt materielle Bindungen; durch die

Beseitigung dieser Bindungen werden auch die Bindungen des Geistes zerstört. Die, deren geistige Bindungen auf diese Weise zerstört wurden, werden eins mit Dem, was bewegungslos ist. Sie erlangen die Befreiung, während sie noch leben. Pflege die Verbindung mit solchen Weisen.

Der höchste Zustand, der hier und jetzt als Ergebnis der Verbindung mit Weisen erlangt und durch die tiefe Meditation der Selbsterforschung im Kontakt mit dem Herzen verwirklicht wird, kann nicht mit der Hilfe eines Gurus oder durch das Kennen der Schriften oder durch spirituelle Verdienste oder irgendein anderes Mittel gewonnen werden.

Wenn eine Verbindung mit Weisen erreicht ist, wozu dienen die verschiedenen Methoden der Selbstdisziplin? Sage mir, wozu ein Ventilator nützt, wenn der kühle, sanfte Südwind weht? Die Hitze geistiger und körperlicher Erregung wird vom Schein des Mondes gelindert; Wünsche und Nöte werden vom *Kalpaka*-Baum erfüllt und beseitigt, und die Sünden werden vom heiligen Wasser des Flusses Ganges weggewaschen. All diese Leiden werden durch den einfachen *darshan* des unvergleichlichen Weisen völlig vertrieben.

Weder die heiligen Wasser der Pilgerfahrt noch die Gottesstatuen aus Ton und Stein können mit dem gütigen Blick des Weisen verglichen werden. Jene reinigen einen erst nach zahllosen Tagen der Gnade, aber sowie der Weise seinen gnädigen Blick schenkt, wird man gereinigt. (F.V.S., I., S.5.)

Es muß erwähnt werden, daß diese fünf Verse nicht von Bhagavan geschrieben, sondern von ihm aus dem Sanskrit übersetzt wurden, um sie in seine Vierzig Verse miteinzubeziehen. Die Feststellung im zweiten Vers, daß solche Gnade nicht mit der Hilfe des Gurus erlangt werden kann, gebraucht den Begriff Guru in seiner minderwertigeren Bedeutung von ›Lehrer‹, andernfalls würde er die gleiche Bedeutung wie ›Weiser‹ haben und der Vergleich wäre sinnlos.

ATEMKONTROLLE

Die Kontrolle des Atems kann verschiedene Bedeutungen haben. Sie kann das Zurückhalten des Atems oder die Regulierung des Atems, einem bestimmten Rhythmus entsprechend, bedeuten, oder einfach die Beobachtung des Atmens und die Konzentration auf ihn. Der Maharshi hieß oftmals den Gebrauch der Atemkontrolle gut, aber er gab keine Regel an, welche Form sie haben sollte – vielleicht weil jene, die um seine Zustimmung baten, gewöhnlich eine Form der Atemkontrolle praktizierten, die von einem Guru vorgeschrieben worden war, und nur wissen wollten, ob sie damit weitermachen sollten. Er selbst lehrte oder empfahl nicht rein technische Formen der Atemkontrolle, obwohl er hierzu durchaus kompetent gewesen wäre.

Da in diesem Buch nur die notwendigen Elemente des *ashtanga yoga* widergegeben sind, muß jeder, der mehr darüber wissen möchte, sich an einen ausübenden Yogi mit der entsprechenden Erfahrung wenden und von ihm die Einzelheiten lernen. (S.W., S. 25.)

Wenn Ramana Maharshi die Art der Atemkontrolle, die zu praktizieren war, spezifizierte, dann war es im allgemeinen einfach die Beobachtung des Atems, die Technik, die am ungefährlichsten ist, falls sie ohne die Anleitung eines Gurus, der in dieser Form des technischen indirekten Weges spezialisiert ist, ausgeführt wird.

Herr Prasad fragte, ob nicht die regelmäßige Form der Atemkontrolle, in der das Einatmen, das Atemanhalten und das Ausatmen im Verhältnis von 1:4:2 steht, besser ist. Bhagavan antwortete: ›All diese Rhythmen, die manchmal nicht durch Zählen, sondern durch Anrufungen Gottes reguliert werden, sind Hilfen für die Kontrolle des Geistes, das ist alles. Den Atem zu beobachten, ist auch eine Form der Atemkontrolle. Das Anhalten des Atems ist gewaltsamer und kann schädlich sein, wenn kein richtiger Guru da ist, der den Ausübenden auf jeder Stufe leitet; aber das einfache Beobachten des Atems ist leichter und beinhaltet kein Risiko.‹ (D.D., II., S.60.)

Der Maharshi war bei der Empfehlung der Atemkontrolle vorsichtig, indem er erklärte, warum sie benutzt wurde – daß sie hilfreich sei einfach als Schritt zur Kontrolle des Geistes.

Das Prinzip, das dem Yogasystem zugrunde liegt, ist, daß der Ursprung der Gedanken auch der Ursprung des Atems und der vitalen Kraft ist, deshalb wird, wenn man eines dieser Gebiete wirksam kontrolliert, auch das andere automatisch unter Kontrolle gebracht. (S.I., S.12.)

Der Ursprung des Geistes ist der gleiche wie der Ursprung des Atems und der vitalen Kräfte. Es ist wirklich die Vielfalt der Gedanken, die den Geist ausmachen, und der ›Ich-Gedanke‹ ist der ursprüngliche Gedanke des Geistes und ist selbst das Ego. Aber der Atem hat seinen Ursprung auch am gleichen Ort, wo das Ego entsteht. Wenn also der Geist absinkt, dann sinken auch der Atem und die vitalen Kräfte ab, und umgekehrt, wenn die letzteren absinken, dann sinkt auch der Geist ab.
Atem und vitale Kräfte werden auch als die grobstoffliche Manifestation des Geistes bezeichnet. Bis zur Stunde des Todes unterhält und stützt der Geist diese Kräfte im physischen Körper, und wenn man stirbt, dann umhüllt sie der Geist und trägt sie weg. Während des Schlafes jedoch funktionieren die vitalen Kräfte weiter, obwohl der Geist nicht manifestiert ist. Das passiert in Übereinstimmung mit dem göttlichen Gesetz und ist dazu bestimmt, den Körper zu beschützen und jedmöglichen Zweifel auszuschließen, ob er lebendig oder tot ist, während man schläft. Ohne solche Einrichtungen der Natur würden schlafende Körper oftmals lebendig begraben werden. Die Vitalität, die im Atem gegenwärtig ist, wird vom Geist als Wächter zurückgelassen. Aber im Wachzustand und im *samadhi* flaut auch der Atem ab, wenn der Geist abflaut. Aus diesem Grund (weil der Geist die erhaltende und kontrollierende Macht über Atem und vitale Kräfte hat und deshalb jenseits von beiden ist) ist die Ausübung der Atemkontrolle nur hilfreich, um den Geist zu bändigen, kann aber nicht seine endgültige Auslöschung bewirken. (W., S.35.)

Daraus folgt, daß die Atemkontrolle, wie sie von Sri Bhagavan für gut geheißen wird, nur für jene nötig ist, die den Geist nicht unmittelbar kontrollieren können.

F: Ist es nötig, den Atem zu kontrollieren?

B: Die Atemkontrolle ist nur eine Hilfe, um nach innen einzutauchen. Man kann ebenso durch die Kontrolle des Geistes nach innen tauchen.
Wenn der Geist kontrolliert wird, wird der Atem automatisch auch kontrolliert. Man braucht keine Atemkontrolle zu praktizieren; das Kontrollieren des Geistes ist ausreichend. Die Atemkontrolle wird dem angeraten, der seinen Geist nicht direkt kontrollieren kann. (T., 448.)

Das deutet an, daß Sri Bhagavan die Atemkontrolle nicht als eigenständige Technik gut hieß, sondern nur als einen Weg zur Kontrolle des Geistes. Für sich genommen, warnte er, würden ihre Wirkungen unbeständig sein.

Für das Beruhigen des Geistes gibt es kein wirkungsvolleres und adäquateres Mittel als die Selbsterforschung. Obwohl der Geist mit Hilfe anderer Techniken auch zur Ruhe kommt, ist das nur scheinbar so, und er wird wirder unruhig werden. Wenn zum Beispiel der Geist mit Hilfe der Atemkontrolle zur Ruhe kommt, dann hält diese nur solange an, wie die Kontrolle des Atems und der vitalen Kräfte andauert, und wenn sie freigelassen werden, dann wird auch der Geist frei gelassen und, da er sich nach außen wendet, wird er sofort aufgrund seiner subtilen Neigungen wieder ruhelos. (W., S.35.)

Deshalb sollten die, welche die Atemkontrolle auf dem Pfad, den der Maharshi vorgeschrieben hat, benutzen, auch wissen, wann sie damit aufhören sollten.

B: Atemkontrolle ist eine Hilfe beim Kontrollieren des Geistes und wird denen angeraten, die finden, daß sie den Geist nicht ohne solche Hilfe kontrollieren können. Für die, welche ihren Geist kontrollieren und sich konzentrieren können, ist sie nicht notwendig. Sie kann am Anfang benutzt werden, bis man fähig ist, den Geist zu kontrollieren, aber dann sollte sie aufgegeben werden. (D.D., I., S.11.)

Ein anderer Grund für Vorsicht beim Gebrauch der Atemkontrolle ist, daß sie zu subtilen Erfahrungen führen kann, die den Suchenden von seinem wahren Ziel ablenken könnten.
Wie im nächsten Kapitel gezeigt werden wird, warnte Bhagavan immer vor dem Interesse an Kräften und Erfahrungen oder dem Verlangen danach – manchmal besonders in bezug auf die Anwendung von Atemkontrolle.

B: Atemkontrolle ist auch eine Hilfe. Sie ist eine der verschiedenen Methoden, die dazu dienen sollen, uns beim Erreichen von *ekargratha* oder dem Ausgerichtetsein des Geistes auf einen Punkt zu helfen. Atemkontrolle kann auch helfen, den wandernden Geist zu kontrollieren und dieses Ausgerichtetsein auf einen Punkt zu erreichen, und deshalb kann sie benutzt werden. Aber man sollte nicht dort aufhören. Nachdem man die Kontrolle des Geistes durch Atemkontrolle erlangt hat, sollte man nicht mit irgendwelchen Erfahrungen, die daraus erwachsen mögen, zufrieden sein, sondern man sollte den kontrollierten Geist zu der Frage ›Wer bin ich?‹ drängen, bis der Geist im Selbst aufgeht. (D.D., I., S.4.)

ASANAS

Für die Verehrer Bhagavans war es üblich, mit gekreuzten Beinen in der Meditation vor ihm zu sitzen, aber die komplizierten Haltungen oder *asanas* wurden nicht praktiziert. Wie im vorherigen Kapitel erklärt wurde, sind solche Haltungen in der Selbsterforschung weniger wichtig als auf einem Yogapfad.

F: Da ist eine Reihe von *asanas* (Haltungen) aufgeführt. Welche von ihnen ist die beste?

B: Das Ausgerichtetsein des Geistes auf einen Punkt ist die beste Haltung. (T., 557).

HATHA-YOGA

B: Die Hatha-Yogis behaupten, daß sie den Körper in guter Verfassung halten, damit die Nachforschung ohne Hindernis erfolgen kann. Sie sagen auch, daß das Leben verlängert werden muß, damit die Nachforschung zu einem erfolgreichen Abschluß gebracht werden kann. Dann gibt es noch jene, die verschiedene Drogen (*kayakalpa*) zu diesem Zweck benutzen. Ihre berühmte Redewendung ist, daß die Leinwand vollkommen sein muß, bevor man anfängt, darauf zu malen. Ja, aber was ist die Leinwand und was das Bild? Ihnen zufolge ist der Körper die Leinwand, und die Forschung nach dem Selbst ist das Bild. Aber ist nicht der Körper selbst ein Bild auf der Leinwand des Selbst?

F: Über Hatha-Yoga wird viel als ein Hilfsmittel gesprochen.

B: Ja, sogar große Pandits, die wohlbewandert im Vedanta sind, praktizieren ihn noch. Andernfalls kommt ihr Geist nicht zur Ruhe. So kannst du sagen, daß es für die nützlich sein mag, deren Geist nicht anders zur Ruhe kommt. (T., 619.)

INS LICHT SCHAUEN

F: Warum sollte man nicht andere Mittel, wie zum Beispiel ins Licht schauen anwenden?

B: Ins Licht schauen betäubt den Geist und produziert einen zeitlich begrenzten Zusammenbruch des Willens, aber es bringt keinen permanenten Nutzen.

KONZENTRATION AUF KLANG

Es gibt Leute, die sich auf das Hören eines Klanges konzentrieren – nicht eines physischen Klanges, sondern eines Klanges von der feinstofflichen Ebene. Der Maharshi wies das nicht ab, aber erinnerte sie daran, sich an Selbst zu halten und herauszufinden, wer den Klang hört. Die erlangte Konzentration ist gut, aber sie führt per se nicht weit genug – Nachforschung ist auch nötig.

Ein Mann aus Gujerat sagte, daß er sich auf Klang (*nada*) konzentrierte, und wollte wissen, ob die Methode richtig sei.

B: Die Meditation auf *nada* ist eine der verschiedenen anerkannten Methoden. Ihre Anhänger halten sie für ganz besonders wirkungsvoll. Ihnen zufolge ist sie die einfachste und unmittelbarste Methode. Genauso wie ein Kind durch Schlaflieder in den Schlaf gewiegt wird, so beruhigt *nada* einen zu dem Zustand von *samadhi* hin. Wiederum, so wie ein König seine Reichsmusikanten ausschickt, um seinen Sohn zur Rückkehr von einer langen Reise willkommen zu heißen, so bringt auch *nada* den Verehrer auf angenehme Weise in die Wohnung des Herrn. *Nada* hilft der Konzentration; aber nachdem man anfängt, es zu fühlen, sollte die Übung in sich selbst beendet werden. *Nada* ist nicht das Ziel, man sollte sich fest an das Subjekt halten. Andernfalls wird eine Leere dabei herauskommen. Obwohl das Subjekt sogar in der Leere da ist, muß man sich seines eigenen Selbst erinnern. *Nada Upasana* (die Meditation auf den Klang) ist gut, aber sie ist besser, wenn sie mit der Selbsterforschung verbunden wird. (T., 148.)

KONZENTRATION AUF DAS HERZ ODER DEN PUNKT ZWISCHEN DEN AUGENBRAUEN

Die Konzentration auf den Punkt zwischen den Augenbrauen ist eine yogische Übung. Bhagavan erkannte ihre Wirksamkeit an, besonders wenn sie mit einer Anrufung Gottes verbunden war, aber er empfahl die Konzentration auf das Herz in der rechten Seite als sicherer und wirkungsvoller.

Eine Dame mittleren Alters aus Maharashtra, die sich mit Jnaneswari und Vichara Sagara befaßt hatte und die Konzentration zwischen den Augenbrauen praktizierte, hatte Schaudern und Furcht empfunden und konnte keinen Fortschritt machen. Sie brauchte Führung. Der Maharshi wies sie an, nicht den Sehenden zu vergessen. Das Sehen ist zwischen den Augenbrauen fixiert, aber der Sehende wird nicht beachtet. Wenn man sich immer an den Sehenden erinnert, dann wird alles gut sein. (T., 162.)

Ein Besucher sagte: Wir wurden angewiesen, uns auf den Punkt der Stirn zwischen den Augenbrauen zu konzentrieren. Ist das richtig?

B: Jedermann weiß, daß er existiert. Dennoch ignoriert man dieses Bewußtsein und macht sich auf die Suche nach Gott. Wozu nützt es, seine Aufmerksamkeit zwischen den Augenbrauen zu halten? Der Zweck solch einer Anweisung ist, dem Geist bei der Konzentration zu helfen. Dies ist eine der effektiven Methoden, um den Geist zu zügeln und seine Zerstreuung zu verhindern. Der Geist wird gewaltsam in eine Richtung gelenkt, und das ist eine Hilfe für die Konzentration. Aber die Methode der Verwirklichung ist die Frage ›Wer bin ich?‹ Die gegenwärtige Schwierigkeit betrifft den Geist und kann nur von ihm entfernt werden. (T., 557.)

F: Sri Bhagavan spricht vom Herzen als dem Sitz des Bewußtseins und als identisch mit dem Selbst. Was genau bezeichnet der Begriff ›Herz‹?

B: Die Frage nach dem Herzen taucht auf, weil du den Ursprung des Bewußtseins suchen willst. Auf alle Denker übt die Frage nach dem ›Ich‹ und seiner Natur eine unwiderstehliche Faszination aus. Nimm irgendeinen Namen: Gott, Selbst, das Herz oder den Sitz des Bewußtseins – es ist alles das gleiche. Der Punkt, der verstanden werden muß, ist, daß ›Herz‹ das unmittelbare Zentrum des Wesens bedeutet, den Mittelpunkt, ohne den absolut nichts ist.

X F: Aber Sri Bhagavan hat einen besonderen Ort für das Herz im physischen Körper angegeben – das ist im Brustkasten, zwei Fingerbreit von der Mitte nach rechts.

B: Ja, das ist das Zentrum spiritueller Erfahrung, dem Zeugnis der Weisen zufolge. Das spirituelle Herzzentrum ist vom blutpumpenden, muskulösen Organ, das den gleichen Namen trägt, völlig verschieden. Das spirituelle Herzzentrum ist kein Organ des Körpers. Alles, was du über das Herz sagen kannst, ist, daß es der Mittelpunkt deines Wesens ist. Das, womit du wirklich identisch bist, gleich ob du wach bist oder schläfst oder träumst, ob du mit Arbeit beschäftigt oder in *samadhi* eingetaucht bist.

F: Wie kann es in diesem Fall irgendwo im Körper lokalisiert werden? Einen Ort für das Herz festzulegen, würde bedeuten, daß man physiologische Begrenzungen für Das setzt, das jenseits von Raum und Zeit ist.

B: Das ist richtig. Aber die Person, die nach der Lage des Herzens fragt, hält sich selbst für mit oder im Körper existierend. Während du jetzt die Frage stellst, würdest du sagen, daß dein Körper alleine hier ist und daß du von woanders her sprichst? Nein, du akzeptierst deine physische Existenz. Von diesem Gesichtspunkt aus wird Bezug auf den physischen Körper genommen. Um wahrhaft zu sprechen, reines Bewußtsein ist unzertrennbar, es ist ohne Teile. Es hat weder Gestalt noch Form, kein innen oder außen. Es gibt weder rechts noch links... Reines Bewußtsein – das das Herz ist – schließt alles ein und nichts ist außerhalb oder abgetrennt von ihm. Das ist die endgültige Wahrheit.

F: Wie soll ich Sri Bhagavans Feststellung, daß die Erfahrung des Herzzentrums an jenem bestimmten Ort im Brustkasten ist, verstehen?

B: Reines Bewußtsein, völlig unbezogen auf den physischen Körper und den Geist übersteigend, ist eine Sache unmittelbarer Erfahrung. Die Weisen kennen ihre körperlose, ewige Existenz, genauso wie ein unverwirklichter Mensch seine körperliche Existenz kennt. Aber die Erfahrung von Bewußtsein kann mit oder ohne körperliches Gewahrsein sein. In der körperlosen Erfahrung reinen Bewußtseins ist der Weise jenseits von Zeit und Raum, und die Frage von der Position des Herzens kann überhaupt nicht auftauchen. Da jedoch der physische Körper nicht getrennt vom Bewußtsein bestehen kann, muß das körperliche Gewahrsein von reinem Bewußtsein unterhalten werden. Das körperliche Gewahrsein ist natürlicherweise begrenzt und kann niemals das reine Bewußtsein umfassen, das unendlich und ewig ist. Das Körperbewußtsein ist nur eine Miniaturreflexion des reinen Bewußtseins, mit welchem der Weise identisch geworden ist. Für ihn ist deshalb das Körperbewußtsein sozusagen nur ein widergespiegelter Strahl des selbststrahlenden, unendlichen Bewußtseins, das er selbst ist. Nur in diesem Sinne ist sich der Weise seiner körperlichen Existenz bewußt.

F: Für Leute wie mich, die weder die unmittelbare Erfahrung des Herzens noch die darauf folgende Erinnerung haben, scheint die Sache irgendwie schwierig zu verstehen zu sein. Über die Lage des Herzens selbst müssen wir uns vielleicht auf eine Mutmaßung verlassen.

B: Wenn die Bestimmung der Lage des Herzens von einer Mutmaßung selbst im Falle des Unverwirklichten abzuhängen hat, dann ist die Frage sicherlich keiner großen Erwägung wert. Nein, du brauchst nicht von einer Mutmaßung abhängig zu sein, es ist eine unfehlbare Intuition.

F: Wer hat die Intuition?

B: Alle Menschen.

F: Traut Bhagavan mir ein intuitives Wissen über das Herz zu?

B: Nein, nicht über das Herz, aber über die Lage des Herzens in Beziehung zu deiner Identität.

F: Sri Bhagavan sagt, daß ich intuitiverweise die Lage des Herzens im physischen Körper kenne?

B: Warum nicht?

F: (auf sich selbst zeigend) Bezieht sich Bhagavan auf mich persönlich?

B: Ja. Das ist die Intuition! Wie hast du dich durch eine Geste gerade jetzt auf dich selbst bezogen? Hast du nicht deinen Finger auf die rechte Seite der Brust gelegt? Das ist genau der Ort des Herzzentrums.

F: Dann muß ich mich ohne direktes Wissen um das Herzzentrum auf diese Intuition verlassen?

B: Was ist daran falsch? Wenn ein Schuljunge sagt: ›Ich habe die Summe richtig herausgefunden‹, oder wenn er dich fragt: ›Soll ich laufen und das Buch für dich bringen‹, wird er auf den Kopf zeigen, der die Summe richtig gefunden hat, oder auf die Beine, die dir schnell das Buch bringen werden? Nein, in beiden Fällen zeigt sein Finger ganz natürlicherweise auf die rechte Seite der Brust und gibt somit der tiefen Wahrheit, daß der Ursprung des ›Ich-Seins‹ dort in ihm ist, einen unschuldigen Ausdruck. Es ist eine unfehlbare Intuition, die ihn sich auf ihn selbst beziehen läßt, zum Herzen, das das Selbst ist, auf diese Weise. Der Akt ist völlig unwillkürlich und universell, das heißt, er ist der gleiche im Falle jedes einzelnen. Welchen stärkeren Beweis als diesen brauchst du über die Lage des Herzzentrums im physischen Körper?

F: Die Frage ist aber, welche von beiden die richtige Sicht ist, daß das Zentrum spiritueller Erfahrung der Ort zwischen den Augenbrauen ist, oder daß er das Herz ist.

B: Für praktische Zwecke kannst du dich auf den Punkt zwischen den Augenbrauen konzentrieren, wenn du willst; das wäre dann *bhavana* oder imaginative Kontemplation des Geistes, wohingegen der höchste Zustand von *abnubhava* oder Verwirklichung, in dem du völlig aufgehst und in dem deine Individualität gänzlich aufgelöst wird, den Geist übersteigt. Dann kann es kein objektiviertes Zentrum geben, das du als Subjekt verschieden und getrennt von ihm erfährst.

F: Ich möchte meine Frage etwas anders stellen. Kann man den Ort zwischen den Augenbrauen als den Sitz des Selbst bezeichnen?

B: Du stimmst zu, daß das Selbst der höchste Ursprung von Bewußtsein ist und daß es gleichermaßen während all der drei Zustände des Geistes besteht. Aber beobachte, was geschieht, wenn eine Person während der Meditation vom Schlaf übermannt wird. Als erstes Zeichen des Schlafes fängt sein Kopf zu nicken an; das aber könnte nicht geschehen, wenn das Selbst zwischen den Augenbrauen wäre. Dieses Zentrum kann nicht sein Sitz genannt werden, ohne zu besagen, daß das Selbst häufig seinen eigenen Platz verläßt, was absurd ist. Die Tatsache ist, daß der *sadhaka* seine Erfahrung in jeglichem Zentrum oder *chakra*, auf das er seinen Geist konzentriert, haben kann, aber das macht dieses Zentrum nicht zum Sitz des Selbst...

F: Da Bhagavan sagt, daß das Selbst in jedem der Zentren funktionieren kann, während sein Sitz im Herzen ist, ist es nicht möglich, daß durch die Ausübung von intensiver Konzentration oder *dhyana* zwischen den Augenbrauen dieses Zentrum selbst der Sitz des Selbst wird?

B: Solange es nur die Stufe des Praktizierens von Konzentration ist, um deine Aufmerksamkeit in einem Punkt zu kontrollieren, ist jegliche Erwägung über den Sitz des Selbst nur ein Theoretisieren. Du siehst dich selbst als das Subjekt, den Sehenden, und der Ort, auf den du die Aufmerksamkeit richtest, wird das gesehene Objekt. Das ist nur *bhavana.* Wenn du dagegen den Sehenden selbst siehst, dann gehst du im Selbst auf, du wirst eins mit ihm; das ist das Herz.

F: Ist dann die Übung der Konzentration zwischen den Augenbrauen ratsam?

B: Das endgültige Ergebnis der Ausübung jeglicher Art von *dhyana* ist, daß das Objekt, auf das der Aspirant seinen Geist richtet, aufhört als verschieden und vom Subjekt abgetrennt zu existieren. Subjekt und Objekt werden ein Selbst, und das ist das Herz. Die Konzentration im Zentrum zwischen den Augenbrauen ist eine der Trainingsmethoden, und die Gedanken werden dadurch in wirksamer Weise für eine gewisse Zeit kontrolliert. Der Grund dafür ist, daß jedes Denken eine äußere Aktivität des Geistes ist, und Denken folgt zuerst dem physischen oder mentalen Sehen. Es ist jedoch wichtig, daß diese Übung der Ausrichtung von Aufmerksamkeit auf den Punkt zwischen den Augenbrauen von Gottesanrufungen begleitet wird. Denn dem Auge des Geistes am nächst wichtigsten ist das Ohr des Geistes (das ist mentales Sichtbarmachen von Sprache), entweder um den Geist zu kontrollieren und ihn so zu stärken oder um ihn abzulenken und somit zu zerstreuen. Deshalb solltest du, während du das Auge des Geistes auf ein Zentrum fixierst, wie zum Beispiel zwischen den Augenbrauen, auch die mentale Artikulation eines göttlichen Namens oder einer Anrufung Gottes praktizieren; andernfalls wirst du bald den Halt am Objekt der Konzentration verlieren. Diese Art der Übung führt zur Identifikation mit dem Namen, dem Wort oder dem Selbst – wie immer du es nennen willst –, mit dem Zentrum, das du zum Zweck der Meditation ausgewählt hast. Reines Bewußtsein, das Selbst oder das Herz ist die endgültige Verwirklichung. (M.G., II., S.68.)

DAS SAHASRARA

Die tantrischen Wege lehren das allmähliche sich Entwickeln der Kundalini oder des spirituellen Energiestromes in einem Menschen. So wie er sich entrollt und nach oben steigt, befreit er eine Reihe von *chakren* oder spirituellen Zentren im Körper, von denen jedes seine ihm eigenen Kräfte und Wahrnehmungen verleiht, bis er das *Sahasrara* oder den tausendblättrigen Lotus im Gehirn bzw. der Krone des Kopfes erreicht. Als er darüber befragt wurde, antwortete Bhagavan, daß, was auch immer die Erfahrung sein mag, der endgültige Sitz des Selbst und deshalb der Verwirklichung das Herz ist.

F: Warum lenkt uns Bhagavan nicht zur Konzentrationsübung auf ein bestimmtes Zentrum oder *chakra?*

B: Die Yoga Sastras sagen, daß das *Sahasrara* oder Gehirn der Sitz des Selbst ist. Das *Purusha Sukta* erklärt das Herz als den Sitz. Damit der Aspirant fähig wird, jeden möglichen Zweifel zu vermeiden, weise ich ihn an, den Faden oder Anhaltspunkt des ›Ich-Seins‹ aufzunehmen und ihm bis zu seinem Ursprung zu folgen. Denn erstens ist es für keinen möglich, irgendeinen Zweifel über diese ›Ich-Vorstellung‹ zu hegen; zweitens, welche Mittel auch angewendet werden, das endgültige Ziel ist die Verwirklichung vom Ursprung des ›Ich-Seins‹, womit du in deiner Erfahrung beginnst. Wenn du deshalb Selbsterforschung praktizierst, wirst du das Herz, das das Selbst ist, erreichen. (M.G., II., S.78.)

F: Existiert das *jivanadi* (die feinstoffliche Nervensäule) wirklich, oder ist es die Erfindung der Vorstellungskraft?

B: Die Yogis sagen, daß es ein *nadi* gibt, das *jivanadi, atmanadi* oder *paranadi* genannt wird. Die Upanishaden sprechen von einem Zentrum, von dem Tausende von *nadis* abzweigen. Einige lokalisieren es im Gehirn, andere an anderen Orten. Die Garbhopanishad verfolgt die Entstehung des Fötus und das Wachsen des Kindes im Mutterleib. Vom Ego wird gesagt, daß es in das Kind durch die Fontanelle im siebten Monat seines Wachsens eintritt. Als Beweis dafür wird darauf hingewiesen, daß die Fontanelle in einem Baby weich ist und man das Pulsieren sehen kann. Es dauert einige Monate, bis sie sich verhärtet. So kommt das Ego von oben, tritt durch die Fontanelle ein und arbeitet durch Tausende von *nadis,* die über den ganzen Körper verteilt sind. Deshalb muß sich der Wahrheitssuchende auf das *sahasrara,* das ist das Gehirn, konzentrieren, um seinen Ursprung wiederzugewinnen. Es wird gesagt, daß die Atemkontrolle dem Yogi hilft, die *Kundalini-Shakti* aufsteigen zu lassen, die aufgerollt im Solar-Plexus ruht. Die Shakti steigt durch einen Nervenstrang, der *sushumna* genannt wird, auf, welcher in die Mitte der Wirbelsäule eingebettet ist und sich bis zum Gehirn erstreckt.

Wenn man sich auf das *sahasrara* konzentriert, wird zweifellos die Ekstase des *samadhi* erfolgen. Die *vasanas,* die latenten Neigungen, sind jedoch nicht zerstört. Deshalb muß der Yogi vom *samadhi* erwachen, weil die Befreiung von der Bindung noch nicht erlangt ist. Er muß immer noch versuchen, die *vasanas* auszulöschen, damit die latenten Neigungen, die noch in ihm sind, nicht den Frieden seines *samadhi* stören können. So kommt er vom *sahasrara* herunter zum Herzen durch das, was *jivanadi* genannt wird, was nur eine Verlängerung des *sushumna* ist. Der *sushumna* formt eine Kurve. Er beginnt im Solar-Plexus, steigt durch das Rükkenmark zum Gehirn auf und biegt von dort nach unten ab und endet im Herzen. Wenn der Yogi das Herz erreicht hat, dann wird der *samadhi*-Zustand permanent. So können wir erkennen, daß das Herz das endgültige Zentrum ist.

Einige Upanishaden sprechen auch von 101 *nadis,* die vom Herzen abzweigen und von denen eines das vitale *nadi* ist. Wenn das Ego von oben herabkommt und im Gehirn reflektiert wird, wie die Yogis sagen, dann muß es eine reflektierende Oberfläche geben. Diese muß auch fähig sein, das unendliche Bewußtsein auf die Grenzen des Körpers zu beschränken. Kurzum, das universelle Wesen wird zum Ego begrenzt. Solch ein reflektierendes Medium wird mit einer Anhäufung von *vasanas* im Individuum ausgestattet. Es ist wie das Wasser in einer Schüssel, das einen Gegenstand reflektiert. Wenn das Wasser aus der Schüssel genommen wird, gibt es keine Reflexion mehr. Der Gegenstand bleibt da, ohne reflektiert zu werden. Der Gegenstand ist in diesem Falle das universelle Seins-Bewußtsein, das allesdurchdringend und deshalb allem innewohnend ist. Es braucht nicht ausschließlich durch die Reflexion er-

kannt zu werden. Es ist selbstleuchtend. Deshalb muß es das Ziel des Suchenden sein, die *vasanas* vom Herzen wegzunehmen und nicht ein reflektierendes Medium das Licht des Ewigen Bewußtseins versperren zu lassen. Das gelingt durch die Suche nach dem Ursprung des Ego und durch das Eintauchen in das Herz. Das ist der unmittelbare Weg zur Selbstverwirklichung. Der, der ihn annimmt, braucht sich nicht um die *nadis,* das Gehirn, *sushumna, Kundalini,* Atemkontrolle und die sechs yogischen Zentren zu sorgen.
Das Selbst kommt von nirgendwoher und betritt den Körper nicht durch die Schädeldecke. Es ist so wie es ist, immer leuchtend, immer beständig, unbeweglich und unveränderlich. Die Veränderungen, die man feststellt, betreffen nicht das Selbst, denn das Selbst verweilt im Herzen und ist selbstleuchtend wie die Sonne. Die Veränderungen werden in seinem Licht gesehen. Die Beziehung zwischen dem Selbst und dem Körper oder dem Geist kann mit der eines klaren Kristalls zu seinem Hintergrund verglichen werden. Wenn das Kristall vor eine rote Blume gestellt wird, scheint es rot, gegen Grün gestellt, scheint es grün und so weiter. Die Einzelperson beschränkt sich selbst auf die Begrenzungen des veränderlichen Körpers oder auf den Geist, dessen Existenz vom unveränderlichen Selbst herrührt. Es ist lediglich nötig, diese falsche Identität aufzugeben, und wenn das getan ist, wird man erkennen, daß das immerleuchtende Selbst die einzige, ungeteilte Wirklichkeit ist. (T., 616.)

SCHWEIGEN

Insgesamt befürwortete der Maharshi Schweigegelübde nicht. Wenn der Geist kontrolliert ist, dann wird nutzloses Sprechen vermieden werden; aber dem Sprechen zu entsagen, wird den Geist nicht stillen. Die Wirkung produziert nicht die Ursache.

F: Ist ein Schweigegelübde nicht eine hilfreiche Sache?

B: Ein Gelübde ist nur ein Gelübde. Es mag der Meditation in einem gewissen Maße helfen; was aber nutzt es, den Mund geschlossen zu halten und den Geist umhertoben zu lassen? Wenn der Geist im Zustand der Meditation ist, welche Notwendigkeit bleibt dann zu Sprechen? Nichts ist besser als Meditation. Wozu nützt ein Schweigegelübde, wenn man total in Aktivitäten verstrickt ist? (T., 371.)

ERNÄHRUNG

Obwohl er im allgemeinen physischen Hilfen für die Meditation wenig Bedeutung beimaß, bestand der Maharshi auf den Vorteilen, die die Beschränkung auf *sattwische*, das ist vegetarische, nicht stimulierende Nahrung, brachte.

Die Regulierung der Ernährung, indem man sie auf *sattwische* Nahrung beschränkt und mäßige Mengen zu sich nimmt, ist die beste und förderlichste Verhaltensregel für die Entwicklung von *sattwischen* (reinen) Qualitäten des Geistes. Diese wiederum helfen einem bei der Ausübung der Selbsterforschung. (W., S.37.)

Das Folgende ist die Zusammenfassung der ›Suche nach dem Selbst‹, dem ersten Buch, das er schrieb.

Es ist im Rahmen unserer Möglichkeiten eine einfache und nahrhafte Ernährung zu verzehren und mit aufrichtiger und unaufhörlicher Bemühung das Ego auszulöschen – den Ursprung allen Übels –, indem alle mentale Aktivität, die aus dem Ego entsteht, beendet wird. Können ohne das Ego quälende Gedanken auftauchen, oder gibt es neben solchen Gedanken Illusion? (S.E., S.29.)

Er bestätigte das auch, als er von Verehrern gefragt wurde.

F: Gibt es irgendwelche Hilfen für
1. die Konzentration und
2. die Befreiung von Ablenkungen?

B: Im physischen Bereich müssen die Verdauungs- und die anderen Organe frei von Reizung gehalten werden. Deshalb muß die Nahrung nach Menge und Qualität geregelt werden. Man ißt nicht-reizende Nahrung und vermeidet Chilli, ein Übermaß an Salz, Zwiebel, Wein, Opium usw. Vermeide Verstopfung, Schläfrigkeit und Erregung und alle Nahrungsmittel, die das herbeiführen. Interessiere dich auf geistiger Ebene für eine Sache und konzentriere den Geist darauf. Laß dich von diesen Interessen ganz in Anspruch nehmen und schließe alles andere aus. Das ist Gelassenheit (*vairagya*) und Konzentration. (T., 28.)

Frau Pigott kam auf einem weiteren Besuch von Madras zurück und stellte Fragen über Ernährung.

F: Welche Ernährung ist für das spirituelle Leben angemessen?

B: *Sattwische* Nahrung in mäßigen Mengen.

F: Welche Nahrung ist *sattwisch*?

B: Brot, Früchte, Gemüse, Milch und ähnliches.

F: Viele Menschen im Norden essen Fisch. Ist das erlaubt?

Auf diese Frage gab Bhagavan keine Antwort. Er sträubte sich immer, andere zu kritisieren, und diese Frage lud ihn ein, entweder das zu tun oder zu korrigieren, was er gesagt hatte.

F: Wir Europäer sind an eine gewisse Art von Ernährung gewöhnt, und eine Veränderung in der Nahrung greift die Gesundheit an und schwächt den Geist. Ist es nicht nötig, die physische Gesundheit aufrechtzuerhalten?

B: Sehr nötig. Je schwächer der Körper, desto stärker der Geist.

F: Ohne unsere übliche Nahrung leidet unsere Gesundheit und der Geist verliert an Stärke.

Es ist zu bemerken, das Bhagavan und Frau Piggot die Bezeichnung ›Stärke des Geistes‹ in verschiedenen Bedeutungen gebrauchten. Bhagavan meinte mit stark ›unbeherrschbar‹, während Frau Piggot

›machtvoll‹ meinte. Deshalb kam die nächste Frage, die es ihr ermöglichte, ihren Standpunkt darzulegen.

B: Was meinst du mit Stärke des Geistes?

F: Die Kraft, weltliche Bindung abzuweisen.

B: Die Qualität der Nahrung beeinflußt den Geist. Der Geist nährt sich von den aufgenommenen Nahrungsmitteln.

F: Wirklich! Aber wie können sich Europäer an *sattwische* Nahrung gewöhnen?

B: (sich an Herrn Evans-Wentz wendend) Du hast unser Essen gegessen. Bereitet es dir irgendwelche Schwierigkeiten?

E.-W.: Nein, weil ich mich daran gewöhnt habe.

B: Gewöhnung ist nur eine Anpassung an die Umgebung. Der Geist ist ausschlaggebend. Tatsache ist, daß der Geist darauf trainiert wurde, bestimmte Nahrungsmittel gut und schmackhaft zu finden. Der nötige Nährwert ist in vegetarischem wie auch nicht-vegetarischem Essen enthalten; es ist nur der Geist, der die Art der Nahrung, die er gewöhnt ist, verlangt und schmackhaft findet.

F: Sind diese Einschränkungen auch auf den Verwirklichten Menschen anwendbar?

B: Er ist gefestigt und wird von der Nahrung, die er zu sich nimmt, nicht beeinflußt. (T., 22.)

Es war bezeichnend für Bhagavan, daß er, obwohl er Fragen über Ernährung recht klar beantwortete, wenn er darüber gefragt wurde, keinem Verehrer, der ihn nicht darum fragte, eine vegetarische Ernährung vorschrieb. Es war auch bezeichnend, daß es unter seinem stillen Einfluß manchmal geschah, daß jemand, der nicht darum gefragt hatte, allmählich eine Abneigung gegen Fleisch und eine Neigung, sich auf eine reinere Nahrung umzustellen, empfand. Genauso wie Bhagavan alles Extreme mißbilligte, so mißbilligte er auch Fasten.

F: Kann Fasten zur Verwirklichung helfen?

B: Ja, aber es ist nur eine vorübergehende Hilfe. Mentales Fasten ist die wirkende Hilfe. Fasten in sich selbst produziert kein Ergebnis. Parallel hierzu muß eine spirituelle Entwicklung gehen. Vollkommenes Fasten schwächt auch den Geist und läßt dich ohne ausreichende Kraft für die spirituelle Suche. Iß deshalb mäßig und fahre fort in der Suche.

F: Es wird gesagt, daß der Geist 10 Tage nach dem Abbruch eines einmonatigen Fastens rein und beständig wird und dann immer so bleibt.

B: Ja, aber nur, wenn die spirituelle Suche durch das Fasten hindurch aufrecht erhalten wurde. (T., 170.)

ZÖLIBAT

Über das Zölibat braucht nicht viel gesagt zu werden, weil es in einem früheren Kapitel behandelt wurde. In Indien ist es normal, daß all jene, die der Welt nicht entsagen, um Sadhus zu werden, heiraten. Bhagavan bestand immer darauf, daß *brahmacharya* bedeutet, fortwährend in Brahman zu leben. Er ermutigte nicht die formelle Annahme des ockerfarbenen Gewandes (äußerliches *sannyasa*). Das Zölibat schrieb er nicht vor, noch riet er davon ab, obwohl er gelegentlich Interesse an Geburten und Heiraten seiner Verehrer zeigte.

BHAKTI

Wir kommen jetzt zu *bhakti marga,* dem Weg der Liebe und Hingabe, der Anbetung und der Übergabe. Dies wird üblicherweise als die genaue Antithese zur Selbsterforschung angesehen, weil es auf der Annahme von Dualität aufbaut, auf Anbeter und Angebetetem, Liebendem und Geliebtem, während die Selbsterforschung Nicht-Dualität voraussetzt. Deshalb sind die Theoretiker geneigt anzunehmen, daß, wenn das eine auf der Wahrheit beruht, das andere falsch sein muß. Und während sie das eine erklären, verdammen sie nur zu oft das andere. Bhagavan erkannte nicht nur beide Pfade an, sondern leitete seine Jünger auch auf beiden. Er sagte oft: »Es gibt zwei Möglichkeiten; dich selbst zu fragen ›Wer bin ich?‹ oder dich auszuliefern.« Viele seiner Jünger wählten den zweiten Weg.

F: Was ist bedingungslose Auslieferung?

B: Wenn man sich völlig ausliefert, dann wird niemand übrig bleiben, um Fragen zu stellen oder zu erwägen. Entweder werden die Gedanken durch das Festhalten am Wurzelgedanken ›Ich‹ ausgelöscht, oder man übergibt sich bedingungslos an die höhere Kraft. Das sind die einzigen zwei Wege zur Verwirklichung. (T., 321.)

Die Selbsterforschung löst das Ego auf, indem sie nach ihm sucht und herausfindet, daß es nicht existiert; während die Hingabe es ausliefert. Deshalb kommen beide zum gleichen Ziel, dem egofreien Zustand.

B: Es gibt nur zwei Wege, um das Schicksal zu besiegen oder von ihm unabhängig zu sein. Der eine ist zu fragen, wessen Schicksal es ist, und herauszufinden, daß nur das Ego und nicht das Selbst an es gebunden ist, und daß das Ego nicht existiert. Der andere Weg ist, das Ego zu töten, indem man sich völlig an den Herrn übergibt, seine eigene Hilflosigkeit erkennt und immerfort sagt: ›Nicht ich, sondern Du, o Herr!‹, und indem man alle Empfindungen von ›Ich‹ und ›Mein‹ aufgibt und es dem Herrn überläßt, mit einem zu tun, was er will. Die Übergabe kann niemals als vollkommen angesehen werden, solange der Verehrer das eine oder andere vom Herrn haben will. Wahre Übergabe ist die Liebe zu Gott um der Liebe willen und für nichts anderes, nicht einmal um der Erlösung willen. Mit anderen Worten, die völlige Auslöschung des Ego ist nötig, um das Schicksal zu besiegen, gleich ob du diese Auslöschung durch die Selbsterforschung oder durch *bhakti marga* erreichst. (D.D., I., S.57.)

Der Funke spirituellen Wissens (*jnana*) wird alle Schöpfung wie einen Berg von Schießpulver verzehren. Weil all die zahllosen Welten auf den schwachen oder nicht existierenden Grundlagen des Ego aufgebaut sind, zerfallen sie alle, wenn die Atombombe des Wissens auf sie fällt. Alles Reden über Übergabe ist, wie wenn man Zucker von einer Ganeshstatue aus Zucker stiehlt und ihn dann dem gleichen Ganesh opfert. Du sagst, daß du deinen ganzen Körper und deine Seele und all deine Besitztümer Gott opferst; waren sie aber deine, um geopfert zu werden? Im besten Fall kannst du sagen: ›Bis jetzt habe ich mir fälschlicherweise vorgestellt, daß alles das, was Dein ist, mein ist. Jetzt erkenne ich, daß es Dein ist und werde nicht mehr so handeln, als ob es mein wäre.‹ Und dieses Wissen, daß es nichts außer Gott oder dem Selbst gibt, daß ›Ich‹ und ›Mein‹ nicht existieren und daß nur das Selbst existiert, ist *Jnana*. (D.D., II., S.53.)

Oftmals erklärte er jedoch, daß wahre Hingabe die Hingabe an das Selbst ist und deshalb auf das gleiche wie Selbsterforschung hinausläuft.

Es ist genug, wenn man sich selbst übergibt. Selbstaufgabe bedeutet, sich an den ursprünglichen Grund allen Seins zu übergeben. Mache dir nicht selbst etwas vor, indem du dir vorstellst, daß dieser Ursprung ein Gott außerhalb deiner selbst ist. Der Ursprung ist in einem selbst. Übergib dich an ihn. Das bedeutet, daß du den Ursprung suchen und in ihm aufgehen sollst. Weil du dich als außerhalb von ihm vorstellst, stellst du die Frage ›Wo ist der Ursprung?‹. Einige behaupten, daß so wie Zucker seine eigene Süße nicht schmecken kann, und es jemanden geben muß, der ihn schmeckt und genießt, eine Person nicht zugleich das Höchste sein und die Wonne dieses Zustandes genießen kann; deshalb muß die Individualität von der Gottheit abgetrennt bleiben, um den Genuß empfinden zu können. Aber ist Gott empfindungslos wie Zucker? Wie kann man sich selbst übergeben und dennoch seine Individualität zurückbehalten für das höchste Genießen? Weiterhin sagen sie, daß die Seele, wenn sie die göttlichen Sphären erreicht und dort bleibt, dem höchsten Wesen dient. Kann der Klang des Wortes ›Dienst‹ den Herrn täuschen? Weiß Er nicht alles? Wartet Er auf den Dienst dieser Leute? Würde Er – das reine Bewußtsein – nicht umgekehrt fragen: ›Wer bist du, getrennt von Mir, der du glaubst, Mir zu dienen?‹

Wenn du auf der anderen Seite im Selbst aufgehst, dann wird keine Individualität übrigbleiben. Du wirst der Ursprung selbst werden.

Was ist in diesem Fall Übergabe?

Wer soll ausliefern, was und an wen? Das bedingt Hingabe, Weisheit und Selbsterforschung. Auch unter den Vaishnaviten sagt der Heilige Nammalwar: »Ich war in einem Irrgarten, an ›Ich‹ und ›Mein‹ festhaltend bin ich umhergewandert, ohne mich selbst zu kennen. In der Verwirklichung meiner selbst verstehe ich, daß ich selbst Du bin und dieses ›Mein‹ (das sind meine Besitztümer) alles nur Dein ist.« So siehst du, daß Hingabe nichts anderes ist, als sich selbst zu kennen. Die Schule des qualifizierten Monismus erkennt das auch an. Dennoch, sich an ihre traditionelle Lehre haltend, besteht sie darauf zu bekräftigen, daß Individuen ein Teil des Höchsten sind – seine Glieder sozusagen. Ihre traditionelle Lehre sagt auch, daß die individuelle Seele gereinigt und dann an das Höchste übergeben werden sollte; dann gibt es kein Ego mehr, und man geht nach dem Tod in den Bereich Vishnus ein, wo man schließlich in den Genuß des Höchsten oder Unendlichen kommt. Zu sagen, daß man vom ursprünglichen Quell abgetrennt ist, ist in sich selbst eine Heuchelei; hinzuzufügen, daß einer, der kein Ego mehr hat, rein wird und dennoch die Individualität beibehält, nur um das Höchste zu genießen oder ihm zu dienen, ist eine trügerische Strategie. Welche Doppelzüngigkeit ist das – Ihm zuerst zuzusprechen, was in Wirklichkeit Sein ist, und dann vorzugeben, daß man Ihn erfährt oder Ihm dient. Weiß Er nicht über all das Bescheid? (T., 208.)

Es ist offensichtlich, daß Übergabe in dem vollständigen, kompromißlosen Sinn, in dem Bhagavan sie verlangt, nicht leicht ist.

Sooft man versucht, sich aufzugeben, erhebt das Ego sein Haupt, und man muß versuchen, es hinunterzudrücken. Die Übergabe ist keine einfache Sache. Das Ego zu töten, ist keine einfache Sache. Nur wenn Gott selbst durch Seine Gnade den Geist nach innen lenkt, kann diese völlige Übergabe erlangt werden. (D.D., I., S.54.)

Dr. Syed fragte Bhagavan: Schließt die totale oder vollständige Übergabe nicht mit ein, daß sogar das Verlangen nach Befreiung oder Gott aufgegeben werden muß?

B: Vollständige Übergabe schließt ein, daß du kein eigenes Verlangen hast, daß einzig Gottes Wille dein Wille ist und daß du keinen eigenen Willen hast.

F: Bezüglich dieses Punktes bin ich jetzt zufrieden, und ich möchte wissen, was die Schritte sind, durch die ich die Übergabe erlangen kann.

B: Es gibt zwei Wege; der eine ist, in den Ursprung des ›Ich‹ zu schauen und in diesem Ursprung aufzugehen; der andere ist zu fühlen: ›Auf mich selbst gestellt, bin ich hilflos, Gott allein ist allmächtig, und es gibt kein anderes Mittel der Sicherheit für mich, als mich gänzlich Ihm zu geben‹, und so langsam die Überzeugung zu entwickeln, daß Gott allein existiert und das Ego nicht zählt. Beide Methoden führen zum gleichen Ziel. Völlige Übergabe ist ein anderer Name für *Jnana* oder Befreiung. (D.D., II., S.175.)

Dennoch kann zuerst eine teilweise Übergabe erfolgen, die nach und nach vollständig wird.

F: Ich finde die Übergabe unmöglich.

B: Völlige Übergabe ist am Anfang unmöglich, aber teilweise Übergabe ist für jeden möglich. Im Laufe der Zeit wird das zur völligen Übergabe führen. (T., 244.)

Die Dualisten mögen jedoch einwenden, daß der Pfad der Hingabe, der von Bhagavan gut geheißen worden war, nicht das ist, was sie sich vorstellen, weil sie die permanente Dualität zwischen Gott und dem Anbetenden voraussetzen. In solchen Fällen, wie im letzten Satz des folgenden Dialogs, hob Bhagavan die Diskussion über die Theorie und hieß sie zuerst die Übergabe an einen abgetrennten Gott, von dem sie sprachen, erlangen und dann sehen, ob sie noch weitere Zweifel hatten.

Der Zustand, den wir Verwirklichung nennen, ist einfach, man selbst zu sein, nichts zu wissen und nichts zu werden. Wenn einer verwirklicht ist, ist er das, was einzig ist und was einzig immer gewesen ist. Er kann diesen Zustand nicht beschreiben. Er kann es nur sein. Natürlich sprechen wir leichtfertig über die Selbstverwirklichung mangels eines besseren Begriffes; wie aber soll man das verwirklichen oder wirklich machen, was einzig wirklich ist? Was wir alle tun, ist, zu verwirklichen oder als wirklich zu betrachten, was unwirklich ist. Diese Gewohnheit muß aufgegeben werden. Jede spirituelle Bemühung in jedem System richtet sich nur auf dieses Ziel. Wenn wir aufhören, das Unwirkliche als wirklich zu betrachten, dann wird einzig die Wirklichkeit bleiben, und wir werden Das sein. Der Swami antwortete: ›Diese Auslegung ist im Rahmen der Nicht-Dualität in Ordnung, aber es gibt andere Schulen, die nicht auf dem Verschwinden der Triade von Wissendem, Wissen und Gewußtem als der Bedingung für die Selbstverwirklichung bestehen. Es gibt Schulen, die an die Existenz von zwei oder sogar drei ewigen Wesenheiten glauben. Es gibt zum Beispiel den *bhakta.* Damit er anbeten kann, muß es einen Gott geben.‹

B: Wer ist dagegen, daß er einen separaten Gott zum Anbeten hat, solange er einen braucht? Durch die Hingabe entwickelt er sich so weit, daß er zu fühlen beginnt, daß Gott allein existiert und daß er selbst nicht zählt. Er erreicht eine Stufe, an der er sagt: ›Nicht ich, sondern Du, nicht meine Wille, sondern der Deine.‹ Wenn diese Stufe erreicht ist, welche die völlige Übergabe in *bhakti marga* genannt wird, dann stellt man fest, daß die Auslöschung des Ego das Erlangen des Selbst ist. Wir brauchen uns nicht darüber zu streiten, ob es zwei oder mehr Wesenheiten oder nur eine gibt. Sogar den Dualisten und *bhakti marga* entsprechend ist die völlige Übergabe nötig. Tue das zuerst und sieh dann für dich selbst, ob einzig das eine Selbst existiert oder ob es zwei oder mehrere gibt.

Weiter fügte Bhagavan hinzu: ›Was immer gesagt wird, um den verschiedenen Fähigkeiten der verschiedenen Menschen zu entsprechen, die Wahrheit ist, daß der Zustand der Selbstverwirklichung jenseits der Triade des Wissenden, des Wissens und des Gewußten sein muß. Das Selbst ist das Selbst, das ist alles, was darüber gesagt werden kann.‹

Dann fragte der Swami, ob ein *Jnani* seinen Körper beibehalten könnte, nachdem er die Selbstverwirklichung erreicht hat. Er fügte hinzu: ›Es wird gesagt, daß die Einwirkung der Selbstverwirklichung so machtvoll ist, daß der schwache physische Körper sie nicht länger als höchstens 21 Tage lang aushalten kann.‹ Bhagavan antwortete: ›Was ist deine Idee von einem *Jnani*? Ist er der Körper oder etwas anderes? Wenn er etwas vom Körper Verschiedenes ist, wie kann er vom Körper beeinflußt sein? Die Bücher sprechen von verschiedenen Arten der Befreiung, *videhamukti* (ohne Körper) und *jivanmukti* (mit Körper). Es mag verschiedene Stufen auf dem Weg geben, aber es gibt keine Abstufungen in der Befreiung. (D.D., II., S.195.)

Manchmal wurde Bhagavan gefragt, wie die Pfade der Liebe und des Wissens gleich sein könnten, da die Liebe die Dualität voraussetzt.

F: Liebe setzt Dualität voraus. Wie kann das Selbst der Gegenstand der Liebe sein?

B: Liebe ist nicht vom Selbst verschieden. Die Liebe für einen Gegenstand ist von niederer Natur und kann nicht andauern, wohingegen das Selbst Liebe ist. Gott ist Liebe. (T., 433.)

Für jene, deren Temperament und Entwicklungsstand es erforderten, genehmigte der Maharshi die rituelle Anbetung, die gewöhnlicherweise den Pfad der Hingabe begleitet.

Ein Besucher sagte zu Bhagavan: ›Die Priester schreiben verschiedene Rituale und Formen der Anbetung vor, und es wird den Leuten gesagt, daß es Sünde sei, sie nicht zu befolgen. Besteht eine Notwendigkeit für diese Art der rituellen und zeremoniellen Anbetung?

B: Ja, auch solche Anbetung ist nötig. Sie mag für dich keine Hilfe bieten, aber das bedeutet nicht, daß sie für niemanden nötig und überhaupt ungut ist. Was für das Kind nötig ist, ist nicht für den Absolventen nötig. Aber selbst der Absolvent muß das Alphabet gebrauchen, das er im Kindergarten gelernt hat. Er kennt seinen vollen Nutzen und seine volle Bedeutung. (D.D., II., S. 100.)

Anbetung kann auch die Form der Konzentration auf einen der Hindugötter annehmen, das heißt, eine der Formen, in denen Hindus Gott erkennen.

F: Was sind die Stufen praktischen Trainings?

B: Das hängt von den Fähigkeiten und der Natur des Suchenden ab.

F: Ich bete ein Idol an.

B: Tu es weiterhin. Es führt zur Konzentration des Geistes. Konzentriere dich auf einen Punkt. Alles wird am Ende gut werden. Die Leute glauben, daß die Befreiung (*moksha*) irgendwo außerhalb von ihnen gesucht werden muß. Sie täuschen sich. Sie ist nur das Kennen des Selbst in dir. Konzentriere dich, und es wird kommen. Es ist dein Geist, der der Zyklus von Geborenwerden und Sterben (*samsara*) ist.

F: Mein Geist ist sehr unbeständig. Was soll ich tun?

B: Richte deine Aufmerksamkeit auf irgendeine Sache und versuche, daran festzuhalten. Alles wird recht werden.

F: Ich finde die Konzentration schwierig.

B: Übe weiter, und deine Konzentration wird so einfach wie das Atmen werden. Das wird die Krönung deiner Anstrengungen sein. (T., 31.)

Er billigte jedoch nicht das Verlangen nach Visionen – oder besser gesagt, jegliches Verlangen, selbst das Verlangen nach schneller Verwirklichung.

Fräulein Uma Devi, eine Polin, die zum Hinduglauben übergetreten war, sagte zu Sri Bhagavan: Früher einmal habe ich Sri Bhagavan erzählt, wie ich eine Vision Sivas hatte, etwa zu der Zeit, als ich zum Hinduglauben übertrat. Eine ähnliche Erfahrung hatte ich in Courtallam. Diese Visionen dauern nur einen Augenblick, aber sie sind voller Seligkeit. Ich möchte wissen, wie sie beständig und kontinuierlich gemacht werden können. Ohne Shiva ist kein Leben in dem, was ich um mich sehe. Es macht mich so glücklich, an Ihn zu denken. Bitte sage mir, wie ich die Visionen von Ihm kontinuierlich machen kann.

B: Du sprichst von einer Vision von Shiva, aber eine Vision setzt immer ein Objekt voraus. Das beinhaltet die Existenz eines Subjektes. Der Wert der Vision ist der gleiche wie der des Sehenden. Das heißt, die Natur der Vision ist auf der gleichen Ebene wie die des Sehenden. Erscheinen beinhaltet auch Verschwinden. Deshalb kann eine Vision niemals ewig sein. Shiva aber ist ewig. Die Vision Shivas schließt die Existenz der Augen, die sehen, ein, den Intellekt hinter dem Sehen und schließlich das Bewußtsein, das dem Sehenden zugrunde liegt. Diese Vision ist nicht so wirklich, wie man glaubt, weil sie nicht intim und angeboren ist; sie ist nicht aus erster Hand. Sie ist das Resultat mehrerer aufeinanderfolgender Phasen von Bewußtsein. Bewußtsein alleine verändert sich nicht. Es ist ewig. Es ist Shiva. Eine Vision schließt jemanden mit ein, der sie sieht, aber dieser jemand kann nicht die Existenz des Selbst verleugnen. Es gibt keinen Augenblick, in dem das Selbst als Bewußtsein nicht existiert, noch kann der Sehende vom Bewußtsein abgetrennt bleiben. Dieses Bewußtsein ist das ewige Sein, und es ist nur Sein. Der Sehende kann sich selbst nicht sehen. Verleugnet er seine Existenz, weil er sich selbst nicht sehen kann, wie er eine Vision sieht? Nein, also bedeutet die wahre Vision nicht Sehen, sondern SEIN. ZU SEIN heißt zu verwirklichen – deshalb ›ICH BIN, DER ICH BIN‹. ICH BIN Shiva. Nichts kann ohne Ihn sein. Alles hat sein Sein in Shiva, wegen Shiva. Frage deshalb: ›Wer bin Ich?‹ Tauche tief nach innen und verweile als das Selbst. Das ist Shiva als SEIN. Erwarte nicht, wiederholte Visionen von Ihm zu haben. Was ist der Unterschied zwischen den Gegenständen, die du siehst, und Shiva? Er ist beides, Subjekt und Objekt. Du kannst nicht ohne Shiva sein. Shiva ist immer verwirklicht, hier und jetzt. Wenn du denkst, Ihn nicht verwirklicht zu haben, dann täuschst du dich. Das ist das Hindernis für die Verwirklichung von Ihm. Gib auch diesen Gedanken auf, und die Verwirklichung ist da.

F: Ja, aber wie kann ich sie so schnell wie möglich erreichen?

B: Das ist ein weiteres Hindernis für die Verwirklichung. Kann es eine Person ohne Shiva geben? Sogar jetzt ist ER du. Es gibt keine Frage der Zeit. Wenn es einen Augenblick der Nichtverwirklichung gäbe, dann könnte die Frage der Verwirklichung auftauchen. Aber du kannst nicht ohne Ihn sein. Er ist bereits verwirklicht, immer verwirklicht und niemals nicht verwirklicht. Übergib dich an Ihn und erwarte Seinen Willen, gleich ob Er erscheint oder verschwindet, erwarte, was Ihm gefällt. Wenn du Ihn darum bittest, das zu tun, was du möchtest, dann ist das nicht Übergabe, sondern Befehl. Es geht nicht, daß Er dir gehorcht und du dennoch glaubst, dich übergeben zu haben. Er weiß, was am besten ist, wann und wie. Überlasse alles völlig Ihm, die Last ist Seine.
Du hast keine Sorgen mehr. All deine Sorgen sind Seine. Das ist Übergabe. Das ist *bhakti.* (T., 450.)

F: Eine Vision Gottes ist etwas Großartiges.

B: Eine Vision Gottes ist nur eine Vision des Selbst, dargestellt als der Gott deines speziellen Glaubens. Was du zu tun hast, ist das Selbst zu erkennen. (T., 621.)
Man hörte Bhagavan oft sagen: ›Gott zu kennen ist Gott zu lieben, deshalb laufen die Wege von *jnana* und *bhakti* (Wissen und Hingabe) auf das gleiche hinaus.‹

JAPA

Japa, was das wiederholte Anrufens eines göttlichen Namens bezeichnet, ist eine der am meisten praktizierten Techniken spirituellen Trainings. Sie hat eine besondere Verwandtschaft mit dem *bhakti*-Pfad der Liebe und Hingabe. Der Maharshi erkannte sie an, allerdings unter der Bedingung wie in der Geschichte vom König und seinem Minister Seite 109, daß die Person, die die Anrufungen praktiziert, vorschriftsmäßig von einem dafür qualifizierten Guru bevollmächtigt wurde. Er selbst autorisierte den Gebrauch von Anrufungen Gottes recht selten.

Der Zweck ist, alle anderen Gedanken fernzuhalten außer dem einen Gedanken Om, Ram oder Gott. Alle Anbetungen und Anrufungen funktionieren derart. (D.D., II., S.101.)

Je mehr Hingabe hinter den Worten steht, desto besser wird dieser Zweck erreicht, und desto wirksamer ist deshalb die Anrufung.

F: Wenn ich den göttlichen Namen eine Stunde lang oder länger anrufe, falle ich in einen schlafähnlichen Zustand. Wenn ich aufwache, erinnere ich mich, daß meine Anrufung unterbrochen wurde, und ich versuche es wieder.
B: ›Schlafähnlich‹, das ist richtig. Es ist der natürliche Zustand. Weil du dich jetzt mit dem Ego identifizierst, betrachtest du den natürlichen Zustand als etwas, das deine Arbeit unterbricht. So muß die Erfahrung wiederholt werden, bis du bemerkst, daß es dein natürlicher Zustand ist. Dann wirst du feststellen, daß die Anrufung unwesentlich ist, aber sie wird dennoch von selbst weitergehen. Dein gegenwärtiger Zweifel kommt von der falschen Identifikation deiner selbst mit dem Geist, der die Anrufung vollführt. Anrufung bedeutet in Wirklichkeit, sich an einen Gedanken zu halten und alle anderen Gedanken auszuschließen. Das ist der Zweck. Sie führt zum Vertieftsein, was in Selbstverwirklichung oder *Jnana* endet.

F: Wie sollte ich die Anrufung praktizieren?

B: Der Name Gottes sollte nicht mechanisch und oberflächlich benutzt werden, ohne ein Gefühl der Hingabe. Wenn man den Namen Gottes benützt, dann sollte man Ihn mit Sehnsucht und uneingeschränkter Übergabe seiner selbst an Ihn anrufen. Nur nach solch einer Übergabe ist der Name Gottes immer bei dir. (M.G., I., S.24.)

In ihren Anfangsstufen kann eine Anrufung sogar von der bildhaften Vorstellung der Gestalt eines Guru oder einer mythologischen Gestalt Gottes begleitet sein.

F: Meine Form des Praktizierens war ein kontinuierliches Anrufen des Namens Gottes beim Einatmen und des Namens Sai Babas beim Ausatmen. Gleichzeitig sehe ich immer die Gestalt Babas. Sogar in Bhagavan sehe ich Baba. Die äußerlichen Erscheinungsformen sind sich auch sehr ähnlich. Bhagavan ist dünn. Baba war etwas untersetzt. Sollte ich diese Methode weiterführen oder sie verändern? Etwas in mir sagt, daß wenn ich mich an Namen und Gestalt festhalte, ich niemals darüber hinaus gelangen werde, aber ich weiß nicht, was ich sonst weiter tun sollte, wenn ich sie aufgebe. Kann Bhagavan mich bitte erleuchten?

B: Du kannst mit deiner gegenwärtigen Methode weitermachen. Wenn das *japa* kontinuierlich wird, dann hören alle anderen Gedanken auf, und man befindet sich in seiner wahren Natur, die Anrufung oder Vertieftsein ist. Wir wenden unseren Geist nach außen, den Dingen der Welt zu, und sind uns deshalb nicht bewußt, daß unsere wirkliche Natur immer Anrufung ist. Wenn wir durch bewußte Bemühung oder Anrufung oder Meditation, wie wir es nennen, unseren Geist daran hindern, andere Dinge zu denken, dann bleibt unsere wirkliche Natur übrig, die Anrufung ist. Solange du denkst, daß du der Name und die Gestalt bist, kannst du dem Namen und der Form in der Anrufung auch nicht entkommen. Wenn du realisierst, daß du nicht Namen oder Form bist, dann werden Name und Form von selbst abfallen. Keine andere Bemühung ist nötig. Anrufung oder Meditation wird auf natürliche und selbstverständliche Weise dorthin führen. Die Anrufung, die jetzt als das Mittel betrachtet wird, wird sich dann als das Ziel herausstellen. Es gibt keinen Unterschied zwischen Gott und Seinem Namen. (D.D., II., S.183.)

Wie der eben erwähnte Abschnitt andeutet, verschmilzt die Anrufung mit *dhyana*, was mangels eines besseren Begriffes mit ›Meditation‹ übersetzt wird. Aus diesem Grund ist stille Anrufung besser als ausgesprochene, weil sie mehr verinnerlicht ist.

F: Ist mentale Anrufung nicht besser als ausgesprochene?

B: Ausgesprochene Anrufung besteht aus Lauten. Die Laute kommen von den Gedanken, denn man muß denken, bevor man seine Gedanken in Worten ausdrückt. Die Gedanken formen den Geist. Deshalb ist mentale Anrufung besser als ausgesprochene.

F: Sollten wir die Anrufung nicht kontemplieren und sie auch mit Worten wiederholen?

B: Wenn die Anrufung mental wird, wo bleibt dann die Notwendigkeit für den Klang? Wenn sie mental wird, wird sie Kontemplation. Meditation, Kontemplation und mentale Anrufung sind das gleiche. Wenn die Gedanken aufhören, verworren zu sein, und wenn ein Gedanke unter Ausschluß aller anderen Gedanken bestehen bleibt, dann wird das Kontemplation genannt. Das Ziel der Anrufung oder Meditation ist, vermischte Gedanken auszuschließen und sich auf einen zu beschränken. Dann verschwindet auch dieser Gedanke in seinen Ursprung, der reines Bewußtsein oder das Selbst ist. Zuerst beschäftigt sich der Geist mit Anrufung und versinkt dann in seinem eigenen Ursprung. (T., 328.)
Das ist sicher: Anbetung, Anrufungen und Meditation werden jeweils mit dem Körper, der Stimme und dem Geist ausgeführt und befinden sich in dieser ansteigenden Wertskala.

Man kann dieses achtfache Universum als eine Manifestation Gottes ansehen, und welche Anbetung auch immer in ihm ausgeführt wird, sie ist ausgezeichnet als Anbetung Gottes.
Die laute Wiederholung Seines Namens ist besser als Lobpreisung. Noch besser ist das schwache Murmeln Seines Namens. Aber am besten ist die Wiederholung im Geist – und das ist Meditation, wie zuvor erwähnt. Besser als solch unterbrochene Gedanken (Meditation) ist ihr beständiger, kontinuierlicher Fluß, wie das Fließen von Öl oder von einem immerwährenden Strom. (E.I., v.4–7.)

KARMA MARGA

Wenig braucht hier über *karma marga* gesagt werden, den Weg der Tat, weil er in einem früheren Kapitel bereits behandelt wurde. Der Maharshi riet ab von unnötigen Aktivitäten einerseits und von dem Bestreben, der Aktivität zu entsagen, auf der anderen Seite. Er empfahl die notwendigen Aktivitäten des Lebens auf unverhaftete Weise zu tun und gleichzeitig Selbsterforschung und Hingabe zu praktizieren.

F: Swami, wie kann der Zugriff des Ego gelockert werden?

B: Indem man nicht neue *vasanas* (innewohnende Neigungen) zufügt.

F: Wie hilft Aktivität? Wird sie nicht zu der bereits schweren Last, die entfernt werden muß, noch beitragen?

B: Handlungen, die ohne Egogedanken ausgeführt werden, reinigen den Geist und helfen, ihn in der Meditation zu festigen.

F: Angenommen aber, man würde ununterbrochen, ohne Aktivität meditieren?

B: Versuche es! Deine angeborenen Neigungen werden es nicht zulassen. Die Meditation *(dhyana)* kommt nur stufenweise mit dem Verklingen der angeborenen Neigungen durch die Gnade des Guru. (T., 80.)

STUFEN DER MEDITATION

Obwohl der Maharshi alle Methoden anerkannte, stufte er sie als mehr oder weniger direkt und wirkungsvoll ab, wie es in dem vorhergehenden Zitat der Verse 4–7 aus der ›spirituellen Unterweisung‹ gezeigt wurde. Die folgende Erklärung verdeutlicht dies.

Die Untersuchung der vergänglichen Natur äußerlicher Dinge führt zu Gelassenheit (*vairagya*). Deshalb ist die Nachforschung der erste und wichtigste Schritt. Wenn sie automatisch wird, resultiert sie in Gleichgültigkeit gegenüber Wohlstand, Berühmtheit, Bequemlichkeit, Vergnügen und so weiter. Der ›Ich-Gedanke‹ wird zum Ursprung des ›Ich‹ im Herzen zurückverfolgt, was das endgültige Ziel ist.

Wenn jedoch der Aspirant aufgrund seiner Anlage für die Selbsterforschung ungeeignet ist, dann muß er Hingabe entwickeln. Es mag Hingabe an Gott, einen Guru, die Menschheit im allgemeinen, an ethische Gesetze oder sogar ein Ideal der Schönheit sein. Sowie irgendeiner dieser Aspekte Besitz von ihm ergreift, werden andere Bindungen schwächer, und Gelassenheit entwikkelt sich. Die Bindung an den Gegenstand der Hingabe wächst, bis sie ihn völlig beherrscht, und mit ihr wächst die Konzentration (*ekagrata*), mit oder ohne Visionen und direkte Hilfen.

Falls ihm weder Nachforschung noch Hingabe zusagt, kann er Ruhe durch die Atemkontrolle erlangen. Das ist der Yogaweg. Wenn das Leben eines Menschen in Gefahr ist, dann konzentriert sich all sein Interesse auf den einen Punkt, es zu retten. Wenn der Atem angehalten wird, kann der Geist nicht auf seine geliebten äußeren Objekte springen, und er tut es auch nicht. Deshalb ist Frieden im Geist, solange der Atem angehalten wird. Weil die ganze Aufmerksamkeit auf den Atem konzentriert ist, werden andere Interessen im Stich gelassen.

Auch jede Leidenschaft hat unregelmäßigen Atem zur Folge. Ein Anfall von Freude ist in Wirklichkeit ebenso schmerzhaft wie ein Anfall von Kummer, und beide resultieren in gestörtem Atmen. Wahrer Friede bedeutet Glücklichsein, und Vergnügen bringt nicht Glücklichsein. Wenn der Aspirant für die ersten zwei Methoden durch sein Temperament und für die dritte aufgrund seines Alters oder seiner Gesundheit ungeeignet ist, dann muß er *karma marga* versuchen, den Pfad der guten Taten und des sozialen Dienstes. So werden seine edleren Instinkte entwickelt, und er bezieht unpersönliches Glücklichsein aus seinem Tun. Sein Ego wird weniger bestimmend, und seine gute Seite kann sich entwikkeln. So wird er im Laufe der Zeit für einen der drei ersten Pfade geeignet werden. Oder seine Intuition kann ausschließlich durch *karma marga* entwickelt werden. (T., 27.)

SIEBTES KAPITEL

DAS ZIEL

F: Was ist der Zweck der Selbstverwirklichung?

B: Selbstverwirklichung ist das endgültige Ziel und ist auch der Zweck.

F: Ich meine, wofür nützt sie?

B: Warum fragst du nach Selbstverwirklichung? Warum bist du nicht mit deinem gegenwärtigen Zustand zufrieden? Es ist offensichtlich, daß du unzufrieden bist, und deine Unzufriedenheit wird zu Ende sein, wenn du dich selbst verwirklichst. (T., 487.)

Die oben erwähnte Frage wurde selten gestellt, weil die, welche zum Maharshi kamen, gewöhnlich zumindest verstanden, daß der Zustand der spirituellen Unwissenheit (oder wie das Christentum es nennt ›des gefallenen Menschen‹) unerfreulich und daß die Selbstverwirklichung das höchste Ziel ist. Im folgenden Dialog wird mit mehr Verständnis nach dem Zweck gefragt, und deshalb durchleuchtet die Antwort die Problematik auch tiefer.

F: Was ist das Ziel dieses Prozesses?

B: Das Wirkliche zu verwirklichen.

F: Was ist die Natur der Wirklichkeit?

B: a) Dasein ohne Anfang und Ende – ewig

b) Dasein überall, endlos – unendlich

c) Dasein, das allen Formen, allen Veränderungen, allen Kräften, aller Materie und allem Geist (Spirit) zugrunde liegt.
Die Vielfalt verändert sich und vergeht, wohingegen das Eine immer bleibt.

d) Das Eine ersetzt die Dreiheiten des Wissenden, des Wissens und des Gewußten. Die Dreiheiten sind nur Erscheinungsformen in Zeit und Raum, wohingegen die Wirklichkeit über und hinter ihnen liegt. Sie sind gleich einer Luftspiegelung über der Wirklichkeit. Sie sind das Resultat von Täuschung.

F: Wenn ›Ich‹ auch eine Illusion bin, wer wirft dann die Illusion ab?

B: Das ›Ich‹ wirft die Illusion des ›Ich‹ ab und bleibt dennoch das ›Ich‹. Das ist das Paradoxon der Selbstverwirklichung. Die Verwirklichten sehen keinen Widerspruch darin. (T., 28.)

Es ist erstaunlich, wie viele Philosophen und Theologen nicht verstanden haben, was die Selbstverwirklichung beinhaltet, und sie haben sie falsch dargestellt und sogar angegriffen oder belächelt. Alles, was sie bedeutet, ist, so wie Bhagavan es in dem vorhergehenden Abschnitt erklärte, die Wirklichkeit zu verwirklichen, zu verwirklichen, was ist. Und die Wirklichkeit bleibt die gleiche, ewig und unveränderlich, gleich ob man sie erkennt oder nicht. Man kann natürlich den Ärger und die Frustration der Philosophen verstehen, die alles mit dem Geist verstehen möchten, wenn ihnen gesagt wird, daß die Wirklichkeit über und hinter der Dreiheit von Wissendem, Wissen und Gewußtem liegt, die gleich einer Luftspiegelung über der Wirklichkeit ist; denn die Luftspiegelung kann offensichtlich nicht zu dem vordringen, was ihr zugrunde liegt. Deswegen kann man ihnen keine einfache Antwort geben. Und wirklich, Bhagavan hat im allgemeinen Fragen über die Bedeutung und Natur der Verwirklichung nicht gebilligt, denn sein Ziel war, dem Fragenden zu helfen und nicht mentale Neugier zu befriedigen. Gewöhnlicherweise erinnerte er die Leute daran, daß es der Bemühung bedarf, um die Selbsterkenntnis zu erlangen, und wenn das erreicht ist, dann werden die Fragen nicht auftauchen.

Einige Leute, die hierher kommen, fragen mich nicht über sich selbst, sondern über den *Jivanmutka*, den, der befreit ist, noch während er im Körper ist. Sieht er die Welt? Ist er dem Schicksal unterworfen? Kann man befreit werden, erst nachdem man den Körper verlassen hat oder auch während man noch lebt? Sollte der Körper eines Weisen im Licht aufgehen oder auf wundersame Weise aus dem Bereich der Sichtbarkeit verschwinden? Kann einer, der nach dem Tod eine Leiche zurückläßt, befreit werden? Ihre Fragen sind ohne Ende. Warum sorgst du dich um all diese Dinge? Besteht die Befreiung darin, die Antwort auf diese Fragen zu kennen? So sage ich ihnen: ›Sorge dich nicht um Befreiung. Finde zuerst heraus, ob es so etwas wie Gebundensein gibt. Untersuche zuerst dich selbst.‹ (T., 578.)

Manchmal wies er darauf hin, daß sogar von der Selbstverwirklichung zu sprechen, eine Verblendung ist – ein illusorisches Entfliehen aus einem illusorischen Gefängnis.

B: In einem gewissen Sinn ist das Sprechen über Selbstverwirklichung eine Täuschung. Nur weil die Menschen in der Täuschung leben, daß das Nichtselbst das Selbst ist, müssen sie davon durch die andere Täuschung, die Selbstverwirklichung genannt wird, entwöhnt werden, denn in Wirklichkeit ist das Selbst immer das Selbst, und es gibt nicht so etwas wie es zu verwirklichen. Wer muß was und wie verwirklichen, wenn alles, was existiert, das Selbst und nichts als das Selbst ist. (D.D., I., S.61.)

Ein Problem, das besonders das Verständnis des Theologen verhindert, ist der Kontrast zwischen Selbstverwirklichung und Heiligkeit und die fälschliche Annahme, daß dieser Kontrast eine Differenz zwischen verschiedenen religiösen Traditionen darstellen könnte, von denen eine nach Heiligkeit und die andere nach Verwirklichung strebt. Diese Annahme ist völlig unbegründet. Es hat in jeder Religion Heilige gegeben, im Hinduismus ebenso wie in anderen Religionen. Diese Heiligen unterscheiden sich sehr stark untereinander, sowohl ihre individuellen Charakteristiken betreffend, vom Leidenschaftlichen zum Ruhigen, vom Strengen zum Gütigen, vom verfeinerten Philosophen zum Naiven, wie auch von der Ebene ihrer Vervollkommnung. Einige besitzen übernatürliche Kräfte, andere werden in ekstatischer Wonne hinweggetragen, wieder andere opfern sich im liebendem Dienst an der Menschheit; alle haben eine Reinheit, die größer ist als die gewöhnlicher Menschen. Ihr Zustand kann himmlisch genannt werden, sogar zu ihren Lebezeiten auf Erden. Und dennoch ist all das noch nicht die Selbstverwirklichung. All das bewegt sich auf der Stufe der Dualität, wo Gott oder das Selbst das Andere ist, wo Gebet nötig und Offenbarung möglich ist. Nach strenger Auslegung sind sie so weit von der Selbstverwirklichung entfernt wie der gewöhnliche Mensch, weil es kein gemeinsames Maß zwischen dem Absoluten und dem Bedingten gibt, dem Unendlichen und dem Begrenzten. Eine Million ist dem Unendlichen nicht näher als hundert. Diese totale Kluft wird von jeher in der buddhistischen Geschichte aufgezeigt, wo ein Mann über die Erde wandert auf der Suche nach einem verlorenen Juwel, das die ganze Zeit über auf seiner Stirn ist. Wenn er zu guter Letzt darauf hingewiesen wird, haben all die Jahre des Suchens und Wanderns nichts geholfen, um ihn näher zu ihm zu bringen. Und dennoch hätte er es nicht gefunden, wenn er sich nicht auf die Suche gemacht hätte. Tatsächlich kann man den Heiligen als der Verwirklichung näher betrachten als den gewöhnlichen Menschen, geradeso wie es für einen gewöhnlichen Menschen einfacher ist als für einen Hund, die Verwirklichung zu erlangen, obwohl beide gleichermaßen in der Illusion, ein individuelles Wesen zu sein, leben.

Es gibt Stufen der Vervollkommnung bei den Heiligen, geradeso wie es eine Hierarchie der Himmel gibt, und beides korrespondiert mit den Graden der Einweihung bei indirekten spirituellen Wegen. Bhagavan antwortete auf Fragen diesbezüglich, wenn er speziell darum gebeten wurde, aber gewöhnlicherweise sprach er nicht darüber, weil es nicht sein Ziel war, seine Jünger Stufe um Stufe einer scheinbaren Wirklichkeit emporzuheben, sondern sie auf die eine, ewige und universelle Wirklichkeit hinzulenken.

F: Kommen wir in den *Svarga* (Himmel) als Resultat unseres Handelns hier?

B: Der Himmel ist so wirklich wie dein gegenwärtiges Leben. Wenn wir aber fragen, wer wir sind, und das Selbst entdecken, wozu ist es dann nötig, über den Himmel nachzudenken? (T., 31.)

F: Ist *Vaikunta* (Himmel) im höchsten Selbst?

B: Wo ist das höchste Selbst oder der Himmel, wenn nicht in dir?

F: Aber der Himmel mag einem unwillkürlicherweise erscheinen.

B: Erscheint diese Welt auf willkürliche Weise? (T., 385.)

In ähnlicher Weise bestätigte er kurz die individuellen Entwicklungsgrade, verweilte aber nicht bei ihnen.

Die yogischen Zentren, von unten nach oben gezählt, sind eine Serie von Zentren im Nervensystem, wobei jedes seine ihm eigene Art von Macht oder Wissen beheimatet. (S.D.B., xvIII.)

Als ihm jemand von einem derzeit lebenden Heiligen erzählte, von dem gesagt wurde, daß er ständig von einer Inkarnation Gottes inspiriert war und nur sprach, wenn er göttlich inspiriert war, und Bhagavan gefragt wurde, ob das wahr sei oder nicht, antwortete er:

So wahr wie all das, was du um dich herum siehst.

Denn wenn man sie mit dem Selbst vergleicht, ist weder diese physische noch irgendeine höhere Welt aus sich heraus wirklich, genauso wie mit der Unendlichkeit verglichen eine große Zahl nicht mehr Bedeutung als eine kleine hat.
Ein Heiliger kann einen hohen Grad der Vervollkommnung erlangen, ohne jemals die endgültige Wirklichkeit des Einsseins zu realisieren, oder er mag nur kurze, ekstatische Eindrücke von ihr haben. Aber das macht nichts, die Macht seiner Reinheit und Aspiration wird ihn schließlich vorantreiben, entweder in diesem Leben oder im Jenseits.
Für einen, der das endgültige Ziel sieht und auf es zustrebt, gibt es keine Stufen, er ist entweder verwirklicht oder nicht. Darüber sprach Bhagavan freiwillig und ausführlich, denn das war der Pfad, den er gut hieß.

Es gibt keine Stufen in der Verwirklichung oder *Mukti*. Es gibt nicht Grade der Befreiung. (D.D., II., S. 110.)

F: Es muß Stufen des Fortschrittes geben, bevor man das Absolute erreicht. Gibt es verschiedene Ebenen der Wirklichkeit?

B: Es gibt keine Ebenen der Wirklichkeit, es gibt nur Erfahrungsebenen für das Individuum, aber nicht Ebenen von Wirklichkeit. Wenn irgend etwas gewonnen werden kann, das nicht zuvor da war, dann kann es auch verloren werden, wohingegen das Absolute ewig ist, hier und jetzt. (T., 132.)

Obwohl es keine Stufen der Selbstverwirklichung gibt, gibt es, was man eine Vorschau oder flüchtige Einblicke nennen könnte, die noch nicht gefestigt oder dauerhaft gemacht sind. Diese werden manchmal Menschen zuteil, die in diesem Leben überhaupt kein spirituelles Training hatten. So wie die Dichte des Egos des Aspiranten durch Schulung des Nichtanerkennens geringer wird, so wird er diesen flüchtigen Einblicken gegenüber aufnahmefähiger. Sogar große mystische Philosophen wie Plotinus oder Meister Eckhart waren, wie sie selbst eingestanden, von ihnen abhängig, weil sie nicht den dauerhaften Zustand der Identität, von dem aus Bhagavan lehrte, erreicht hatten.

Kann man ein hoher Beamter werden, einfach, indem man einen sieht? Man kann einer werden, wenn man darauf hin strebt und sich selbst für die Position vorbereitet. Ebenso: Kann das Ego, das in Fesseln ist wie der Geist, das göttliche Selbst werden, einfach weil es einmal den Schimmer hatte, daß es das Selbst ist? Ist das nicht ohne die Zerstörung des Geistes unmöglich? Kann ein Bettler, nur indem er einen König besucht und sich selbst für einen König erklärt, ein König werden? (S.E., S.M.)

F: Kann die Selbstverwirklichung wieder verloren gehen, nachdem sie einmal erreicht wurde?

B: Verwirklichung braucht Zeit, um sich selbst zu festigen. Das Selbst ist sicherlich innerhalb der unmittelbaren Erfahrung eines jeden, aber nicht in der Art, wie die Leute es sich vorstellen. Man kann nur sagen, es ist so, wie es ist. Genauso wie Anrufungen Gottes oder andere Kunstgriffe Feuer daran hindern können, einen Menschen zu verbrennen, wenn es das andernfalls tun würde, so können *vasanas* (angeborene Neigungen, die einen dazu veranlassen, eine Sache zu wollen und eine andere zu vermeiden) das Selbst verschleiern, wenn es andernfalls augenscheinlich wäre. Den Schwankungen der *vasanas* zufolge braucht die Verwirklichung Zeit, um sich zu festigen. Eine temporäre Verwirklichung ist nicht ausreichend, um die Wiedergeburt zu verhindern, und sie kann nicht andauernd werden, solange es *vasanas* gibt. In der Gegenwart eines großen Meisters hören die *vasanas* auf aktiv zu sein, und der Geist wird still, so daß *samadhi* (das Vertieftsein in der Verwirklichung) die Folge ist, ebenso wie durch verschiedene Kunstgriffe das Feuer den Menschen nicht verbrennt. So gewinnt der Schüler wahres Wissen und rechte Erfahrung in der

Gegenwart eines Meisters. Wenn das aber gefestigt werden soll, dann sind weitere Bemühungen notwendig. Dann wird er es als sein wirkliches Wesen erkennen und befreit sein, noch während er lebt. (T., 141.)

Einige Lehnstuhlkritiker behaupten, daß die Suche nach Selbstverwirklichung arrogant oder vermessen sei oder nicht die Demut und Selbstauslöschung der Heiligkeit beinhalte. Wenn sie, anstatt zu theoretisieren, die Auslöschung der *vasanas* aufnehmen würden, welche die Wurzeln des Egos sind, dann würde ihnen bald ein Licht aufgehen. Tatsächlich ist die Selbstverwirklichung jenseits von Arroganz und Demut, jenseits aller Gegensätze, sie ist einfach, was sie ist. Sie beinhaltet nicht nur ein demutsvolles Ego, sondern seine völlige Auflösung.

Du bist sogar jetzt das Selbst, aber du verwechselst dein gegenwärtiges Bewußtsein oder Ego mit dem absoluten Bewußtsein oder Selbst. Diese falsche Identifikation rührt von der Unwissenheit her, und Unwissenheit verschwindet mit dem Ego. Das Ego zu töten, ist alles, was zu tun ist. Die Verwirklichung existiert bereits, es bedarf keines Versuches, sie zu erlangen. Denn sie ist nichts Äußerliches oder Neues, das erreicht werden muß. Sie ist immer und überall – auch hier und jetzt. (T., 174.)

F: Diese Methode scheint schneller zu wirken als die übliche der Kultivierung von Tugenden, die angeblich für die Verwirklichung notwendig sind.

B: Ja, alle Laster zentrieren sich um das Ego. Wenn das Ego nicht mehr ist, dann ergibt sich die Verwirklichung natürlicherweise. (T., 146.)

Nachdem über den Heiligen und den mystischen Philosophen gesprochen wurde, sollte auch der Okkultist erwähnt werden; das ist der, welcher der übernatürlichen Kräfte wegen, die die Verwirklichung mit sich bringen kann, nach Verwirklichung sucht. Davon riet Bhagavan immer ab. Die Verwirklichung mag Kräfte mit sich bringen, so wie das Höhere das Niedere einschließt, aber das Verlangen nach Macht wird die Verwirklichung verhindern, so wie die Suche nach dem Niederen das Höhere negiert. Wenn das Ziel ist, das Ego mit neuen Kräften auszustatten, wie kann es gleichzeitig die Liquidierung des Egos sein. So ein Mensch hat nicht verstanden, was Verwirklichung bedeutet.

F: Welche Kräfte besitzen Übermenschen?

B: Gleich, ob die Kräfte groß oder gering sind, ob sie vom Geist oder von dem, was der Übergeist (supermind) genannt wird, kommen, sie existieren nur in Beziehung zu dem, der sie besitzt. Finde heraus, wer das ist. (D.D. I., S. 60.)

B: Er, der im Selbst verweilen will, soll nicht von seiner klar ausgerichteten Aufmerksamkeit auf das Selbst oder das reine Wesen, das Er ist, abweichen. Wenn er von diesem Zustand abweicht, mögen verschiedene Arten von Visionen, die vom Geist heraufbeschworen sind, gesehen werden, aber man sollte von solchen Visionen nicht irregeführt werden – es können Licht- oder Raumvisionen sein – noch von *nada* oder den feinstofflichen Klängen, die man vielleicht hören mag, noch von den Visionen eines personifizierten Gottes, den man entweder in sich oder außerhalb sieht, als ob sie irgendeine objektive Wirklichkeit hätten. Man sollte keines dieser Dinge fälschlicherweise für die Wirklichkeit halten. Wenn das Prinzip des Intellekts, von dem diese Visionen erkannt oder wahrgenommen werden, selbst falsch oder illusorisch ist, wie können dann die Gegenstände, die so erkannt werden, und noch weniger die Visionen, die so wahrgenommen werden, wirklich sein? (S.I., S.20.)
Es gibt ein paar Dummköpfe, die, nicht erkennend, daß sie selbst von der göttlichen Kraft bewegt werden, versuchen, alle nur denkbaren übernatürlichen Kräfte zu erlangen. Sie sind dem Lahmen gleich, der sagte: Ich kann den Feind erledigen, wenn mich nur jemand auf den Beinen hält.
Weil der Frieden des Geistes in der Befreiung andauernd ist, wie können jene, die ihren Geist an Kräfte binden, die nur durch die Aktivität des Geistes erreichbar sind, in die Wonne der Befreiung eintauchen, welche das permanente Treiben des Geistes bezwingt. (F.V., S. 15–16.)

F: Kann ein Yogi seine früheren Leben kennen?

B: Kennst du das gegenwärtige Leben, daß du das vorherige kennen möchtest? Finde das gegenwärtige, und der Rest wird folgen. Sogar mit deinem gegenwärtigen begrenzten Wissen leidest du viel. Warum solltest du dich mit mehr Wissen belasten? Ist es, um mehr zu leiden?

F: Benutzt Bhagavan okkulte Kräfte, um andere das Selbst verwirklichen zu lassen, oder ist die einfache Tatsache von Bhagavans Verwirklichungen genug dafür?

B: Die spirituelle Kraft der Verwirklichung ist viel mächtiger als der Gebrauch aller okkulten Kräfte. In dem Maße, in dem kein Ego für den Weisen existiert, gibt es auch keine ›anderen‹ für ihn. Was ist die größte Wohltat, die dir erwiesen werden kann? Es ist Glücklichsein, und Glücklichsein entsteht aus Frieden. Frieden kann nur dort regieren, wo keine Störung ist, und Störung kommt von Gedanken her, die im Geist auftauchen. Wenn der Geist selbst abwesend ist, dann wird es vollkommenen Frieden geben. Solange einer nicht den Geist vernichtet hat, kann er nicht Frieden gewinnen und glücklich sein. Und solange er selbst nicht glücklich ist, kann er ›anderen‹ nicht Glücklichsein schenken. Weil es jedoch keine ›anderen‹ für den Weisen, der keinen Geist hat, gibt, ist die bloße Tatsache seiner Selbstverwirklichung ausreichend, um ›andere‹ auch glücklich zu machen. (M.G., I., S.40.)

Als er gefragt wurde, ob okkulte Kräfte (*siddhis*) mit dem göttlichen Zustand (*Isvaratva*), wie im letzten Vers des *Dakshinamurhti Stotra* erwähnt, erlangt werden können, sagte der Maharshi: ›Zuerst soll der göttliche Zustand erlangt werden, und dann können die anderen Fragen gestellt werden.‹ (T., 7.)

Kräfte können sich nicht auf die Selbstverwirklichung erstrecken, wie können sie sich dann darüber hinaus ausdehnen? Leute, die Kräfte erlangen wollen, sind nicht mit ihrer Vorstellung von reinem Bewußtsein zufrieden. Sie neigen dazu, das höchste Glücklichsein der Verwirklichung um der Kräfte willen zu vernachlässigen. Auf der Suche nach diesen Kräften folgen sie Nebenpfaden anstelle der großen Straße und riskieren so, den Weg zu verlieren. Um sie richtig zu führen und auf der großen Straße zu halten, sagt man ihnen, daß Kräfte die Verwirklichung begleiten. Tatsächlich umschließt die Verwirklichung alles, und der Verwirklichte wird keine Gedanken über Kräfte vergeuden. Man soll zuerst die Verwirklichung erlangen und dann nach Kräften suchen, wenn man dann noch danach verlangt. (T., 57.)

Kräfte können vor oder nach der Verwirklichung erwachsen, oder sie können auch ausbleiben, der Natur des einzelnen entsprechend; aber man sollte sie nicht überschätzen oder nach ihnen suchen, und auch ihre Abwesenheit oder die Abwesenheit von Visionen oder anderen solchen Erfahrungen sollte nicht als Grund für eine Entmutigung auf dem Weg genommen werden.

F: Ist es nicht nötig oder zumindest vorteilhaft, den Körper bei spirituellem Fortschritt unsichtbar zu machen?

B: Warum denkst du darüber nach? Bist du der Körper?

F: Nein, aber fortgeschrittene Spiritualität muß eine Veränderung im Körper bewirken, ist es nicht so?

B: Welche Veränderung möchtest du im Körper und warum?

F: Ist Unsichtbarkeit nicht ein augenscheinliches Zeichen für fortgeschrittene Weisheit (*jnana*)?

B: In diesem Fall müßten all jene, welche sprachen, schrieben und lebten und von anderen gesehen wurden, als unwissend (*ajnanis*) betrachtet werden.

F: Aber die Weisen Vasishta und Valmiki besaßen solche Kräfte.

B: Es war wahrscheinlich ihre Bestimmung (*prarabdha*), solche Kräfte (*siddhis*) neben ihrer Weisheit (*jnana*) zu entwickeln. Warum solltest du nach dem streben, was unwesentlich ist und ein Hindernis für die Weisheit darstellt? Fühlt der Weise (*jnani*) sich durch die Sichtbarkeit seines Körpers bedrängt?

F: Nein.

B: Sichtbarkeit und Unsichtbarkeit beziehen sich auf den, der sieht. Wer ist das? Löse zuerst diese Frage. Andere Fragen sind unwichtig. (T., 30.)

Ein Besucher aus Amerika war entmutigt, daß er keine okkulten Kräfte erlangt hatte.

F: Ich habe mich über 20 Jahre mit Metaphysik beschäftigt, habe aber keinerlei neue Erfahrungen, wie sie so viele andere zu haben behaupten, erworben. Ich kann weder hellsehen noch hellhören etc. Ich fühle mich in diesem Körper eingesperrt und sonst nichts.

B: Das ist in Ordnung. Die Wirklichkeit ist nur eine, und das ist das Selbst. Alles andere sind nur Phänomene in ihr, von ihr und durch sie. Der Sehende, das Sehen und das Gesehene sind alle nur das Selbst. Kann irgend jemand ohne das Selbst sehen oder hören? Was macht es für einen Unterschied, ob du jemanden siehst oder hörst, der in der Nähe oder weit entfernt ist? Die Seh- und Hörorgane werden in beiden Fällen gebraucht und so auch der Geist. Auf nichts davon kann verzichtet werden. Du bist in jedem Fall von ihnen abhängig. Warum dann all der Zauber über Hellsichtigkeit und Hellhörigkeit? Außerdem geht, was erworben wird, auch im Laufe der Zeit verloren. Es kann niemals beständig sein. Die einzig beständige Sache ist Wirklichkeit, und das ist das Selbst. Du sagst ›Ich bin‹, ›Ich gehe‹, ›Ich spreche‹, ›Ich arbeite‹ usw. Setze einen Bindestrich ›Ich-bin‹ bei allen. So heißt es ›ICH-BIN‹. Das ist die bleibende und fundamentale Wirklichkeit. Diese Wahrheit wurde von Gott an Moses gegeben. ›ICH-BIN, der ICH-BIN‹, ›Sei ruhig und wisse, daß ›ICH-BIN GOTT‹, so ist ›ICH-BIN‹ Gott. (T., 503.)

Dem bisher Gesagten folgend, kann man erkennen, daß die Selbstverwirklichung die einfachste und natürlichste Sache ist, tatsächlich die einzige einfache und natürliche Sache, die einfach ist, was sie ist, und dennoch äußerst selten – den Heiligen unbekannt und von den Mystikern in kurzen Schimmern erhascht. ›Unter Tausenden gibt es vielleicht einen, der danach strebt, vollkommen zu sein. Unter Tausenden, die danach streben, vollkommen zu sein, gibt es vielleicht einen, der Mich kennt, so wie Ich bin.‹ (Bhagavad Gita, VII–3.) Unglücklicherweise ist es ein Zeichen unserer Zeit, daß die Errungenschaft dieses Zustandes von vielen beansprucht wird. Der Aspirant muß unterscheiden können.

Wenn er einmal erlangt ist, muß der Höchste Zustand der gleiche sein, durch welchen Pfad und welche Religion auch immer er angestrebt wurde, denn er ist, einfach durch seine Natur bestimmt, jenseits von Differenzierung.

Einmal erreicht, ist der Zustand der Selbstverwirklichung der gleiche, auf welchem Pfad und durch welche Religion auch immer er verwirklicht wurde. Es gibt drei Aspekte Gottes, entsprechend der Art, wie man sich der Verwirklichung nähert. Sat (Sein), Chit (Bewußtsein), Ananda (Seligkeit).

Der Aspekt des Seins wird von den *jnanis* betont, von denen man sagt, daß sie nach unaufhörlicher Suche in der Essenz des Seins ruhen und ihre Individualität im Höchsten verloren haben.

Der Bewußtseinsaspekt wird von Yogis angegangen, die sich bemühen, ihren Atem zu kontrollieren, um den Geist zu festigen, und von denen gesagt wird, daß sie den Ruhm Gottes (das Bewußtsein des Seins) als das eine Licht sehen, das in alle Richtungen ausstrahlt.

Der Seligkeitsaspekt wird von den Verehrern angegangen, die von dem Nektar der Liebe Gottes berauscht werden und sich in seliger Erfahrung verlieren. Unwillig, das zu verlassen, bleiben sie für immer in Gott.

Die vier *margas, Karma, Bhakti, Yoga* und *Jnana,* schließen sich gegenseitig nicht aus. Sie werden in klassischen Werken nur deshalb getrennt beschrieben, um eine Idee des entsprechenden Aspektes Gottes zu vermitteln und um den Aspiranten bereitwillig seiner Geneigtheit gemäß anzusprechen. (F., H., S. 70.)

Die Erfahrung der Verwirklichung ist als *samadhi* bekannt. Es wird oftmals angenommen, daß *samadhi* Trance einschließt, aber das ist nicht notwendigerweise so. Es ist auch möglich in einem Zustand von *samadhi* zu sein, während man seine normalen menschliche Fähigkeiten beibehält. Tatsächlich ist ein selbstverwirklichter Weiser, wie der Maharshi, ständig in solch einem Zustand. Selbst die Schimmer der Verwirklichung, von denen vorhin die Rede war, schließen nicht notwendigerweise Trance ein.

Der *sannyasi*-Besucher, Swami Lokesananda, fragte über *samadhi:*

B: 1. Sich an die Wirklichkeit halten ist *samadhi.*
2. Sich unter Mühen an die Wirklichkeit halten ist *savikalpa samadhi.*
3. In der Wirklichkeit aufgehen und der Welt nicht gewahr sein ist *nirvikalpa samadhi.*
4. In der Unwissenheit aufgehen und der Welt nicht gewahr sein ist Schlaf.
5. Im ursprünglichen, reinen, natürlichen Zustand ohne Anstrengung verweilen ist *sahaja nirvikalpa samadhi.* (T., 391.)

Schlaf	Kevala	Sahaja
1. lebendiger Geist	1. lebendiger Geist	1. toter Geist
2. in Vergessen gesunken	2. in Licht getaucht	2. im Selbst aufgelöst
	3. gleich einem Eimer, der an einem Seil im Wasser in einem Brunnen liegen gelassen wurde	3. gleich einem Fluß, der sich ins Meer ergossen und seine Identität verloren hat.
	4. muß am anderen Ende des Seiles herausgezogen werden.	4. ein Fluß kann aus dem Meer nicht zurückgelenkt werden. (T., 187.)

Der alte Herr fragte Bhagavan, ob es nicht nötig sei, zuerst durch *nirvikalpa samadhi* zu gehen, bevor man *sahaja samadhi* erlangt. Bhagavan antwortete: Wenn wir Neigungen haben, die wir versuchen aufzugeben, das heißt, wenn wir noch unvollkommen sind und bewußte Anstrengungen machen müssen, um den Geist auf einen Punkt ausgerichtet oder frei von Gedanken zu halten, dann ist der gedankenfreie Zustand, den wir so erlangen, *nirvikalpa samadhi.* Wenn wir durch Übung immer in diesem Zustand sind und nicht in den *samadhi* eintreten und dann wieder aus ihm herauskommen, dann ist das der *sahaja* Zustand. Im *sahaja* sieht man nur das Selbst, und man sieht die Welt als eine Form, die vom Selbst angenommen wurde. (D.D., II., S.61.)

Die Frage nach der Natur des *samadhi* bringt das Problem der Aktivität mit sich. Es ist sinnlos zu versuchen, sich vorzustellen, was *samadhi* ist oder was Verwirklichung beinhaltet, anstatt sich zu bemühen, sie zu erlangen. Die Leute stellen Theorien auf, ob der verwirklichte Mensch aktiv sein kann oder nicht.

F: Kann einer, der die Verwirklichung erlangt hat, umhergehen und handeln und sprechen?

B: Warum nicht? Stellst du dir vor, daß Verwirklichung bedeutet, träge wie ein Stein zu sein oder zu Nichts zu werden?

F: Ich weiß es nicht, aber man sagt, daß der höchste Zustand das Sichzurückziehen von allen Sinnesaktivitäten, vom Denken und von Erfahrungen ist – tatsächlich ein Einstellen aller Aktivität.

B: Wie würde er sich dann vom Tiefschlaf unterscheiden? Außerdem würde es ein Zustand sein, der, wie erhaben auch immer er sein mag, kommt und geht, und er wäre deshalb nicht der natürliche Zustand; wie also könnte er die ewige Gegenwart des Höchsten Selbst repräsentieren, das durch alle Zustände besteht und sie überlebt? Es ist wahr, daß es solch einen Zustand gibt, und daß es für einige notwendig sein mag, ihn zu erfahren. Er mag eine zeitweilige Phase der Suche sein, oder er kann auch bis zum Ende des Lebens eines Menschen andauern, wenn es der göttliche Wille oder des Menschen Bestimmung ist, aber in keinem Fall kannst du ihn den höchsten Zustand nennen. Wenn er das wäre, dann müßtest du sagen, daß nicht nur die Weisen, sondern auch Gott selbst den höchsten Zustand nicht erlangt hat, denn nicht nur die verwirklichten Weisen sind sehr aktiv, sondern auch der personifizierte Gott (Iswara) ist offensichtlich nicht in diesem höchst inaktiven Zustand, da Er die Welt regiert und ihre Aktivitäten lenkt. (S.D.B., IX.)

F: Was ist *samadhi*?

B: Im Yoga wird der Begriff gebraucht, um eine Art der Trance zu bezeichnen, und es gibt verschiedene Arten von *samadhi.* Aber der *samadhi,* über den ich zu dir spreche, ist anders. Er ist *sahaja samadhi.* In diesem Zustand bleibst du ruhig und gesammelt während der Aktivität. Du stellst fest, daß du vom tieferen wahren Selbst in dir bewegt wirst, und was du tust, sagst oder denkst, berührt dich nicht. Du hast keine Kümmernisse, Ängste oder Sorgen, denn du erkennst, daß es nichts gibt, das dir als Ego gehört, und daß alles von etwas getan wird, mit dem du in bewußter Einheit stehst. (S.D.B., xi.)

Ein Mensch kann nach der Verwirklichung ein Leben mit oder ohne weltliche Aktivität weiterführen, es verändert seinen Zustand nicht.

Ein Besucher sagte: Verwirklichte Menschen ziehen sich im allgemeinen vom aktiven Leben zurück und enthalten sich weltlichen Tuns.

B: Es mag so sein oder auch nicht. Einige machen mit Handel und Geschäft oder dem Regieren eines Königreiches sogar nach der Verwirklichung weiter. Einige ziehen sich in einsame Gegenden zurück und enthalten sich aller Aktivität außer der absolut notwendigen, um das Leben im Körper aufrechtzuerhalten. Wir können keine generelle Regel darüber aufstellen.

Die Unfähigkeit, die scheinbare Untätigkeit des Weisen zu verstehen, ist eine der Schwierigkeiten vieler westlicher Schriftsteller. Absolut überzeugt, daß Christus unrecht hatte, als er sagte, daß Maria den besseren Teil gewählt hatte, neigen moderne Christen dazu, Martha, die äußerlich aktiv war, als überlegen darzustellen, und den Weisen für das, was sie Untätigkeit nennen, zu kritisieren.
Auf die Frage eines Aspiranten, ob seine Verwirklichung, wenn sie erlangt sei, anderen helfen würde, ist Bhagavans Antwort bekannt:

Ja, und es ist die beste Hilfe, die du ihnen geben kannst.
Dann aber fügte er hinzu:
X ›In der Tat jedoch gibt es keine anderen, denen zu helfen ist.‹

Das gleiche Paradoxon wurde im Buddhismus erklärt, wo zum Beispiel im Diamant-Sutra der Buddha, nachdem er über Mitleid gesprochen hatte, erklärte, daß es in Wirklichkeit keine anderen gibt, mit denen man Mitleid haben kann. Der Lord Buddha fuhr fort: »Glaube nicht, Subhuti, daß der Tathagata für sich erwägen würde: Ich werde menschliche Wesen befreien. Das wäre ein erniedrigender Gedanke. Warum? Weil es tatsächlich keine empfindenden Wesen gibt, die vom Tathagata zu befreien sind. Wenn es empfindende Wesen gäbe, die der Tathagata zu befreien hätte, würde das bedeuten, daß der Tathagata in seinem Geist willkürliche Vorstellungen von Phänomenen wie dem eigenen Selbst, anderen Selbst, lebenden Wesen und einem universellen Selbst pflegt. Selbst wenn der Tathagata sich auf sich selbst bezieht, hegt er in seinem Geist keinen solch willkürlichen Gedanken. Nur menschliche Erdenwesen denken über das Selbstsein als persönlichen Besitz. Subhuti, selbst der Ausdruck ›Wesen der Erde‹, wie er vom Tathagata gebraucht wurde, heißt nicht, daß es solche Wesen gibt. Der Ausdruck wird nur als Sprachform benutzt.« *

Die Menschen sagen oft, daß ein Verwirklichter umhergehen und seine Botschaft verkünden solle. Sie fragen, wie einer in der Verwirklichung still bleiben kann, wenn es soviel Übel gibt. Was aber ist ein Verwirklichter Mensch? Sieht er Übel außerhalb seiner selbst? Sie wollen seinen Zustand bestimmen, ohne ihn selbst zu verwirklichen. Von seinem Standpunkt aus bedeutet

---

*) Aus *A Buddhist Bible* von Dwight Goddard, angeführt in ›Buddhismus und Christentum im Lichte des Hinduismus‹ von Arthur Osborne, S. 114.

ihre Behauptung folgendes: Jemand hat einen Traum, in dem er eine Anzahl von Personen sieht. Wenn er aufwacht, fragt er: ›Sind die Leute im Traum auch aufgewacht?‹ Das ist lächerlich! Und dann sagt ein anderer guter Mann: ›Es macht nichts, selbst wenn ich die Verwirklichung nicht erlange. Oder ich will der letzte in der Welt sein, der sie erreicht, damit ich allen anderen helfen kann, Verwirklichte zu werden, bevor ich es werde.‹ Das ist genauso, wie wenn der Träumende sagt: ›All diese Leute im Traum sollen vor mir aufwachen.‹ Das wäre nicht absurder als die Äußerung dieses liebenswerten Philosophen. (T., 498.)

Und dennoch ist der Weise paradoxerweise äußerst aktiv, obgleich er nicht aktiv zu sein scheint.

Ein Ausspruch Laotses aus dem *Tao Te King* wurde in der Halle laut vorgelesen: ›Durch sein Nichttun regiert der Weise alle.‹ Sri Bhagavan bemerkte: ›Nichttun ist unaufhörliche Aktivität. Der Weise zeichnet sich durch ewige und unaufhörliche Aktivität aus. Sein Stillhalten ist gleich dem scheinbaren Stillhalten eines schnell rotierenden Kreisels. Er bewegt sich zu schnell, als daß es das Auge sehen könnte, und so scheint er still zu stehen. Dennoch dreht er sich. So verhält es sich mit der scheinbaren Inaktivität des Weisen. Das muß erklärt werden, weil die Leute im allgemeinen sein Stillhalten fälschlicherweise für Trägheit halten. Dem ist nicht so. (T., 599.)

Ähnlich diesem Vorurteil über Aktivität war die Frage, ob der Verwirklichte Mensch durch sein Schicksal gebunden sei. Die Frage hat in Wirklichkeit keine Bedeutung. Sein Körper ist durch das Schicksal gebunden, aber da er sich selbst nicht mit dem Körper identifiziert, kann sein Schicksal ihn nicht binden. Im Einssein mit dem ewigen Selbst, in dem sein Körper, sein Leben, diese Welt gleich einer Erscheinung auftauchen, kann er durch nichts gebunden sein.

Heute morgen sagte ein Besucher zu Bhagavan: ›Der Verwirklichte Mensch hat kein *karma;* er ist nicht durch das Schicksal gebunden, warum sollte er dann noch einen Körper aufrechterhalten?‹

B: Wer stellt diese Frage – ein Verwirklichter oder ein Nichtverwirklichter? Warum sorgst du dich darum, was der Verwirklichte Mensch tut, oder ob er überhaupt etwas tut? Denke besser über dich selbst nach.
Danach schwieg er. Nach einer Weile jedoch erklärte er weiter: Du bist unter dem Eindruck, daß du der Körper bist, und so glaubst du, daß auch der Verwirklichte einen Körper hat. Sagt er, daß er einen hat? Es mag dir so erscheinen, daß er einen hat und Dinge damit tut, so wie andere es tun. Die verkohlte Asche einer Schnur sieht wie eine Schnur aus, ist aber nutzlos, um etwas damit zusammenzubinden. Solange man sich selbst mit dem Körper identifiziert, ist all das schwer verständlich. Deshalb sagt man manchmal als Antwort auf solche Fragen, daß der Körper des verwirklichten Menschen weiterhin existiert, bis sein Schicksal sich ausgewirkt hat, und dann fällt der Körper ab. Ein Beispiel dafür, das manchmal gegeben wird, ist, daß ein Pfeil, der vom Bogen geschossen wurde (das Schicksal) seinem Lauf folgen und sein Ziel treffen muß, selbst wenn das Tier, das da stand, weglief und ein anderes an seine Stelle getreten ist (die Verwirklichung ist erreicht worden). Die Wahrheit aber ist, daß der Verwirklichte Mensch alles Schicksal überstiegen hat und weder vom Körper noch von seinem Schicksal gebunden ist. (D.D., II., S.31.)

Gleichermaßen unsinnig ist die Frage, ob der Verwirklichte Schmerz oder Freude empfinden kann (wenn Freude, dann auch Schmerz, weil die beiden zusammen gehören, sie sind zueinander komplementär).

Die Empfindung ist dem Verwirklichten und dem Unverwirklichten gemein. Der Unterschied liegt darin, daß der unverwirklichte Mensch sich mit dem Körper identifiziert, der die Empfindung fühlt, wohingegen der verwirklichte Mensch weiß, daß all das das Selbst ist, alles ist Brahman. Wenn es Schmerz gibt, laß den Schmerz sein, auch er ist ein Teil des Selbst, und das Selbst ist vollkommen. (T., 383.)

Oder es wird gefragt, ob der Verwirklichte sündigen kann. Allein das Aufkommen dieser Frage beinhaltet die Unfähigkeit zu verstehen, was mit Selbstverwirklichung gemeint ist. Sünde ist eine Handlung des Egos oder des individuellen Wesens in seinem eigenen Interesse gegen die universelle Harmonie oder den Willen Gottes. Wo es aber kein Ego gibt, wo nur das universelle Selbst ist, wer kann da gegen wen handeln?

Ein nichtverwirklichter Mensch sieht einen, der verwirklicht ist, und identifiziert ihn mit dem Körper. Weil er das Selbst nicht kennt und diesen Körper fälschlicherweise für das Selbst hält, macht er den gleichen Fehler bezüglich des Körpers des Verwirklichten. Der Verwirklichte wird deshalb als die physische Form gesehen. Wiederum stellt sich der nichtverwirklichte Mensch, obwohl er tatsächlich nicht der Urheber seiner Taten ist, vor, es zu sein und hält die Handlungen seines Körpers für seine eigenen und denkt deshalb, daß der Verwirklichte handelt, wenn der Körper handelt. Aber der letztere kennt die Wahrheit und läßt sich nicht täuschen. Sein Zustand kann vom Nichtverwirklichten nicht verstanden werden, und deshalb beunruhigt ihn die Frage seiner Handlungen, obwohl sie für ihn selbst nicht auftaucht. (T., 499.)
Alle guten und göttlichen Eigenschaften sind in *Jnana* (spiritueller Erleuchtung) beinhaltet, und alle schlechten oder teuflischen Eigenschaften sind in *ajnana* (spiritueller Dunkelheit) beinhaltet. Wenn *jnana* kommt, dann vergeht alles *ajnana,* so daß alle göttlichen Qualitäten von alleine kommen. Wenn einer ein *Jnani* ist, kann er weder lügen noch sündigen. (D.D., I., S.69.)

Die Feststellung, daß es kein Ego gibt oder daß der Geist tot ist, führt manchmal zu Mißverständnissen. Was gemeint ist, ist einfach, daß der Geist oder das Ego als scheinbarer Schöpfer oder Urheber von Politik, Plänen und Ideen tot ist. Das Verstehen bleibt erhalten und das reine strahlende Bewußtsein.

F: Können wir ohne den Geist denken?

B: Gedanken können wie andere Aktivitäten weitergehen. Sie stören das höchste Bewußtsein nicht. (T., 43.)

B: Die Menschen nehmen an, daß der reine Geist im *Jivanmukta* und dem persönlichen Gott existiert. Sie fragen, wie er andernfalls leben und handeln könnte. Aber das ist nur ein Zugeständnis an das Verständnis. Der reine Geist ist tatsächlich das Absolute Bewußtsein. Der Gegenstand, der erlebt wird, und der Erlebende verschmelzen schließlich, und nur das Absolute Bewußtsein bleibt. Es ist nicht ein Zustand der Leere oder des Unwissens, sondern das höchste Selbst. (T., 68.)

Der Geist des Verwirklichten wird manchmal mit dem Mond am Tage verglichen.

Der Mond scheint, indem er das Licht der Sonne reflektiert. Wenn die Sonne untergegangen ist, ist der Mond nützlich, um Gegenstände sichtbar zu machen. Wenn die Sonne aufgegangen ist, braucht niemand mehr den Mond, obwohl sein Körper am Himmel zu sehen ist. So verhält es sich auch mit dem Geist und dem Herzen. Der Geist wird durch sein reflektiertes Licht nützlich gemacht. Er wird zum Erkennen von Gegenständen gebraucht. Wenn er nach innen gelenkt wird, geht er im Ursprung des Lichtes auf, das aus sich selbst erstrahlt, und der Geist ist dann wie der Mond am Tage. (M.G., I., S.17.)

Manchmal äußerten die Leute Furcht beim Gedanken an das Aufgeben des Egos, aber Bhagavan erinnerte sie daran, daß das jedesmal, wenn sie schlafen gehen, getan wird.

Die Menschen fürchten, daß, wenn das Ego oder der Geist getötet ist, das Resultat eine bloße Leere und nicht Glückempfindung sein könnte.
Was wirklich geschieht, ist, daß der Denkende, der Gegenstand des Denkens und das Denken alle in einem Ursprung aufgehen, der selbst Bewußtsein und Wonne ist, und somit ist der Zustand weder träge noch leer. Ich verstehe nicht, warum die Menschen vor einem Zustand, in dem alle Gedanken aufhören zu existieren und der Geist getötet ist, Angst haben sollten. Sie erfahren ihn täglich im Schlaf. Und dennoch sagt man, wenn man aufwacht, ›ich habe gut geschlafen‹. (D.D., II., S.83.)

Außerdem übergeben sie das Ego im Schlaf, um in eine bloße Leere zu fallen, während die Verwirklichung das Eingehen in reines Bewußtsein, welches höchste Wonne ist, bedeutet.

In der Antwort an einen Besucher machte Bhagavan folgende Bemerkung: Du kannst die höchste vorstellbare Art des Glücklichseins haben, oder du wirst sie vielmehr sein.
Alle anderen Arten des Glücklichseins, von denen du als Vergnügen, Freude, Glück, Wonne gesprochen hast, sind nur Reflexionen von dem *Ananda,* das du in deiner wahren Natur bist. (D.D., I., S.15.)

Es ist unmöglich, *samadhi* zu beschreiben, weil er den Geist übersteigt. Er kann nur erfahren werden.

Eine Dame aus Amerika fragte Bhagavan, was seine Erfahrungen von *samadhi* seien. Als ihr vorgeschlagen wurde, ihre Erfahrungen mitzuteilen und zu fragen, ob sie richtig seien, antwortete sie, daß Sri Bhagavans Erfahrungen die richtigen sein müßten und bekannt sein sollten, wohingegen ihre eigenen unwichtig seien. Sie wollte wissen, ob Sri Bhagavan seinen Körper heiß oder kalt im *samadhi* fühlte und ob er die ersten dreieinhalb Jahre seines Aufenthaltes in Tiruvannamalai im Gebet verbracht hatte usw.

B: *Samadhi* übersteigt Geist und Sprache und kann nicht beschrieben werden. Nicht einmal der Zustand des Tiefschlafes kann beschrieben werden und der Zustand von *samadhi* noch viel weniger.

F: Ich weiß aber, daß ich im Tiefschlaf unbewußt war.

B: Bewußtsein und Unbewußtsein sind Formen des Geistes. *Samadhi* übersteigt den Geist.

F: Dennoch kannst du sagen, wie es ist.

B: Du wirst es nur wissen, wenn du im *samadhi* bist. (T., 110.)

Manchmal bezog sich Maharshi auf eine Filmleinwand, um etwas zu verdeutlichen.

F: Wenn der Verwirklichte und der Unverwirklichte die Welt gleichermaßen erfahren, worin unterscheiden sie sich dann?

Wenn der Verwirklichte die Welt sieht, dann sieht er das Selbst, das allem zugrunde liegt, das gesehen wird. Gleich, ob der Unverwirklichte die Welt sieht oder nicht, er kennt nicht sein wahres Wesen, das Selbst. Nimm das Beispiel eines Filmes auf einer Filmleinwand. Was ist da vor dir, bevor der Film beginnt? Nur die Leinwand. Auf dieser Leinwand siehst du die gesamte Vorstellung, und allem Anschein nach sind die Bilder wirklich. Aber gehe hin und versuche sie festzuhalten, was hältst du fest? Die Leinwand, auf der die Bilder so wirklich erscheinen. Nach der Vorstellung, wenn die Bilder verschwinden, was bleibt dann übrig? Wiederum die Leinwand. So ist es auch mit dem Selbst. Das alleine existiert; die Bilder kommen und gehen. Wenn du dich an dem Selbst festhältst, dann wirst du vom Erscheinen der Bilder nicht getäuscht werden. Noch spielt es irgendeine Rolle, ob die Bilder auftauchen oder verschwinden. (M.G., S.58.)

Wenn das einmal beständig ist, dann ist der unerschütterliche *sahaja samadhi* erreicht, das ist der Zustand von *mukti* oder Befreiung. Die Leute sprechen von *jivanmukti* und *videhamukti,* das ist die Befreiung zu Lebzeiten und nach dem Tod, aber Bhagavan erklärte, daß der Unterschied nur vom Standpunkt des Beobachters aus besteht, für den Verwirklichten ist es gleich, ob er einen Körper hat oder nicht.

Mr. Bannerjee fragte Bhagavan nach dem Unterschied zwischen *jivanmukti* und *videhamukti.*

B: Es gibt keinen Unterschied. Denen, die fragen, wird gesagt, daß der Verwirklichte mit einem Körper ein *jivanmukta* ist und daß er *videhamukti* erlangt, wenn er den Körper ablegt, aber dieser Unterschied besteht nur für den Beobachter, nicht für den Verwirklichten. Sein Zustand ist der gleiche, bevor er den Körper ablegt und nachher. Wir denken von ihm als einer menschlichen

Form oder als Wesen in dieser Form, er aber weiß, daß er das Selbst, die eine Wirklichkeit ist, innen und außen, die nicht durch irgendeine Form gebunden ist.
Es gibt eine Strophe im Bhagavatha (Bhagavan rezitierte die Strophe in Tamil), die besagt, daß genau so wie ein Betrunkener nicht bemerkt, ob er seinen Schal um hat oder ob er heruntergefallen ist, ein Verwirklichter sich seines Körpers kaum gewahr ist und es keine Rolle für ihn spielt, ob er am Leben bleibt oder abfällt. (D.D., II., S.109).
Es gibt keine Stufen in der Verwirklichung oder *Mukti*. Es gibt keine Stufen der Befreiung. So kann es nicht eine Stufe der Befreiung mit dem Körper geben und eine andere, wenn der Körper abgelegt wurde. Der Verwirklichte weiß, daß er das Selbst ist und daß nichts, weder sein Körper noch irgend etwas anderes, außer dem Selbst existiert. Welchen Unterschied kann die Gegenwart oder Abwesenheit eines Körpers für so jemanden machen? (D.D., S.110.)

Manchmal wird die Verwirklichung *Turiya*, der ›Vierte Zustand‹ genannt, weil er den drei Zuständen von Wachsein, Traum und Tiefschlaf zugrunde liegt.

Als ich die Halle betrat, beantwortete Bhagavan einige Fragen und sagte: ›Es gibt keinen Unterschied zwischen dem Traum- und Wachzustand, außer daß der erstere kurz und der zweite lang ist. Beide sind Produkte des Geistes. Weil der Wachzustand länger andauert, glauben wir, daß es unser wirklicher Zustand ist, aber tatsächlich ist unser wirklicher Zustand, was manchmal der ›Vierte Zustand‹ genannt wird, der immer ist, wie er ist, unberührt von Wachsein, Traum oder Schlaf. Weil wir diese drei ›Zustände‹ kennen, nennen wir das auch einen Zustand, obwohl es wirklich einfach der natürliche Zustand des Selbst ist. Ein *Vierter Zustand* würde etwas Relatives bedeuten, während dieser transzendierend ist.

In Wirklichkeit gibt es keine Bindung.

Unsere wirkliche Natur ist es, frei zu sein, aber wir stellen uns vor, daß wir gebunden sind, und machen große Anstrengungen, um frei zu werden, obwohl wir die ganze Zeit frei sind. Das verstehen wir nur, wenn wir diesen Zustand erreichen. Dann werden wir überrascht sein herauszufinden, daß wir uns verzweifelt bemüht haben, etwas zu erlangen, das wir immer waren und sind.
Eine bildhafte Darstellung wird das klarmachen. Jemand schläft in dieser Halle ein. Er träumt, daß er auf eine Weltreise gegangen ist und über Berg und Tal, Wald, Ebene, Wüste und Meer reist, durch verschiedene Erdteile; und nach vielen Jahren mühsamer und anstrengender Reise kehrt er zu seinem Land zurück, kommt nach Tiruvannamalai, betritt den Asramam und geht in die Halle. In diesem Augenblick wacht er auf und findet, daß er sich überhaupt nicht bewegt, sondern geschlafen hat, wo er sich hingelegt hatte. Er ist nicht nach großen Anstrengungen zu dieser Halle zurückgekommen, sondern war die ganze Zeit über da. Genauso ist es mit der Befreiung. Wenn gefragt wird, warum wir uns vorstellen, gebunden zu sein, wenn wir eigentlich frei sind, dann antworte ich: Warum hast du dir, während du in der Halle warst, vorgestellt, auf einer Weltreise zu sein und über Berg und Tal, Wüste und Meer zu reisen? All das ist Geist oder maya. (D.D., II., S.101.)
8. Unter welchem Namen und welcher Form auch immer man die Absolute Wirklichkeit anbeten mag, es ist immer nur ein Mittel, um sie ohne Namen und Form zu verwirklichen. Einzig das ist die wahre Verwirklichung, in der man sich selbst in Beziehung zu dieser Wirklichkeit kennt, Frieden erlangt und seine Identität damit realisiert.
9. Die Dualität von Subjekt und Objekt, die Dreiheit von Sehendem, Sehen und Gesehenem können nur existieren, wenn sie von dem Einen unterhalten werden. Wenn man sich nach innen wendet, auf der Suche nach dieser einen Wirklichkeit, fallen sie ab. Die, die das se-

hen, sind die, die Weisheit sehen. Sie sind niemals im Zweifel.

21. Was ist die Wahrheit in den Schriften, die sagen, daß, wenn man das Selbst sieht, man Gott sieht? Wie kann man sein Selbst sehen? Wenn man, weil man ein Wesen ist, nicht das eigene Selbst sehen kann, wie kann man dann Gott sehen? Nur indem man Seine Beute wird.

22. Das Göttliche gibt dem Geist Licht und scheint in ihm. Es gibt keinen anderen Weg, Ihn durch den Geist zu kennen, als den Geist nach innen zu wenden und ihn im Göttlichen festzuhalten.

30. Wenn man im Geist nachforscht, ›Wer bin ich?‹, dann fällt das individuelle ›Ich‹ verschämt ab, sobald man das Herz erreicht, und die Wirklichkeit manifestiert sich spontan als ›Ich-Ich‹. Obwohl sie sich als das ›Ich‹ offenbart, ist sie nicht das Ego, sondern das vollkommene Wesen, das absolute Selbst.

31. Für ihn, der in die Wonne des Selbst vertieft ist, die aus der Auslöschung des Ego entsteht, was bleibt für ihn noch zu erlangen? Er ist keines anderen als des Selbst bewußt. Wer kann seinen Zustand verstehen?

32. Obwohl die Schriften behaupten, ›Du bist Das‹. So ist es nur ein Zeichen geistiger Schwäche, zu meditieren: ›Ich bin Das, nicht dies‹, weil du ewig Das bist. Was zu tun ist, ist zu erforschen, was man wirklich ist, und Das zu bleiben.

33. Es ist lächerlich zu sagen, ›Ich habe das Selbst nicht verwirklicht‹ oder ›Ich habe das Selbst verwirklicht‹; gibt es zwei Selbst, damit das eine der Gegenstand der Verwirklichung des anderen sein kann? Es ist die Wahrheit der Erfahrung jedes einzelnen, daß es nur ein Selbst gibt.

34. Der Illusion, die aus der Unwissenheit geboren wird, ist es zuzuschreiben, daß die Menschen Das nicht erkennen können, das immer und für alle die innewohnende Wirklichkeit ist, die in ihrem natürlichen Herzzentrum wohnt, und daß sie nicht darin verweilen können, daß sie statt dessen darüber argumentieren, ob sie

existiert oder nicht, ob sie Form hat oder nicht, ob sie nicht-dual oder dual ist.

35. Die Wirklichkeit, die immer besteht, zu suchen und in ihr zu verweilen, ist die einzige Errungenschaft. Alle anderen Errungenschaften (*siddhis*) sind von der Art, wie sie in Träumen erlangt werden. Können die, welche in der Wirklichkeit gefestigt und frei von *maya* sind, von ihnen getäuscht werden?

38. Solange ein Mensch der Handelnde ist, solange erntet er auch die Früchte seiner Taten; sobald er aber das Selbst durch die Forschung nach dem, der der Handelnde ist, verwirklicht, fällt sein Gefühl, der Handelnde zu sein, ab, und das dreifache *karma* ist beendet. Das ist der Zustand der ewigen Befreiung.

39. Nur solange man sich selbst als gebunden sieht, gehen die Gedanken von Gebundensein und Befreiung weiter. Wenn man nachforscht, wer gebunden ist, wird das Selbst verwirklicht, auf ewig erlangt, ewig frei. Wenn der Gedanke des Gebundenseins aufhört, kann der Gedanke der Befreiung überleben?

40. Wenn gesagt wird, daß es drei verschiedene Arten von Befreiung gibt, mit Form oder ohne Form oder mit und ohne Form, dann laß dir sagen, daß die Auslöschung des Ego, das fragt, welche Form der Befreiung wahr ist, die einzige wahre Befreiung ist. (F.V.)

LISTE DER ABKÜRZUNGEN

D.D.	*Day by Day with Bhagavan* von Sri A. Devaraja Mudaliar
E.I.	*Essence of Instruction* (Upadesa Saram)
F.H.	*Five Hymns to Sri Arunachala*
F.V.	*Forty Verses*
F.V.S.	*Supplementary Forty Verses*
M.G.	*Maharshi's Gospel*
R.M.	*Ramana Maharshi and the Path of Self-Knowledge* von Arthur Osborne
S.D.B.	*Sad Darshana Bhashya*
S.E.	*Self-Enquiry*
S.I.	*Spiritual Instruction*
T.	*Talks with Sri Ramana Maharshi*
W.	*Who am I?*

Die Referenznummern beziehen sich auf die Seitenzahlen, außer bei den Werken *Essence of Instruction, Forty Verses* and *Supplement,* wo sie sich auf die Verse beziehen, und den *Talks with Sri Ramana Maharshi,* wo sie sich auf die Seriennummer der Gespräche beziehen. Die Seitenzahlen, auf die in *Five Hymns, Self-Enquiry* und *Who am I?* Bezug genommen wird, sind die der Ausgabe der *Collected Works* des Sri Ramanasramam; die Seitenzahlen in *Ramana Maharshi and the Path of Self-Knowledge* sind die der Jaico-Ausgabe.